iHuman

成为更好的人

拒绝成年

美国年轻一代的自立危机

THE VANISHING AMERICAN ADULT

[美] 本·萨斯（Ben Sasse）著 贾文娟 译

GUANGXI NORMAL UNIVERSITY PRESS
广西师范大学出版社
·桂林·

JUJUE CHENGNIAN
拒绝成年

图书在版编目（CIP）数据

拒绝成年：美国年轻一代的自立危机 /（美）本・萨斯著；贾文娟译. —桂林：广西师范大学出版社，2020.9

书名原文: THE VANISHING AMERICAN ADULT: OUR COMING-OF-AGE CRISIS—AND HOW TO REBUILD A CULTURE OF SELF-RELIANCE

ISBN 978-7-5598-2742-5

Ⅰ. ①拒… Ⅱ. ①本… ②贾… Ⅲ. 成年人－社会问题－研究－美国 Ⅳ. ①D771.286

中国版本图书馆 CIP 数据核字（2020）第 056146 号

广西师范大学出版社出版发行

（广西桂林市五里店路 9 号　邮政编码：541004
网址：http://www.bbtpress.com）

出版人：黄轩庄

全国新华书店经销

湛江南华印务有限公司印刷

（广东省湛江市霞山区绿塘路 61 号　邮政编码：524002）

开本：880 mm × 1 240 mm　1/32

印张：10.75　　字数：248 千字

2020 年 9 月第 1 版　　2020 年 9 月第 1 次印刷

定价：59.00 元

译者序

欧美家庭教育向来以培养子女独立自主、自觉自制而为国人所津津乐道，但近年来大量数据表明，在物质极大丰富、科技日新月异的移动互联网时代，“啃老”、“长不大”已成全球性难题。美国18—34岁的年轻人中，有33%与父母生活在一起。德国联邦统计局2016年的数据显示，在18—24岁的年轻人当中，约62%选择留在父母家，仍有三分之一的25岁青年和父母共同生活。欧盟统计局2018年的数据表明，该地区35岁以下，与父母一起生活的年轻人超过40%；另一值得注意的现象是，搬离父母家，后又返回的“归巢者”越来越多。日本35—54岁的群体中，选择留在父母家中者已超400万。

我国的“啃老族”和“长不大的孩子”人数同样庞大，一些省份近年来甚至出台相关条例，以立法形式禁止“啃老”。青少年期的一再延长，精神上难以“断奶”的现象有其复杂的经济、社会原因，但家庭教育功能的弱化无论如何难辞其咎。很多独生子女从小衣食无忧，父母的宠爱、代劳、包办与过度保护让孩子们渐渐远离了勤俭节约、热爱劳动、勤于思考、自力更生的传统美德。物质生活的极大富裕以及无处不在、无所不能的互联网、电脑、智能手机使新一代青少年深陷被动、颓废、虚无、依赖的牢笼，“啃老”、“傍老”成为家庭之伤、社会之痛。

青少年期是人一生中最宝贵、最富活力的时期，也是一个人生命历程中具有转折意义的“过渡期”。它是身体快速生长发育的时期，是智力、情感的高速发展期，更是信念、价值观的重要形成期。这个阶段的孩子容易产生极不稳定的情绪和逆反心理，他们开始告别童年期的认知和生活方式，重新认识自我，并逐渐建立起新的认知和生活世界。这一化蛹成蝶的过程必然要经受痛苦，唯有如此，才能真正迈入成人世界。但正如本书作者本·萨斯观察到的，越来越多的孩子永久地停留在了青少年期，传统意义上有着责任和担当意识、坚韧自立、乐于奉献的成年人变成了他们口中颇具戏谑和嘲讽意味的词语。向成年期过渡的青少年是国家的未来，他们肩负着文化传承、民族振兴和国家发展的重任与使命。在世界各国普遍面临经济发展乏力、阶层固化、族群撕裂、政治动荡的今天，帮助青少年顺利向成年期过渡，帮助他们成长为具有强烈求知欲、主动性、创造力，专注投入、具备批判精神的成年人，对各国的治理和长远发展都有着特殊的价值和意义。

本书作者本·萨斯是三个孩子的父亲、前大学校长、耶鲁大学历史学博士、美国参议员，丰富的人生阅历以及对青少年成长与教育的密切关注，使他能够敏锐深入地观察到当今美国社会面临的新的危机——成年危机。书中他追溯历史、深入对比、详实举例，从个人、家庭、社会、国家等多个角度剖析了“永久青少年期”的表现与危害，进而建议父母从“跳出同伴文化”、“坦然接受劳动之痛”、“拒绝过度消费”、“轻装旅行”、“与书为友”五个主题出发，帮助孩子向成年期顺利过渡。

“父母之爱子，则为之计深远”。萨斯的品格培养计划不仅适用于美国的子女和家长，对面临同样严峻的成年危机的各国父母而言，他的条分缕析、鲜明例证、建设性的批评与建议不仅能让我们看清当前全球性成年危机的根源与祸患，更为我们提供了为孩子“授之以渔”的方法与步骤。正如萨斯所言，成年危机不仅困扰着每一个家庭和个人，同时也危及国家的存续与发展。“青年一代有理想、有本领、有担当，国家就有前途，民族就有希望”，助力孩子们成长为独立自强、脚踏实地、志存高远的成年人不仅是家庭的期盼，更是民族兴旺，国家建设的有力保证。

在古人冠礼的“始加”程序中，主宾讲“今月吉日，始加元服，弃尔幼志，顺而成德”。在这个深度转型，各种不确定因素日益增多的新时代，萨斯为青少年成年教育提供了新视角，为拒绝做“割草机式父母”、“雪犁父母”，帮助孩子“弃尔幼志，顺而成德”提供了新思路和切实可行的实施策略。相信本书会给每一位阅读此书的家长和青少年深刻启发。

贾文娟

2020 年 5 月 19 日

献给我的终身伴侣梅丽莎·萨斯

感谢和我一起承担了改变世界的子女抚养任务

在这个世界上，没有什么比两个人永结同心，孕育新的生命更为神圣！

目 录

序[1]

歌手谢丽尔·克罗（Sheryl Crow）1996 年的成名曲中有两句很有意思的歌词 ："如果它让你快乐 / 它就并不糟糕 / 如果它让你快乐 / 你又为何如此悲伤？"

自这本书出版以来，我遇到的克罗式提问越来越多，虽然内容有别，但其中似非而是的忧虑却如出一辙 ：登陆社交媒体后往往会心情沮丧，但为何我们还会再次登陆？一个欲求的满足往往生出更多欲求，但为何人们还会不惜精力时间地去满足它？为什么我没能约束自己，或请朋友监督完成阅读计划，而总是被闪烁的手机屏幕分散注意力？

[1] 本文为平装本序言。——作者注

本书旨在探寻“美好的青少年期在美国**无限**延长，难以跨越”的深层原因。这一问题涉及方方面面，但书中最能引发读者共鸣的，恐怕是这样一个事实：在一个消费至上、没有劳动机会可提供给孩子们的时代，培养他们对劳动的认可和珍惜**至关重要**。

服务他人会让我们更快乐，然而，消遣娱乐总比责任与担当更具吸引力。那么该如何帮助“有热情，没长性”的年轻一代养成先生产再消费，先工作后娱乐的好习惯？

在书籍签售会、体育赛事、杂货店、机场安检队伍里，常有陌生人拽拽我的胳膊，也有人凑到我耳边，低声说他们给自己的成年子女买了这本书。虽然表情尴尬，奇怪的是，他们好像都有种不吐不快的感觉，我想这些读者一定是在寻求我的安慰。

很多次这样的对话以后，我对后面的谈话内容也能猜出个大概。50 多岁的祖父母或准祖父母会告诉我，他们的儿子或女儿即将迎来新生命，但他们担心，很难成功培养孩子热爱劳动、勤奋工作的好习惯。这一代年轻人懂得如何将劳动的美德传承给他们的孩子吗？当今美国物质富足，国家太平，劳动早已不再是生存的**必须**，没有了培养这种精神和习惯的**紧迫性**，要让即将出生的孩子懂得艰苦奋斗的价值，对年轻父母来说，的确是一大挑战。

威斯康星的一位女士说：“我们太富有了，孩子们自己也清楚。”她怀孕的儿媳也这样说。事实上，她们只是中产阶级，并非大富大贵。她们的意思是，今天几乎所有美国人都是在世界上最富裕的国家和美国历史上最富裕的阶段养育他们的孩子。

可以说，从有人类开始，老一辈就担心娇生惯养会使下一代人格缺失，丧失自食其力的能力。我想，这样一本逆潮流而行的书，可能是送给被动懒散、丰衣足食的孩子最好的礼物。一些长者可能会说："来，孩子，这本书送给你，希望你能明白我的苦心。"

除了老一辈对年轻人不由自主的担忧和我们空前富足的物质生活，还应该看到，这个时代与以往的不同之处在于，工作与家庭已完全分离。工业革命以来，特别是近几十年来，随着科技的发展和广泛应用，孩子们已很难接触到父母亲的工作环境。这在人类历史上前所未有。

这也就意味着，艰苦奋斗不再是经济压力下的必然选择。因此，相比我们的前辈，培养这种精神和追求更为不易；况且我们从未就此展开卓有成效的讨论。

古往今来，劳动的价值不言而喻。美国历史上所推崇的清教神学认为，劳动是服务他人以感激神恩的体现，因此美国人尤其重视生产劳动。但无需掌握清教徒世界观的精髓，纵观历史，"不劳动，就难以生存"这一简单世俗的道理人人都懂。上帝是友爱的，冬日却是严酷的。

工业革命的到来改变了数百年来一成不变的农业生产生活方式，创造了惊人的物质财富，大大提升了工作效率，但我们也为此付出了沉重代价。历史的车轮将一批批农民载向拥挤的城市，曾经彼此熟悉的人们变得陌生冷淡，但劳动分工的细化、新的职业与岗位的出现，也带来前所未有、无处不在的新工具和物质享受。

20世纪30年代跟着骡子在田间地头忙活的孩子，在短短数十年的时间里，不仅看到了头顶的撒药飞机，用收音机收听了富兰克林·罗斯福关于大陆解放的炉边谈话，也见证了人造卫星的升空，并为美国人的成功登月而欢呼雀跃。几十年后，他们拥有了属于自己的袖珍超级计算机、智能手机，可以在谷歌上搜索大情小事。简而言之，过去几代人经历的技术和社会变革，在人类历史上可以说是绝无仅有。

渐渐的，我们所有人，特别是孩子，不再需要从事繁重的体力劳动。或许“得到解放”比“不再需要”更能愉快地总结我们的进步，从某种意义上说，一些劳动任务的消失在所难免。为维持生计，孩子曾经一度要和大人一样从事体力劳动。随着很多工业国经济社会的大发展，孩子们不再有繁重的劳动压力，但善意的父母仍然希望他们能够懂得劳动的意义和价值。

父母应该给孩子面包，而不是石头。不过，审慎明智地给孩子脚下放置一些石块对他们来说，是难得而又必要的一种锻炼。远离辛劳和汗水总有一天要付出代价，每一个有过健身经历的人都会有同感，甚至会认为汗水必不可少。75 年前，我们将毫无意义的体力劳动称为铁链服刑，今天我们却视其为守护神。

要保持健康，就要拿出行动，让过度消耗、日渐臃肿的身体动起来，而不是不管不顾，任其发展或痛苦挣扎。所以，如何积极采取行动是摆在美国人面前的新难题。为保持身材，强身健体，大多数人会选择各种各样的健身项目。

子女教育也不例外，我们要积极行动，帮助缺乏劳动体验的孩子建立起对劳动的情感和正确认识。到目前为止，书中最受欢迎的是第五章——写我的女儿在内布拉斯加州一个农场劳动的经历。女儿的故事似乎对每一个读者都有着特殊的吸引力——她阉割了 50 头公牛，却只发现 99 颗睾丸。对女儿来说，这是现实生活中的真实劳动和体验，一个 10 多岁的孩子在短短一个月里，找到了认识世界的窗口。忙着铲粪和养肥那些母牛的经历让她对劳动和餐桌上的食物有了新的理解；母牛产下死胎的那一瞬，她对死亡和痛苦有了深切体会；为慰藉“失去宝宝，无比难过的母亲”，女儿把她用奶瓶喂养的一个“孤儿”送到了它的身边。

很多人打电话或写信给我，咨询如何联系农场，他们不仅要让孩子在那里得到锻炼，也很想亲自参与感受一番，这是我完全没料到的。我们大多数人尽管小时候都经历过类似的劳动，但也希望能从这种经历中找到如今缺失的某种东西。

女儿科丽“想”这样做吗？她说，回想起来，那段时光十分美好。但真有人想在太阳还没有升起的时候就去牛棚里清理牛粪吗？不，至少这件事本身不会让人喜欢。但这项工作并非毫无意义，牛需要照看，也应该得到照看；我们喜欢的汉堡、牛排离不开这样的劳动，所以在牧场劳动就是在服务社会。女儿看到了自己劳动付出的意义——她在以某种方式服务社会。劳动改变了她。

没有这样的锻炼，美国的年轻人很可能，甚至一定会，分不清何为舒适，何为美好。圣母大学社会学家克里斯蒂安·史密斯（Christian Smith）在对美国大学生的品德和信念进行广泛研究后，沮丧地发现，许多学生认为，“幸福可以用他们拥有的物质来衡量，‘购物’让他们很满足，很快乐”。

西方的传统早已对此发出警示，提醒人们一味地获取只能换来空洞的、暂时的快乐。正如使徒保罗（Paul the Apostle）和歌手谢丽尔·克罗所理解的那样，我求非我喜，我恶我所欲（这可能是这两个名字第一次在同一个句子中出现）。

和前人一样，很多美国年轻人明白这不仅仅是一代人的问题，更是他们每一个人的问题。唾手可得的幸福不是真幸福，用亚里士多德的话说，只有认清我们应该成为怎样的人，并通过适合人类的劳动服务他人的时候，人类才能繁荣。古人对此早有论断，《圣经·箴言》中说：“他因不受训诲，就必死亡，又因愚昧过甚，必走差了路。”

对于一个欲望不断膨胀，而又自知没有约束力的人来说，这一真理无异于为其送上了死刑判决书。真理和任何药物一样，如果误用，也会毁掉健康。那么，如何才能让一个人，特别是即将成年的年轻人有所改变呢？

所幸美国人从未忘记本·富兰克林的建议：自我完善从任何时候开始，都为时不晚。当然，这需要坚持，坚持能够培养习惯，习惯最终结出累累硕果。要勇敢踏出第一步。莎士比亚笔下的哈姆雷特曾力劝道："即便已经失去这种美德，也要学习它 / 它（习惯）会送上道袍或礼服一件 / 度身定造，让他适之安安。"

有关习惯的养成和重塑，已经有相当丰硕的研究成果，这本书中也会提到一些。但我们要问的首要问题，也是终极问题是：培养习惯的目的是什么？对大多数人来说，答案就在他们周围，因为美德不会因其本身而存在，它就在服务他人，服务社会的需求里。

爵士时代的著名作家斯科特·菲茨杰拉德（Scott Fitzgerald），在一封写给女儿的信中解释说，"小时候没有让你成为温室里的花朵"，是因为"任何美好的东西都是辛苦换来的"。过去一年里，许多家长跟我说，他们担心在我们的文化里，类似菲茨杰拉德父女的对话会越来越少。

作为家长，我们没有把一个古老的真理传承给孩子——挫折是磨炼意志、铸就品格的基础。《拒绝成年》旨在帮助我们的家庭和社会开启成年之旅的对话。

本·萨斯

2018 年 1 月

前　言

空调是孩子们的“必需品”

“Adult”（成年人）一词我们都不陌生，但去年听到不少人将它用作动词(to adult)的时候，我还是多少有些困惑。在推特等社交媒体，出现了一个新的话题标签：“# 做一个成年人”（#adulting），例如：“午夜洗衣 / 洗碗 / 打扫浴室 # 做一个成年人”，“按时支付本月账单 # 做一个成年人”，“既然不能一连 8 小时上网刷剧，那就出门买菜 # 做一个成年人”……

2016 年，美国语言学会提名“adulting”为英语语言中最具创意的构词，可见其热门程度。“adulting”、“YOLO”[1] 以及政治正确的“微

[1] YOLO 是 You Only Live Once 的首字母缩略词，意为人只能活一次，应该活在当下，享受人生。现在这句话常出现在青少年的对话和音乐中，2016 年该词被《牛津英语词典》收录。（除特别标注外，本书脚注均为译者所加，下同。）

冒犯”（microaggression）[1] 俨然已经成为英语词汇中的新成员。

对那些不喜欢听到将“adult”名词动用的人——也就是真正的成年人——来说，“adulting”一词充满讽刺意味，因为它只是用来描述交税或“忙于各种家务”等成年人本该承担的事务。众所周知，这是成年人的责任所在。换句话说，对越来越多的年轻人来说，做一个成年人是一种可能被视为笑话的角色扮演。

以往任何时候，“成年”一词都含义明确。告别青少年时代，做一个成年人，在概念上是清晰的，它是上一代人赠予年轻人的**大礼**，但今天这样的认识已不多见。当今美国年轻人可以被称为“迟迟长不大的一代”，甚至可以说是“巨婴”的一代，他们造出新词，嘲讽我们过去的理想——我们希望成为负责任、勇于担当的人。

在深入探讨之前，我想对本书做以下说明。有人可能认为，我写作此书是要表达对年轻人的懒惰或家长的“直升机式育儿”（helicopter parenting）[2] 的不满，或要高谈阔论如何没收孩子们的电子产品，把他们踢出门去，给家长敲响警钟……

事实上，书中你看不到类似“离远点”、“滚出去”这样的尖叫或怒吼，也很难看到我开出简易“药方”——我的初衷不是要责备任何人；当然，也没有对逝去的美好时光的怀念与追思，虽然我的专业是历史，但我更倾向于关注未来，放眼长远。因此，本书重在

[1] “微冒犯”原指美国黑人在生活中受到的有意无意的小冒犯或隐形冒犯。现在该词词义已经扩展，可以是对黑人，也可以是对其他种族，性别（尤其是女性），或其他任何关于“身份标签”的隐性言论和行为侵犯。

[2] “直升机式育儿”是指父母像直升机一样，时时刻刻盘旋在孩子头顶，监控孩子的一举一动，过度干预他们的学习、交友等。

剖析现状，提出建议，希望我们能从传统中充分汲取养分，培养自立自强的下一代。

但在提出对策以前，我们要能在需要解决的问题上达成一致。

在我看来，整个美国都面临着前所未有的成年危机。美国的年轻人似乎永远停留在了青少年阶段，我们的孩子不懂得做一个成年人究竟意味着什么，也不清楚该如何扮演好成年人的角色。很多人甚至认为，没必要为此付出努力。父母似乎也已忘记，我们应该有所规划，教子女成年成人。在这个问题上，我们肩负着比孩子们更重大的责任。

8 年前，我开始在家乡内布拉斯加州的一所文理学院任校长，也正是从那个时候起，萌生了写作此书的想法。记得有一天，体育系的几个学生接到任务，要在学校篮球馆的门厅处放置一个高约 6 米的圣诞树。这些孩子十八九岁，健健康康，精力旺盛；他们立起圣诞树，拿出一些饰品装饰一番，就准备离开了，认为任务已经完成。一位副校长碰巧路过，她觉得圣诞树看上去有些奇怪，原来学生只装饰了他们容易够到的下面一两米。

她问："为什么只完成了一半？"

女生联谊会的会长回答："太高了，上面够不到。"

"篮球馆不是有梯子吗？""维修人员不愿意拿梯子来吗？"副校长不解地问。

学生耸耸肩，没有人愿意给自己找麻烦，装饰树顶或寻求帮助。

学生的行为并不能说明他们缺乏思考，整件事只和他们的意愿、责任心、意志有关，也说明他们没有完成一件任务的丰富经验和足够兴趣。这很可怕，我为这些孩子感到担忧。它是米德兰文化所独有的吗？我百思不得其解。有人可能会说，我有些小题大做，但面对半途而废的学生，很难说服自己不去思考，我也开始回想我的父母是如何教我做事的。事实上，成长过程中少不了“强迫”——这种强迫起初来自他人，但慢慢会变成更为重要的，内在的或来自我们自身的强迫——强迫自己应对艰巨的任务，即使内心并不情愿。

当年我只有37岁，但突然有种难以名状的沧桑感——有生以来第一次有这种感觉，毕竟距离自己步入大学校园已经有20个年头。在米德兰工作的前几个月，我注意到，学生缺乏战胜困难的经验，现实生活中稍遇挫折，就会徘徊不前，不知所从。这些18—22岁的年轻人聪明机灵、朝气蓬勃，但在很多本该能够轻松解决的问题上却一幅手足无措的样子。这种被动绝非米德兰所特有，开始关注这一现象后，我发现除了大学生，高中生、大学毕业生同样如此。

一位朋友近来对我说，他和妻子越来越担心他们14岁的女儿和10岁的儿子。事实上，从各方面看，两个孩子都很优秀。他们尊重师长，善交朋友，学习刻苦，成绩优异，其他家长常常羡慕地说：“如果我们的孩子也这么优秀就好了。”但他和妻子关注的是离开公众视线以后，孩子在家庭中的各种行为，10岁的儿子痴迷视频网站，14岁的女儿则把大把的时间花在社交网站和肥皂剧上。

这在很多家长看来稀松平常，但说到夫妻俩担忧的**根本原因**时，他看上去似乎比平时更为焦虑。和所有父母一样，他担心孩子沉迷于手机、网络，不思进取，也担心社交媒体可能导致欺凌或抑郁，但真正让他恐惧的，是孩子行为方面的改变。他们发现，在电脑、手机屏幕前待得越久，孩子就越像僵尸一样迟缓和被动。他们察觉到，孩子的朝气、活力和主动性都在下降。

其实孩子们也知道这一现状，并承认和朋友一起玩、打棒球、徒步远足的时候更开心，更有成就感，但他们自己缺乏发起类似活动的主动性，只有当父母为他们安排组织妥当后，才会参与其中；如果家长不带头，孩子就会被动等待。这位朋友平时下班后，妻子已经到家开始准备晚餐；这段时间里，孩子们都无一例外地蜷在沙发或地板上，面无表情地盯着电视或手机屏幕。想和他们聊几句，看到的却总是一副无精打采的样子。一个平日机灵、专注的孩子变得萎靡不振，黯然消沉。讲起这件事的时候，朋友并没有太多抱怨，他内心更多的是焦虑和忐忑：两个孩子日后能自力更生吗？14岁以后，会不会有一种神奇的质的变化在某一天某一时刻突然降临到孩子们身上？

每次听别人说起他们的子女，我们总会毫不犹豫地将孩子的问题归咎于失败的家庭教育。真是这样吗？下面我来讲一个发生在我个人身上的真实故事，从中不难看到，仅靠个别家长的努力是远远不够的，因为孩子们会接触到家庭以外更大的环境。富足的物质生活让我们“娱乐至死”；科技的变革、家庭中日益突出的代际隔离使年轻人很少能参与到有意义的劳动中；我们在子女教育方面普遍患有文化失忆症，这一切都使单个家庭越来越难培养出独立、自立的孩子。如果周围的青少年都患有相同的富贵病，我们又如何能唤起自己的孩子对自立自律的渴望？

有一年夏天，我们一家去科罗拉多州旅行。夏日的清晨，落基山一带只有4℃左右，和女儿在凉爽的林间跑步非常舒服。回到内布拉斯加后，不巧家里一台空调坏了，当时本是炎热的8月，但还好，最高温度只有21℃。即使如此，刚到家的那个晚上，十几岁的女儿带着比她年龄稍小的妹妹跑到我和妻子梅丽莎的房间，大喊空调降不了温，她们太热，无法入睡。

等等，什么?！我小时候，家里也装了空调，但我们从来不用。父亲说，买房的时候房子里已经安装了空调，但家里并不富裕，所以它是我们眼中的奢侈品，没必要为它支付额外的电费。夏天最高温度一连几天都在近38℃的时候，我们几个孩子依然不会想到打开空调，因为它会增加开支——我们的经济条件不算好，当然就不“需要”空调了。上高中以后，父母终于决定在夏天最热的时间打开空调，可在我们兄弟姐妹看来，它仍是一件奢侈品，所以一直非常珍惜。那时的我们哪里会像今天我的女儿一样，娇纵、任性、发疯似地大喊“没有空调，睡不了觉”，何况那天只有21℃。

面对被宠坏的女儿，我和妻子深感我们的家庭教育是失败的。可能我们在家里的一些言谈让生活富足的女儿无意中感觉到“空调是必需品”;我没有让孩子认识到“其实空调是‘令人愉快’的奢侈品，而非‘不得不有’的必需品”。

以上几个故事中的孩子大概10—20岁，他们备受宠溺，被动、萎靡、弱不禁风。这几个表面看似毫无关联的故事都与政治无关，但它们所反映出的问题不仅仅是孩子和家长的问题，这种懒散、消沉已经成为美利坚合众国每一个公民的问题，因为我们的国家建立在这样的理念基础上：政府并不规定什么是真、善、美，其存在就是要确保社会有序、自由，保证自由的人们能够以自己的方式追求幸福。

2015年进入参议院以来，我和同事们对很多急需解决的国内问题进行过探讨，如医保问题、移民问题、网络安全、就业培训等。

但如果我们的公民缺乏良好的教育，贪图安逸、随波逐流，难以应对日渐纷扰复杂的日常生活，那么，即使能有效解决以上问题，又有何意义？我们需要年轻一代成为这个国家合格可靠的建设者和接班人，能够供养家庭、缴纳税收、服务社区，并能修复我们弊病日显的养老管理制度。我们需要有求知欲、主动性、创造力，有批判精神，专注投入的美国青年，只有他们才能使美国在21世纪越来越激烈的经济、军事和科技竞争中立于不败之地。

美国不接纳长不大的孩子，即使在一切静好的今天，美国也会因为这些人的存在而难以长存。我们应该看到：这一代年轻人比老一辈更需要持之以恒的毅力和适应社会的能力。未来几十年，世界急剧变化，很多职业将被取代，层出不穷的新变化让人望而生畏。科技进步使生活更便利，但也刺激了消费欲望，带来让人目不暇接的各类信息。计算机根据我们的搜索历史和在社交平台上反映出的偏好，不断将迎合我们口味而非具有挑战性的东西推送给我们。这是美国社会的一大病症，对依赖网络世界的年轻人来说，问题尤其严峻。之所以说它是整个社会的问题，是因为网络世界自身的两极化作用，也因为它重情绪轻理智，而美利坚合众国需要逻辑缜密，具备批判思维，能理性竞争，并能在面对质疑时为自己冷静辩护的公民。

成长，在不同时代和不同社会都充满挑战，但今天的挑战却更加艰巨，对当代美国人而言尤其如此。美国是一个建立在一定信条基础上的国家，也就是说，它的国民对尊严和自由有着一整套共同的信条或信念。美国所依赖的不是少数精英人士的专家式管理，而是所有国民的美德与自立。在经济巨变的今天——从终身职业向终身学习转变，以适应不断变化的工作环境的过程中，重塑自立文化比以往任何时候都更为迫切。

我们还没有为新的挑战做好准备。

孩子们还没有做好当接班人的准备。我们甚至不清楚该如何将未来职业结构的变化这一严峻事实讲给孩子们听。写作本书的目的是希望引起美国全社会对这些挑战的思考与讨论，并给出我个人的分析和认识。很多次出差或旅行的时候，都听到有人说，我们的孩子有问题；但似乎我们并没有理性讨论这一现象的理想框架或抓手。有人将其视为政治问题，担心左翼和右翼会互不相让，但很多时候，他们也知道这并不是看待问题的正确路径。人们发现，几乎所有的美国孩子都心不在焉、萎靡不振，他们渴望子女刚毅勇敢、沉着冷静、自立自强，能更好地服务社会。

也有人发现，这一代年轻人身上缺少了什么，他们和父辈长大成人的过程大相径庭，却又不清楚缺失的究竟是什么，又是如何缺失的，他们担心在孩子身上看不到责任心、希望和成就等象征成熟的标志；对要接受足够的学校教育才能开始工作这一方向不明、模棱两可的说法，很多人表示怀疑。然而，让多数家长愁肠满腹的是，曾使青少年顺利迈入成人世界，习得重要技能，培养了良好习惯的农庄和工厂已不见踪影，取而代之的是高度制度化的学校和童年生活。简而言之，青少年期无限延长的“成年危机”已是美国社会不争的事实。但如何破解这一难题，家长们似乎都无计可施。

我没有任何锦囊妙计，但相信“条条道路通罗马”。书中我会提到一些我和妻子的教育经验和体会，但这并不是说，我们的家庭教育可以作为大家效仿的样板，毕竟每天我们都遇到新的问题，也还在不断探索。我们希望孩子们健康活泼、坚韧自立，有魅力，更希望他们热爱国家，积极奉献，并能在不断的学习实践中提升问题解决能力。这是我们共同努力的目标，如果他们消极萎靡、永远停留于青少年期，作为父母，我们的心情可想而知。这一生我们有很多愿望，但最想实现的就是帮助孩子们顺利长大成人。

本书共有两个部分。第一部分讨论了困扰我们的危机究竟是什么——如何判断孩子们的情况是否越来越糟？父母是否为青少年子女感到担心？为什么"成年危机"对美国这样一个共和国来说，祸患无穷？为什么不能仅依靠学校来化解"成年危机"？第二部分旨在应对这一难题——如果"青少年期"是一个人成年的必经阶段，父辈能给我们怎样的启示？哪些传统应与时俱进？既然科学技术给青少年带来诸多问题与麻烦，是否可以"将计就计"，利用科技予以应对？

在子女教育方面，我和妻子梅丽莎有自己的理念，我们尽力帮助孩子做社会有用之才，也给他们灌输这个国家自建国以来就倍加珍视的信念和价值观。大体来说，从青少年顺利过渡到自力更生的成年人，我们认为以下五个主题不可或缺：

第一，跳出同伴文化（第四章）。这不算是一种美德，只能说是一种建议。我们要找到一种能把孩子们从"眼前就是一切"的魔爪中解放出来的方法，最行之有效的就是让他们结识他人，特别是长者；另外，要认识并接受身体的变化，它出生、成长，但也会受苦，衰老。当今，几代人之间越来越疏离，出现了史无前例的"超代际隔离"，没有坚定的意志和不懈的努力，很难扭转这种不正常、不健康的趋势。

第二，辛勤劳动（第五章）。问起身边几个颇为有趣的朋友，"小时候做过最苦的活是什么"，只要话匣子一打开，他们总能滔滔不绝讲个没完。奇怪的是，今天的孩子却被"保护"起来，不再接触或参加体力劳动，这显然和我们的目标背道而驰。要给他们一份劳动清单，督促他们在劳动中学习锻炼，从而深切认识到，挫折和痛苦应该被努力克服，而不是被设法避开。西奥多·罗斯福（Theodore Roosevelt）[1] 曾给儿子写信说："成长过程中，痛苦在所难免。我们所能做的就是微笑面对，学会接受，只有在困难面前不退缩，不言弃，才能迎来时来运转的那一天。"我想，我们可以这样理解：挫折、痛苦能够塑造坚强的品格。

第三，拒绝过度消费（第六章）。众所周知，美国人每天在电视、网络、平板电脑、智能手机上花费大量时间。我们的物质消费首屈一指，但并没有因此获得更多安全感和幸福感。我们知道原因何在。亚里士多德知道。奥古斯丁知道。卢梭知道。心理学家、神经科学家、社会学家的大量研究结果表明：带给人快乐的不是消费而是"生产"。从事有意义的工作，或者说，帮助他人、服务他人，使这个世界因我们而美好时，人才能感受到更长久的幸福和健康。消费只会带来更多消耗。

第四，在旅行中学会区别"需求"与"欲求"（第七章）。接触另一种文化，会让我们对自身文化有更深入的理解。真正的旅行不是在某个度假胜地聚会享乐，也不是在外国港口乘豪华邮轮畅游观光；而是和另一种文化中的人相处、交流，了解他们对人生、经济、政府角色的不同观点。通过旅行，我们还能体验到一种更古老简朴的生活——回归大自然、寻找食物、勉强维持生计。

第五，与书为友（第八章）。很多人都懂得如何读书，但如何更

---

[1] 西奥多·罗斯福（1858—1919），人称老罗斯福，昵称泰迪（Teddy），美国军事家、政治家、外交家，第 26 任美国总统。

好地阅读，批判式地阅读却不见得人人都懂。用手机或平板电脑阅读的人，并不能像我们阅读纸质书那样，有效获取信息，透彻理解，借助于屏幕的阅读往往是一目十行。美国国家教育进展评估结果显示，美国学生的基础阅读能力堪忧，自 20 世纪 60 年代以来，美国人的读写能力就一直在走下坡路。开国先贤们认为，良好的读写能力是自由和自治的前提；懂得如何阅读，读过的书籍才能真正起效。所以，让我们行动起来，制订一份受益终身的阅读清单。

最后，在第九章，我们将一道探讨，作为全世界第一个建立在一定信条基础上的国家，也就是说，我们并不以相同的民族为基础，而是对言论自由、新闻自由、宗教自由、集会自由有着共同的信仰，这样一个国家，为何尤其需要传承对自由和成年人责任与担当的坚定信念？后记部分将提到美国历史上一位疯狂而迷人的忧虑者——西奥多·罗斯福。他在任期内也面临经济结构大调整的巨大挑战，如果他还健在，能受邀出席高中生的毕业典礼并发表演讲，“义勇骑兵”罗斯福总统一定会不失幽默地指责场下奇装异服的“低头族”，提醒他们远离电子产品，关注于个人潜力的挖掘。

我们面临的成年危机不仅仅关乎你我的家庭，也关系到我们每一个人，包括那些尚未建立家庭或生儿育女的人。成年文化的消失危及美利坚合众国的未来。

第一部分

被动的牢笼

第一章

滞留梦幻岛

温蒂：你又怯懦又缺心眼儿！

彼得：我怎么缺心眼儿？

温蒂：你没长大，你还是个孩子。

——詹姆斯·马修·巴里《彼得·潘》[1]

《彼得·潘》讲述了一个拒绝长大的小男孩的故事，读者常误以为这是一个轻松愉快的童话故事，事实却远非如此。作者巴里笔下的经典人物彼得并不是一个值得赞美的英雄人物，他自私自利，目光短浅。彼得说："我不想去学校学习那些严肃的东西，我不想长大。"

最后，他甚至对过去发生的事情毫无记忆，从中获取经验教训也就无从谈起。故事结尾处，温蒂努力唤起彼得的记忆：

[1] 詹姆斯·马修·巴里（James Matthew Barrie，1860—1937），英国著名小说家、剧作家，一生创作了许多童话故事和童话剧。《彼得·潘》是他的代表作，讲述了会飞的淘气男孩彼得·潘和他的同伴在梦幻岛的冒险故事。

温蒂说起他们的死敌霍克船长的时候，彼得饶有兴趣地问：“谁是霍克船长？”

温蒂惊呆了：“你不记得了吗？你杀了他，救了我们所有人！”

“杀了他们以后，我就全忘了。”彼得漫不经心地回答。

彼得·潘拒绝成长，但那些迷失的少年却在一天天地长大，温蒂也是。温蒂有个女儿叫简，偶尔也去梦幻岛，但最后逃离了那里，简的女儿玛格丽特也像妈妈一样，不愿被困在梦幻岛，所以选择了离开，故事就这样一直继续着。每个人都在前进，除了彼得·潘。他从未改变，从未长大。

只活在当下，活在此刻，并不是一种自由，甚至也并不符合人性。人类不同于其他动物，我们记得过去，理解人之本性，并努力发展自我。我们有理想，有抱负，也会不断展望未来。

每个危机都蕴藏着机遇，我们今天所面临的成年危机也不例外，它促使我们深刻反省自己的工作、生活方式，也迫使我们对学习、友情、社交，以及“身在美国，身为美国人究竟意味着什么”这一问题不断追问，深入思考。我们的目标是要孩子们做任何事情的时候，都能**保持头脑清醒**——能主动拒绝消极被动，抵制不假思索的消费至上观念，拥抱脚踏实地、积极向上、乐于付出的生活和终身学习的热情。换句话说，我们希望孩子们拥有美好的人生。

现在，让我们开始吧。

定义青年期

没有哪个文明能够接纳无尽的青年期。历史上一些尊贵骄奢的家族曾试图接纳它，但那些娇生惯养的孩子很少有好的结果。很多文化中其实并不存在一个青年期，即使有，人们也会通过某种集体仪式，迫使其成员早日脱离这一阶段。

传统上，成年的路径很清晰，儿童经过一定的顺序长大成人，但并不是经过一个个的日期，而是经历一系列的事件，取得一定的成绩。古罗马法律条文中将成年前明确划分为三个阶段，每个阶段 7 年——婴孩期（从出生到 6 岁）、童年期（7 岁到 13 岁）、青年期（14 岁到 20 岁）。这种“三阶段”的基本划分一直沿用至今。第一个阶段孩子对父母，特别是对母亲高度依赖，他们从母亲那里得到食物、关爱和安全感。当孩子们能离开母亲几个小时，也就是非常短暂地初尝到独立滋味的时候，这一阶段也便走入尾声。这个时候，孩子们会发现，离开母亲六七个，甚至十个小时，也不会对自己有任何不良影响。

第二个阶段，孩子渐渐进入青春期，身体开始发生变化。这一时期，他们在饮食、服装方面有了更多选择，自我约束力增强。五百多年前，廉价出版物大量涌现，孩子们开始学习阅读，运用逻辑推理，理解一些更复杂的概念，如因果关系、短期投入与长期收益等；日渐成熟的孩子不再仅仅着眼于眼前。

第三个阶段是青年期，它是连接“童年期”和“成人期”的最后一个阶段。英文里的 adolescence（青年期）一词来源于拉丁文，意思是“长大”，大约15世纪时开始成为广泛使用的词，指在生理、情绪、经济、性格等方面接近完全成熟。儿童心理学家埃里克·埃里克森（Erik Erikson）20世纪50年代将“青年期”称作“暂停的成人期”，他认为，这个阶段个体会停下来不断尝试或试验，逐渐确立自己的身份，脱离对父母的依赖；责任开始被理解为一种个体欣然接受的东西，而非机械忍受的负担。青年期也是成长过程中的温室期，这一时期，大孩子在即将成年的最后阶段仍可以得到保护；宽容和鼓励青年期表明，在父母和其他权威人士看来，让儿童通过一段时期的准备以后再最终永久性地离巢，至关重要。

一些社会会有明确的仪式，见证一个孩子告别童年，进入成人期。这些仪式的目的是要青少年对下一个人生阶段的任务有清醒的认识，提醒他们应摆脱儿童期的依赖心理，学会独立，勇于承担责任。犹太人和拉丁美洲的家长会给孩子举行成人礼，古代斯巴达人是较为极端的例子，导演扎克·施耐德（Zack Snyder）2006年执导的动作电影《斯巴达300勇士》中有生动的刻画。斯巴达男孩7岁开始就要进入军事学校，12岁时便来到荒野中锻炼，除了一件红色的斗篷，身上没有任何装备。斯巴达人希望他们年轻的士兵能自食其力，填饱肚子，证明自己具备基本生存能力，偷盗当然是禁止的。生活在巴西亚马孙热带雨林中的萨特玛维部落，会让13岁的男孩戴上装满“子弹蚁”的手套，这种体型很大的蚂蚁咬起人来和被子弹射中一样疼痛难忍。孩子们通过忍受剧痛来证明自己已经长大成人。

我的叔叔在13岁生日前得到父母的同意，来到离家12公里外的湖边露营。以前，家里人只允许他白天和朋友们在湖边骑车，到了傍晚就必须回家。有了更大的自由，叔叔不仅领略了万里晴空带来的喜悦，也体验了夜晚丛林狼嚎叫逼近，只身一人，没有成年人可以求助的极度恐惧。

“成人礼”标志着一个人从一个群体进入了另一个群体，这往往值得庆祝，因为它意味着被部落、军团、宗教组织或一个民族正式接纳。成人礼或神圣或世俗，但其目的是一致的。虽然各种成人礼都会让孩子们经历艰辛，但其初衷并不是要他们当众出丑，或狼狈不堪，而是帮孩子认识到成年期要经历的挫折与坎坷，以及离家独立生活后，为谋生存，必须要付出的劳动与坚韧。从各种成人礼也可以看出，普通家长希望自己的孩子在完全独立前，能切身体会生活的不易和生存所需的必要品质。孩子们需要这样目标明确的仪式，可惜今天这种观念已经越来越淡薄，因此也带来越发严峻的社会问题。

美国也有成人礼。只是相比其他文化以达到某种结果或取得某种成绩为目标的成人礼，我们的成人仪式似乎缺少了明确的指向。美国人的成人礼并不复杂，如舞会前拍照；等上一位同学下台后，控制好时间上台领取高中毕业证——当然，几乎每一个没有辍学的孩子都能拿得到。

我们身边能和一些长者在荒野生存一周，经历探险和独立生存的孩子已屈指可数。但美国仍有一些团体会迫使他们的成员直面艰险，例如海军陆战队和海豹突击队都会让年轻队员经历地狱般的苦练，才最终接纳他们为完全合格的队员。拒绝现代文明的阿米什人有着“游历”的传统，长辈们会允许年轻人离开家，去外面体验一段时间，与其他文化的人交往，穿阿米什人从来不穿的鲜艳衣服，也可以开车、饮酒，甚至使用一些违禁物品，之后才让年轻人做出选择：是否愿意回归阿米什社区。这个时候，年轻人就要经过思考，做出出于本意的主动选择，确定自己是否要成为一名阿米什成年人。

当然，很多外在因素也会影响青年期的长短。出生在家境窘迫或父母早亡家庭的孩子通常较为早熟，他们会更自然地过渡到成年期；饱受战乱之苦的民族通常也没有延长青年期的时间和空间，想想看，如果1994年你是一名生活在波斯尼亚或卢旺达的13岁少年，父亲或母亲，或双亲都已经被杀害，那就只能选择快速成年，否则就要遭遇和父母同样的下场。

青年期与婴孩期、童年期的不同之处在于，它的终点和持续时间并没有那么明确。青年期可能并不存在，或持续时间较短，但也可能较长。没有经历青年期是一种遗憾；如果有意为之，短暂的青年期也并无不妥；如果目标明确，持续时间较长的青年期也未尝不可，例如：一些学徒往往要跟师傅学习多年，才能掌握一门手艺，也有一些年轻人，要长期浸淫于另一种文化，才能完全掌握一门外语。

但永久性青年期就另当别论了。

青年期是手段，不是目的，帮助孩子向成年期顺利过渡才是其存在的真正意义。斯巴达人让他们年轻的士兵经历痛苦折磨，并不是因为痛苦本身值得赞颂，而是因为，他们希望肩负保家卫国重任的公民具备尽职尽责的知识、能力、坚韧和意识。青年期有着鲜明的目标，它不应该无限期或永久性地存在。

我们的情形有所不同。青年期的意义和目的是什么？美国人很难众口一词。为什么一个生理上成年的孩子，迟迟不能肩负起他本该肩负的责任，而我们的家庭和社会却能袖手旁观？美国人没有在这一问题的回答上达成共识。孩子们也能察觉到这种大的文化趋势，并以各种消磨时光的方式做以回应。但如果最宝贵的东西就是时间，又为什么要消磨它？要知道，老一辈美国人曾想方设法“赎回时间”。

二战后的美国社会

为什么我们会是今天这个样子？为什么许许多多的美国人在他们一生最美好的年华却如此被动颓废，成年后依然愿意蜗居于父母的地下室，离不开刷剧点餐的手机。三言两语很难给出令人满意的答案，要充分理解这一问题，就要简要回顾二战结束后的前几十年里美国社会的五大变化。

第一，虽然 2008 年经济衰退的阴影依然笼罩美国，就业情况长期不稳并可能持续恶化，但相比历史上任何时期和世界其他国家，我们仍享有优越的物质生活。显然，这是好消息——但同时也带来意想不到的负面影响：过去 70 年积累的惊人的物质财富使美国的青少年比历史上任何一代人都更沉迷于享乐。

第二，因为过度消费这一不良习惯，我们的孩子已经不懂得何为“生产”。他们的成长环境中很少有劳动和工作的影子，今天的孩子很可能会将“劳动”等同于一份工作，而且也不大可能和以前的孩子一样，继续从事父母的工作，如留在家庭农场或牧场。正因如此，孩子们很难切身感受到父辈工作的艰辛，也无法像曾祖辈一样从父母那里继承对劳动的忠诚和热爱。如今，大多数孩子并不与其他年龄段的人交往，填补这种成年权威真空和劳作空缺的，是学校的同伴文化和近年来出现的数字世界颇为自恋的自主文化。具有讽刺意味的是，相比几十年前的年轻人，尽管今天的孩子待在父母家中的时间越来越久，却越来越早地脱离了长辈的社交圈和优良品德。

第三，半个世纪以来有人发出的“核心家庭岌岌可危”的警示似乎已成现实。家庭生活的断裂使很多孩子失去了顺利过渡到独立成年生活的可靠环境。著名社会学家、民主党人莫伊尼汉（Daniel Patrick Moynihan）最早敲响了“黑人家庭生活可能解体”的警钟，1965 年美国劳工部发布的莫伊尼汉报告指出，联邦官员应该为家庭的瓦解感到恐慌。当时非裔美国人的非婚生子女出生率高达 25%，而白人群体的这一比例远不到 10%。50 年后我们发现，它无关种族，因为这一问题已相当普遍。美国自由主义政治学家查尔斯·默里（Charles Murray）、政治学家罗伯特·帕特南（Robert Putnam）、作家 J. D. 万斯（J. D. Vance）在他们的著作里也都指出，这一可悲的变化并不仅限于某一地域或某一民族。今天白人的非婚生子女出生率飙升到了 30%，比 20 世纪 60 年代黑人群体的这一比例还要高。尽管未成年人的怀孕人数有所下降，但城市研究所发布的《莫伊尼汉报告再回顾》却显示：非婚生黑人婴儿的出生率已超 70%。

第四，人们认为必须为青少年提供中等教育（Secondary Education）[1]。事实上，我们所有人已经忘记，历史上，学校教育并不是一个人长大成人所必须经历的过程。一个世纪以前，每个人，每个地方都有这样的认识。20 世纪初，在美国大多数州，家长和学生可以选择是否一整年都在中学校园度过，短短 30 年后，中学教育成为每个学生必须接受的义务教育，中学教育固然有其价值与意义，但意想不到的是，制度化的学校教育让孩子们失去了顺利成年所必备的劳动环境和与长辈等其他年龄段的人们共处的机会。二战刚刚

[1] 中等教育是在初等教育的基础上继续实施的教育。学历层次包括初中、高中、中专、中职、中技。中学（Secondary school）分为初级中学与高级中学，均属于中等教育的范畴。

结束的时候，美国家庭的餐桌边仍然有老年人用他们的亲身经历告诉孩子们，成长不仅仅只是学习成绩的提升。

令人不解的是，就在学校教育占据了我们对教育的所有想象的时候，从 20 世纪 70 年代起，我们的教育却越来越肤浅。自 20 世纪 60 年代最高法院规定不得在校内祈祷，以及公立学校禁止开设宗教课程以来，学校教育更加世俗化，制度化。无论你是否赞同这一决定，毋庸置疑，它使孩子们越来越远离存在问题，人的价值和人生意义问题。

中等教育不再能帮助学生在离开校园后谋得稳定理想的职业，这也是学校德育教育缺失的原因之一。此前中等教育是顺利求职的保障，教育史学家保拉·法斯（Paula Fass）探寻了为何学校教育越来越趋向“批量生产”，而无视其重要培养目的——促进青少年成长为积极进取的成年人。“对于即将进入大学校园的高中生来说，高中阶段只是其青少年时期的一个中转站，除了更多课程选择外，高中并没有为孩子们提供其他更有意义的活动……”当高中文凭不再是全职工作或中产阶级的保障，也无法满足我们对成年人的各种预期时，高中教育就难免为人所诟病。同伴文化，或者说同辈文化，开始填补学校意义缺席的真空，孩子们不再视教师为行为楷模，教师也不再认为传递从经历和经验中积淀的智慧，提升学生品德修养是其应尽之责。于是，孩子们放眼四顾，周围的同学和同龄人成为能够效仿或参照的唯一对象。

第五，20 世纪 60 年代是一个充满抗议和危机的时代，多种冲突矛头直指同一个问题：美国意味着什么，美国的自我管理试验是否独一无二。形形色色的抵抗活动，特别是民权运动，促使美国最终践行了《独立宣言》中所宣称的，人人生而平等。几百年后，我们终于实现了“不论男女、种族，人人平等”。还有一些争论，如某些战争是否不义，滥用药物的成本，划分性别界限是否有意义等，也都持续了一段时间，但后来慢慢沉寂了，这并不是说，人们已经达成共识，恰恰相反，我们似乎决定不下结论，不达成和解，这也正是最可悲的地方。后来到了20世纪80年代初，面对一些文化上的争议，我们没有理性的思考，没有开展广泛的讨论，达成新的共识，而是任由极端化占据上风。正因为我们的被动不作为，流行文化和庸俗浅薄才乘虚而入，逐渐取代传统，这已成为当今美国人的共同感受。

当然，在美国，共识的星星之火并没有完全熄灭，我们众志成城，取得了冷战的胜利，在社会融合上也迈出了一大步。总体而言，曾经“新教徒优先”的文化不再排斥天主教徒和犹太教徒；我们也成功登上月球。尽管如此，曾将这个多元化的国家紧紧团结在一起的共同目标和共同理想却在20世纪60年代继续崩塌。回首那段动荡不堪的岁月，可以清楚地看到，前所未有的消费至上主义，日益稀少的劳动机会和数目惊人的家庭的破碎使美国青少年的生活发生了翻天覆地的变化。可以说，从那个时候起，美国人的生活出现了难以弥合的裂痕。

被遗忘的灵魂

一个世纪前美国社会的一大变化值得特别关注。19世纪20世纪之交，学者和教育实践者就“如何教育美国的年轻人”展开激烈讨论：他们该学习什么？如何学习？学到什么时候为止？法律应对教育做怎样的规定？家庭和父母承担着怎样的教育角色？

传统派认为，加强道德品质修养才是教育的旨归。他们指出，教育应该滋养学生的灵魂，培养良好习惯，帮助学生继承优良道德传统。实用派则认为，学校的首要任务不是提升学生品德，而是培养能够适应国家快速工业化发展所需的、具备各类专门技能的劳动者，因此需要开展“全民教育”，而不应纠缠于教育的目的何在；另外，随着越来越多的外国人移民美国，兴建学校迫在眉睫。实用派最终在这场大争论中胜出，他们的胜利标志着年轻一代的成年方式将发生根本性改变。

不无讽刺的是，将哲学和神学讨论赶出这场争论，或者说，促成这一思想大战停火的是美国历史上最有思想的人之一——约翰·杜威（John Dewey）。要理解今天的成年危机和青少年面临的成年困境就必须理解杜威，要理解杜威，首先必须清楚他不是一位技术专家，而是在这场原本只有两方的历史悠久的宏大争论中采取了第三种立场的哲学家。

本书并不重点讨论重要的哲学问题，但要探寻成年危机背后的原因，为重建自力更生的文化提出建议性意见，就必须探讨有意义的生活或做一个高尚的人背后的哲学意涵。“要离开这个世界的时候，孩子们会不会回忆起自己真实、善良、美好的一生？”这样的大问题离我们并不遥远。本书并不尝试为有关人生意义的重大问题提供答案，但要看到，我们的青少年和家长总要面对这样的问题——怎样的人生才值得度过？

从人类在狩猎耕种的间隙停下来思考的那一刻开始，我们就在不断追问这样的问题：什么是最重要的？我还欠着债吗？有来世吗？我该怎样生活？美好的生活是什么样子？使徒保罗提出了一个更加发人深省的问题：为何我做非我愿？

生养和教育子女让我们不得不直面一些长久以来一直在逃避或苦苦挣扎的问题。如果你的孩子固执又任性，如果他们为自己的未来忧心忡忡，为过去追悔莫及，为伤害他人而深深自责——我们就必须面对破碎的世界和堕落的灵魂这样的重大问题。

几千年来，西方人对“世界是**如何**破碎的”有着两种分歧较大的认识。简单笼统地说，一派认为人性本恶；另一派则认为外在因素导致了人的堕落。两种观点并非互不相容，但在回答“人的罪恶，也就是人的堕落和悔恨是不是我们和成长中的孩子存在的最大问题”时，两派有着明显分歧。罪恶扭曲着人类，它是不是我们和我们养育的孩子所面临的最大问题？为便于讨论，让我们暂且把解答千年难题的两派分别称为**现实派**和**浪漫派**。

现实派认为，“我们今生的命运就是要承受痛苦，尽力摆脱自私，寻求品德的升华”，“人能认识到自己内在的不足、邪恶与自恋倾向”，“这个世界的问题主要是我的问题”。同时他们也认为，世界上只有一个天堂，这个天堂不在人世。公元345年出生于北非的古罗马哲学家奥古斯丁是持这一观点的最具代表性的人物。他在《忏悔录》里叙述了自己青年时期暴食暴饮、酗酒偷窃的享乐主义行为，他的那句祈祷词广为人知：“主啊，请赐予我纯洁和节制吧，但现在还不是时候。”但奥古斯丁最大的问题不是浪费了光阴或有私生子，而是他采取行动前有强烈的利己欲望——他渴望法律为他而设，向往自主自治，希望自己就是神灵。《忏悔录》以奥古斯丁和朋友去果园偷梨子的故事为中心展开，偷梨并非为填饱肚子，而是因为家长禁止孩子偷梨：“偷梨是邪恶的，但我喜欢它——我喜欢自己犯下的错误，让我欣喜的不是犯错的动机，而是错误本身。”奥古斯丁的结论是，人有好色、贪婪、嫉妒、仇恨和叛逆的本性。教育子女像马拉松比赛一样持久、不易，因为每个人生来就有不服管束的叛逆心理。

与这种清醒、严肃的世界观相对的，是对世界和人的本性持浪漫主义态度的观点和立场。从柏拉图开始，历史上的浪漫主义乐观人士不在少数，但寻根我们在子女教育上的问题，法国启蒙思想家、哲学家卢梭的观点最具影响力。卢梭反对奥古斯丁“人有原罪”的看法，他认为人类灵魂的裂痕与破碎并非来自人性的不完美，而是因为我们在教育子女的过程中，教他们依赖他人，顾及别人的眼光，遵循社会规范。卢梭希望未成年人能无视旧俗陈规，从身份和地位的焦虑中解放出来。他的“小说”《爱弥儿》提供了新的教育思维，意在帮助我们更好地培养年轻一代。与柏拉图在《理想国》中提出的宏大教育计划相呼应，卢梭的育儿手册也是一本哲学专著，深入探寻了人性的不足和恐惧死亡的人类的渴望。

《爱弥儿》是我最喜欢的著作之一，喜欢它并不是因为我欣赏或赞同卢梭在书中分享的教育观点。卢梭的部分主张富有洞见，但大部分内容在我看来是在鼓励孩子陷入自恋的怪圈，一些观点甚至非常危险。喜欢《爱弥儿》是因为，它迫使我开始思考我和梅丽莎给我们的孩子、侄子、整个社区以及全美国的孩子设计的教育蓝图是否得当。卢梭的见解值得商榷，但他让我明白，为何很多父母并不赞同奥古斯丁品德培养的观点。在我们很多人看来，卢梭教育思想的关键在于，提醒父母要因材施教，看清“一刀切”的教育并不适合每一个孩子。

卢梭写道：“植物要栽培，人要靠教育。”人不是商品，不是机器里的齿轮，我们应该创造理想的环境，帮助孩子成长成才。教师要“培养”学生思与做的习惯，而不应该像组装产品那样机械操作；

学生并不是被动的接收者，而是主动的思考者和实践者，他们不是被生产出来的，而是被塑造出来的。卢梭在《爱弥儿》中用细致入微的巧妙细节展现了如何塑造一个孩子。

几百年来我们一直在讨论，人为何会如此伟大而又如此邪恶？如此闪耀着美的光辉，同时又如此阴暗恐怖？为什么我们的孩子对世界的理解和感受常常让他们无情碰壁？为什么我们的内心总会感到空虚？以奥古斯丁和卢梭为代表的两种不同的家庭教育观念——要约束孩子与生俱来的自私自恋本性，同时要培养他们自给自足的巨大潜能——是这一讨论的焦点，它与人类发展息息相关。

一天，一个名为约翰·杜威的人加入了讨论，他轻松地摆摆手，似乎在说："忘掉什么现实主义、浪漫主义，别再争论小小的针尖上可以容纳几个天使跳舞，我们没空谈那些没用的！"

有人说，美国哲学家和教育改革家杜威是一位不折不扣的思想家和实干家，这一评价令人生疑：杜威虽然著作等身，但我们能引用的少之又少，因为他很少言简意赅地提出观点；虽然成就卓著，却常常拒绝与人辩论其大胆改革。但不可否认，他的每项改革都建立在历史上几次大辩论的基础之上。

要考察如此复杂的一个人和他的思想，首先应该了解他的职业和他 93 年的传奇人生里所从事的主要工作。杜威是一个哲学家，1952 年《纽约时报》刊登的杜威辞世的讣告上写道：在很多人看来，杜威或许是"美国最重要的哲学家"——他广泛涉猎美学、逻辑学、认识论、语言学等。他不仅长于理论，也勇于实践，建立了多所学校与机构，如颇具开创精神的芝加哥大学实验学校。杜威是社会学家、联合会的组织者、公认的传播学者、文化大使，他的足迹遍布几大洲多个国家，并就不同主题进行过数百场讲座。身为无神论者，他却发表过多篇有关宗教的著名文章。他曾执教于密歇根大学、芝加哥大学和哥伦比亚大学，是哥伦比亚大学师范学院的学术带头人，他的教育哲学通过该学院的教师培训教材和各种教育项目走向全国。杜威自称是下层人民的大力支持者，他也为移民、穷苦大众和女性选举权不懈奋斗。他积极奔走，希望在美国建立一个接近于社会主义的政党。在学术界，他是备受尊重的美国心理学会主席。

更重要的是，正如另一份讣告所总结的，他是“进步教育的主要倡导者”。杜威情绪激昂地呼吁教师应充满激情，豪迈地宣称教师应成为有明确定义，像医生或律师一样受人尊敬的职业。他的终极目的似乎是要保证每一个人都能享有高质量的学校教育。值得赞赏的是，他想确保一部分美国民众不会再得到二流的教育；为提升穷人和移民的社会经济地位，他万分警惕，拒绝学校沦为职业培训场。依我之见，杜威充其量只能被称作美国现代公立高中教育之父，即使我们认同他的进步教育目标，却也要看到，他对我们当前面临的成年危机负有不可推卸的责任，因为他倡导的学校改革破坏了美国人曾经帮助儿童向成年期过渡的优良传统。

问题在哪儿？事实上，杜威的主张让我们忘记了学校应该是一种工具，一种为达到某一目的而采用的工具，而非目的本身。杜威是罪魁祸首，他说学校会成为一切——可以说，会是世界的中心。在杜威的脑海中，学校不再是支持家长的一种工具，而是完全取代了家长。

品格培养计划

杜威固执强硬，对这样一个人，我很难亲近起来，他在某些方面直率坦诚，但从未直接向读者公开早已昭然若揭的不凡抱负。表面看来，他似乎是面带微笑的温柔校医，实际上却是放手试验的肿瘤外科医生。他期待看到学校不再扮演女佣的角色，不再是父母为子女传授读写能力、传统文化和延迟享受等美德的辅助。正如第三章所述，杜威的学校志在取代他认为对孩子成长毫无兴趣的父母或家长。

我的父母曾在公立学校任教，妻子梅丽莎也就职于公立学校，但我对学校教育在美国人生活中的地位和目的的认识却与杜威判然不同。毫无疑问，学校是重要的工具——它使孩子们系统接触到多种知识和学科，使他们的时间井然有序，学校也为孩子们创造了接触同龄人、长辈及权威人士的理想环境——但它仍然只是一种工具。除此以外，还有各种各样的其他工具。从根本上讲，它是服务于父母——以及祖父母、邻人和当地社会——的一种工具，培养儿童顺利过渡为自由、独立、成熟、高尚的成年人的担子最终还是会落在这些人身上。杰出的教师不会妄想成为孩子们的中心，明智的学校管理者清楚学校的职责与不足，他们从不会幻想取代那些深爱着孩子们的其他社会组织和机构。

我不希望自己的孩子在成长过程中受到时代思潮，或某一历史时期大众思维的过度影响，以及杜威所推崇的“人类社会意识”的左右。相反，我更期望他们能够受到大家都能参与讨论和争辩的人类理想和原则的熏染，虽然这些理想和原则并不总是非常流行。我希望我的孩子可以参与到奥古斯丁和卢梭的争论中，而不是像杜威那样，无情地将孩子带离这样的讨论。

我儿子也叫奥古斯丁（对一个6岁的孩子来说，这个名字未免宗教气息过浓，所以在家里我们叫他布雷克）。我是一个基督徒，相信基督教传统中人性堕落的说法。我为几个孩子的品格感到深深的担忧，我希望他们能努力摆脱自私贪婪，不会像亚当那样受到禁果的诱惑。但我也向来尊重西方的乐观和理性传统。人类的堕落不是故事的全部，还应包括堕落前和救赎以后，卢梭的伟大在于他让我们看到了一种可能，所以尽管他的很多观点我并不赞同，但却喜欢和他对话讨论。我和妻子在教育几个孩子的过程中，总在思考如何滋养他们的灵魂——如何避免孩子沉迷于乏味的电子游戏和网络肥皂剧，而将更多时间用于深度阅读和批判性阅读，以及思考人生的终极问题上。如何教他们不畏艰辛，向往并实现真正有意义的生活。在教育子女的问题上，卢梭并不会认同我和妻子梅丽莎的很多决定，但他是了不起的思想家，他的观点值得学习和讨论。他并没有像杜威那样，声称完全拥有**我的**孩子。

这本书的写作目的不是要大家接受某些神学的观点；每个读者都会在不同阶段面临人生中的一些大问题，我坚信，良好的家庭教育也体现在，通过父母的努力，孩子不会漫无目的、无所用心地终其一生，而是会产生一种渴望为人生中更重要的问题给予满意答案的强烈欲望。因此，严肃理智的父母会指导孩子在成长过程中抓大放小，分清主次。奥古斯丁解释说“人性是堕落的”，卢梭主张“人有实现真正自由的可能性”，要否定或拒绝他们的观点，首先应该让孩子们拥有这样的选择。权威的学校教育使青少年不再关注一个独立的成年人应该关注的永恒性问题和应该具备的自我认知能力，但这不应该成为我们家长忽视某些根本性问题的理由。

在美国经济快速腾飞的那些年，杜威教育思想的弊端并未充分显现。工业革命使美国成为西半球唯一一个超级大国，当欧洲诸国在拥挤的欧洲大陆忙着争抢地盘的时候，美国就已经造就了全世界数量最可观的中产阶级。美国人就业机会充足，生活质量相较 20 多年前实现了质的飞跃。

今天这种势头早已成为历史，我们不能盲目自信，认为中产阶级可以轻轻松松地在未来实现自我存续。我们正在经历工业革命以来最严重，或许也是狩猎采集时代以来最令人不安的经济震荡。过去近 30 年间，平均工资几乎纹丝不动，就业机会日渐萎缩，很多人被迫跳槽转行。经济学家和社会学家甚至想不出一个合适的名词为其定名，这是信息时代或全球化时代，或者说是后工业化时代，换而言之，它是“工业时代后的时代”。的确很难为其准确命名，也没有人能够预测未来会是怎样的图景。

就业形势不稳将成新的常态。相比我们今天从事的工作和父母以及先辈们的工作，不难发现，历史上很长一段时间里，人们并没有选择职业的自由，父辈的工作也是子女的工作。采集狩猎以及此后的农业耕种时期都是如此。并且几千年来人们从未反思过这一事实，因为人们一直身处其中。直到内战以后，也就是 150 年前，人们才首次广泛形成了选择一种工作或职业的概念。但即使在那个时候，择业对于青少年来说，也是一次性的决定，因为他们会留在同一岗位，直到终老或退休。一直到 20 世纪 70 年代末的卡特政府时期，绝大部分人依然从事体力劳动，很多人在同一个公司一待就是几十年。

终身从事同一份工作的时代已经一去不复返。在美国，从事制造业的人数占比不到 8%，一份工作持续的平均时间约为 4 年。在这样一个新世界，大学毕业生 **30 岁前**会平均跳槽 3 次，他们不仅会换岗位，也可能转向不同行业。在我出生的 20 世纪 70 年代，最多 75% 的美国人拥有高中文凭，尽管如此，绝大多数人还是能够找到体面的工作，过上中产阶级的生活。当时还没有在职培训的概念；今天，就业市场的巨大压力和各个单位的学历要求催生了可怕的学历竞赛，很多工作就连本科毕业生也被拒之门外。过去 10 年中，拥有本科学历的人通胀调整后的收入明显下滑。

农业和工业岗位的消失意味着，我们要指导多数年轻人流向“知识型工作”。但在技术充分应用于工农业生产，人的双手渐渐被解放出来的过程中，我们并没有给予下一代理性的引导。管理咨询公司麦肯锡全球研究院近期对医生、律师、工程师、科学家、教师等 7 类高端人才的工作进行研究后发现，他们所做的大部分工作极易被机器取代。该研究还预测，通信、制造和医药领域将迎来突飞猛进的大发展。另一发现让很多对未来充满焦虑的人更加心神不宁：预计到 2025 年，“知识型岗位、自动化工具与系统，将使 1.1 亿—1.4 亿全职员工丢掉工作”。日新月异的经济数字化和机械自动化将重塑我们的工作版图。

这是美国历史上最为关键的时期，我们应比前几代劳动者更灵活、更具进取精神。但就在美国经济要求我们的孩子成为真正的终身学习者的时候，我们却决定让年轻人远离美国人普遍尊严、坚韧、创新和发展的传统理念。我们正弃孩子于梦幻岛，愉快地忘记他们的先辈和未来，眼睁睁地看着他们沉溺于令人窒息的当下。这对他们并不公平，对我们的教育也全无益处，它已经演变为一场全国性的生存危机。

作为历史工作者，我承认这一说法十分大胆，每个人都会（错误地）认为自己所生活的时代是人类历史上最关键的时代。事实上，历史学家的确常常肩负着令人沮丧的戳破气球的任务——告诉人们，我们正在经历的焦虑与混乱在历史上已屡见不鲜。毕竟，技术变革、财富分配不均、经济低迷等挑战虽形式各异，却都是不同时代困扰人们的核心问题。

但今天我们所处的这个时代迥然不同，它是美国人生活的重建时代，下一章会有详尽论述。

第二章

从小公民到小爱因斯坦

奥威尔怕有人强行禁书。赫胥黎担心将会失去禁书的理由，因为人们不再愿意读书。

奥威尔怕有人剥夺我们获取信息的自由。赫胥黎担心人们在汪洋如海的信息中变得日益被动自私。

——尼尔·波兹曼[1]

美国人对童年的结束和成年期的到来并没有明确界定，所以来到地球 6574 天以后，就算成年人了。在美国的法律看来，无论一个人是否具备成年人应有的能力和品质，18 岁开始便进入成年期。除了饮酒、租车，18 岁的年轻人已经拥有了法律赋予的全部公民权利

[1] 尼尔·波兹曼（Neil Postman，1931—2003）是世界著名媒体文化研究学者和批评家，生前一直在纽约大学任教，并在该校首创了媒体生态学专业。波兹曼出版有 18 部著作，其中最具影响力的是《娱乐至死》和《童年的消逝》。两部作品都是深刻反思西方媒介转型的产物，波兹曼对后现代工业社会的深刻预见和尖锐批评，以及他对媒介文化的独特洞察，对西方文化界产生了深远影响。

和义务[1]。

但任何一个 18 岁的年轻人都知道，不可能一觉醒来就变成了成年人。没有人走上前和你握手，为你颁发类似出生证的“成年证明书”，这个年龄的人还不能完全掌控自己的命运。很多美国人 18 岁的时候还在高中毕业班读书，忙着思考毕业后做些什么。18 岁的人不一定比 17 岁半的人更有责任心。

但从法律的角度讲，18 岁具有重要的里程碑意义：**法律**赋予你财产所有权、订立合同的权利（当然包括婚姻）、投票选举权，对年轻男子来说，还要履行兵役义务。这些都是 18 岁的成人仪式，每一项都不同寻常，但是……

当我们让永不停留的时间和一页页的日历分散了注意力，看不到一个人成长中最重要，也是最让人担心的决策能力和成就的时候，我们注定会有重要缺失。因为成年期不仅仅关乎年龄，而且也不该以这种方式来理解“成年”；一个人应该在经历多种标志成熟的重大事件后，自主性显著提升，才能被称为真正的成年人。

社会学家认为成年有多种标志，大致包括以下 8 个方面：

- 搬离父母的房子
- 完成学业
- 拥有一份全职工作
- 经济独立

[1] 在美国，法定成人的年龄是 18 岁，年满 18 岁拥有选举权，可以服兵役和就业。但 21 岁才是真正成年的年龄，因为美国有很多限制 21 岁以下的法令，如饮酒和租车就必须年满 21 岁。

- 失去童贞
- 结婚
- 生儿育女
- 拥有独立的家庭

上述标志虽较为零散，但总体来说，都与教育、工作、金钱、性、家庭、住所有关。想想你身边20多岁的年轻人，他们满足以上几项？哪些方面他们又在有意拖延？还有哪些他们并没有经过认真思考？

我猜想，很多人都在浑浑噩噩地经历这些事件，行动目的并不明确。实际上，以上整个过程不一定是一个人成年的所谓正确顺序，而且拥有一份全职工作或坚定地建立一个独立于父母的家庭也并不能说明任何品行问题。20世纪以前，年轻人的第一份重要工作开始于父母的家中，他们或去农场劳动，或照看年纪较小的弟弟妹妹，或去手艺人那里做学徒。同样，本科毕业还是研究生毕业后踏入婚姻殿堂，也并没有正误之分。失去童贞在历史上曾是非常沉重的话题，孩子经历性生活的时机通常是由长辈决定的，因为他们对其接触外人有相当的发言权和控制力。贝思·贝利（Beth Bailey）在《从门廊到后座：美国20世纪求爱史》（*From Front Porch to Back Seat: Courtship in Twentieth-Century America*）一书中引用大量事实证明，美国较大规模的性革命并非出现于20世纪60年代，而是在半个世纪以前汽车问世的时候，汽车为当时的未婚青年创造了没有长辈监督的空间，许多年轻人借此有了婚前首次性体验。

尽管20世纪年轻人失去童贞的年龄有所提前，但成年的其他重要标志并没有发生大的变化：大部分美国青年高中毕业、开始工作、经济上自食其力、结婚、搬离父母的住处、有了自己的家庭和房子，大致都经历了这样的顺序。绝大多数人是在结婚后有的孩子，但有的是在结婚前，有的是在搬离父母家之后。

经历以上过程意味着，一个人告别了青年期，迈入了成人世界；这一过程是长辈和社会对年轻人的期待，也是一个人义务的明确体现。这些具有里程碑意义的事件标志着一个人开始成熟、独立，也标志着一个阶段的结束和另一个阶段的开始。社会习俗甚至会将它们与道德直接联系在一起，但事实是，很多年轻人从这样的成长标志和长辈对他们的成年期待中受益。

儿童是小劳动者的传统观念

从 18 岁开始迈入成人世界并不是生来注定的。20 世纪的美国人认为，十八九岁或二十来岁时会进入成年期，但我们似乎已经忘记，这并不是人类永恒或共同的经历。在其他文化中或更早时期，孩子们开始承担成年人义务的年龄显然更早。

20 世纪前 10 年的两大变化使 18 岁这一年龄和“成年”有了紧密的联系。首先，中学教育的快速普及和义务教育法的通过，使青少年有了明确的年级和年龄之分。（事实上，“青少年”一词直到 75 年前才成为美国人的共同词语。）19 世纪 90 年代末，接受学校教育的 14—17 岁孩子不到 10%，想想看，这个年龄段中已经有 90% 的人开始工作；到 1930 年，一半以上的青少年踏进校园；1945 年，75% 的青少年登记入学。另外，19 世纪末工厂的崛起和 20 世纪初童工法的通过，对参加（非农）工作者的年龄做出了具体要求。

内战前，美国人从未听说18岁以前孩子们应该“只上学，不劳动”。我们的祖先不以这样的方式看待年龄，部分原因在于，他们并不知晓自己的确切年龄。庆祝“生日”也是19世纪末20世纪初维多利亚时代的新现象。1800年以前，很多人都不清楚自己确切的出生日期，一些社区甚至没有一个人知道自己的生日。农业经济时期，相比能力，年龄微不足道。1790年农业劳动力占总人口的90%，1840年降至70%，1900年已不足40%，今天农业劳动力需求仅占1%—2%。当时的法律条文和年龄几乎毫无干系。人们重视的是，一个人是否有劳动能力；是否足够成熟可以嫁人娶妻；是否坚忍不拔，能够应对成年以后的各种生活挑战。

殖民时期和建国初期，孩子们很少被视为“掌上明珠”，而是更多被看作劳动能力有待提升的小劳动者。那个时候，童年是训练场，人们普遍认为不该溺爱孩子，而应鼓励他们做服务社会、奉献社会的“小公民”。当时都是大家庭，一方面，农场需要更多人手，另一方面，很多孩子会早早离开人世。这在今天听来简直难以置信。当时的孩子和今天的孩子一样，在父母眼中都是活泼有趣、天使般的人生礼物，但同时又是家庭经济生活不可缺少的一分子，这也正是家长们的态度——孩子的价值体现在对社区的贡献上。我们最后一次将孩子放入社会大背景中，视他们为“小公民”，是在什么时候？

19世纪70年代后期，工业的快速发展使很多人远离了学徒和技工，但据估计，当时至少有三分之一的家庭收入仍是10—19岁的孩子创造的。后来，随着大萧条的来临和青少年逐渐退出工厂，以及技术在美国农业中的广泛应用，青少年的经济贡献开始萎缩。但在美国历史上有很长一段时间，人们认为，孩子从小就应该参加劳动，家庭需要他们的劳动；父母也认为，劳动有益于子女成长。在整个社会看来，孩童生来以自我为中心，所以需要成年人的监督和引导，以对日后节制自律的成年生活有所准备。

欧洲的家庭教育理念与殖民地晚期和建国初期的有所不同。历史学家保拉·法斯说："欧洲中产阶级家庭的孩子被视为父母应该关心、呵护的宝贝。"相反，美国的孩子，即使后来成了总统、医生、作家、改革家等稀缺人才，也都经历了艰苦的成年人的劳动锻炼，肩负了相应的责任，这是他们成长的必经之路。长辈们磨炼了他们坚强的意志；坚韧乐观的性格不可能与生俱来，后天的训练培养不可或缺。休斯敦大学历史学家史蒂文·明茨（Steven Mintz）在其美国童年史研究中注意到："和那些将童年与纯洁天真联系在一起的浪漫主义者不同的是，早期美国人的观点颇具现实主义色彩，他们努力培养孩子强硬、坚韧、倔强的性格。"

当时，父母和其他文化领导人尽力抑制孩子的自私本性。男孩到了劳动的年龄，就要参加一种名为"穿裤子"的仪式，在这之后，他要脱下小孩常穿的长袍，换上方便工作的裤子。此外，还要和父亲或其他男性长者一同外出劳动。非农家庭的家长通常会在孩子七八岁的时候把他们送到亲戚家，待一年多，做学徒，学习一门技能。电影《自由战士》（*Johnny Tremain*）里呈现了这一历史，我们的孩子可以借此了解当年的儿童生活。

过去的美国重视文化教育，但长时间的学校教育并不多见。19世纪早期，美国的疆土进一步向西拓展，很快，美国的经济也从农业和手工业经济向以市场为导向的工厂经济转型。美国人相信他们的青少年能够应对重要的家务劳动。法斯教授也说，当时人们不像今天的我们，他们认为孩子们不需要太多监督和引导，女孩男孩都是如此。美国的青少年会承担一些有意义的任务，因生活所迫，他们成熟较早，这使法国政治思想家托克维尔认为，美国人似乎完全不需要青少年期。

这和之前勾画的过程有些许不同："青年期"作为成年期的重要准备阶段并不必然在**青春期后**出现。历史上很多时候，还有从很多文化中（也包括内战前的美国），我们都能看到，青年期和青春期实际上会有重叠。成年的准备期可以很早就来到。因此一些历史学家说，将青年期视为人类成长发展的独立阶段这一现代概念，直到 19 世纪末才开始流行起来。那个时候，正规公立教育逐渐普及，更多的美国人放弃以前帮助孩子**适应劳动**的传统理念，开始接受富裕的欧洲人保护孩童使其**远离劳动**的思想。

我们无需对早期美国人严厉、现实、以劳动为中心的家庭教育做出评判。但由此能清楚地看到，今天我们绝大多数人所采取的以儿童为中心、过度保护式的教育方式仅仅只是育儿选择中的一种，而且这一选择在很多先辈看来难以接受，将孩子与劳动环境相隔离的做法同样难以想象。当然，他们也一定不会赞同"中等教育是孩子成熟和跻身中产阶层的唯一路径"。

柔弱的孩子

除学校教育外，其他一些因素也使成长成年之路更加崎岖。20 世纪 60 年代早期，20 个青少年中有 1 人肥胖，而如今，飙升至几乎每 5 个孩子中就有 1 个肥胖儿童。婴儿潮时代的消费主义思潮刺激了年轻人的购买欲望。20 世纪 30 年代末，玩具销售几乎闻所未闻，仅短短 20 多年的时间，该行业的年销售额就已经超过 10 亿美元，而且还在飙升。

总体而言，当今我们在美国孩子的成年教育方面毫无作为，主要体现在以下方面。

更多用药

1980年以前，很少听说有孩子患有多动症、强迫症、抑郁症等当今常见的行为疾病。除少数极端情形外，人们一般不会用心理健康术语来描述孩子的问题。

随着诊断病例的增加，治疗药物也越来越多样：哌甲酯、安非他明、百忧解、安非他酮、赞安诺等用于缓解焦虑、集中注意力、安定心神的处方药持续大卖。市场调查公司宜必思世界（IBIS World）2015年的一份报告显示，自2010年起，仅治疗多动症的药物每年销售额上涨就达8%，2015年此类药品的销售达129亿美元，预计2020年将突破175亿美元。

大量类似的诊断是基于事实，还是大型制药企业以此来保障其药品的顺利销售？这是一个很复杂的问题，我们没有足够的数据能够证明，医生可能存在不同程度的过度诊断。每个孩子都是独一无二的，作为家长，我们最能全面掌握孩子的需求与性格。在让孩子服用这些处方药以前，首先应该了解此类诊断和药物井喷式增长的原因。

美国心理学会在2014年进行的“美国压力”调查中发现，30%的青少年感到“悲伤或抑郁”，更多人感到“不堪重负”；而且总体来说，青少年普遍感觉比父母的压力更大。高校心理咨询中心主任协会2012年的一项调查发现，95%的高校辅导员说，患有严重心理疾病的学生呈快速增长趋势；焦虑和抑郁是学生最关注的健康问题；超过24%的学生在寻求辅导员帮助的同时已经开始服用精神类药物。

他们感觉“压力山大”，并认为“被心仪的大学拒绝”、“没有抓住千载难逢的实习机会”等压力让他们喘不过气来。

学生和家长都选择了药物，这也使这一代年轻人成为美国历史上用药最多的一代。药物难以解决青少年深层次的心理问题，即便能有效治愈，但疲乏、嗜睡、无精打采、深度抑郁等副作用也同样不可小觑。这些危害已经在很多年轻人身上显现，可以说，这已构成公共健康危机。受多种药物影响的一代能应对这个无情的世界抛来的各种难题吗？

更多屏幕时间

任何一个见证了电脑和移动设备绑架孩子的父母或祖父母，都并不需要大数据就能深刻感受到，过去10年间，手机电脑已经改变了孩子们的感受力。很多孩子沉迷于各类电子产品，无法远离屏幕。一项有400余名8—11岁的孩子参加的调查发现，沉迷于发送手机消息的青少年已经出现和赌徒十分类似的症状，如“失眠……难以减少使用手机的时间，撒谎称他们并没有花太长时间发送消息”。

显然，这不仅仅限于手机消息。屏幕时间已经成为蚕食青少年时光的罪魁祸首。常识媒体（Common Sense Media）2015年对2600名年轻人的研究显示，13—18岁的美国青少年除去在学校上课和做作业的时间，平均每天在娱乐媒体上花费近9小时（8小时56分），8—12岁的孩子平均约6小时（5小时55分）。考虑到大多数孩子每晚睡眠时间不足10小时，这也就是说，超过13岁的孩子白天有三分之二的时间都是静止不动的。这种强迫性的电子产品消费习惯也在年轻的成年人中间迅速蔓延，市场调研公司尼尔森研究发现，在过去短短两年中，普通成年人在各种智能手机应用上花掉的时间增加了 63%。

这种行为是否可以被称为“上瘾”还有待商榷，但据社会心理学家菲利普·辛巴杜（Philip Zimbardo）和尼基塔·库伦（Nikita Coulombe）估计，很多美国年轻男子 21 岁前花在电子游戏上的时间为 14000 小时，也就是 583 天或 1 年 6 个月——人生中不短的一段时间。因为除去睡眠，每周我们只有不到 100 小时的时间。换句话说，童年时期的 280 周里（超过 5 年），清醒的时候他们有一半时间都在玩电子游戏。2010 年，《使命召唤：黑色行动》（*Call of Duty：Black Ops*）发布短短一个月后，所有玩家花费在游戏上的时间总计达 68000 年。越来越多的美国年轻男性为追求电子娱乐产品，放弃了高等教育、稳定的工作、婚姻；而那些没有接受四年大学教育的男性，工作之余基本都在娱乐。芝加哥大学经济学家埃里克·赫斯特（Erik Hurst）指出，他们 75% 的娱乐时间都被一项活动——电子游戏占据。绝大多数专业能力较低的青年男性每周用于电子游戏的时间高达 30 小时。让人触目惊心的是，每周游戏时间达 45 小时的美国人近 500 万，比内布拉斯加、南达科他、北达科他、怀俄明、蒙大拿 5 个州加起来的总人口都要多。

更多色情内容

无处不在的网络和电子色情产品带来极为严重的危害。阿尔伯塔大学对青少年进行的一项调查发现，90% 的男孩和 70% 的女孩都搜索过露骨的性内容；接近 34% 的男孩和 8% 的女孩说，观看过的色情视频“多得自己都记不清了”。巴纳民意研究机构的一项调查发现，18—30 岁的男性中，有 63% 每周观看色情内容至少 1 次；约一半的同年龄段女性（34%）称，每月至少看 1 次。

数字时代以前，色情内容的消费相当有限，对年轻人来说，这些内容只有通过社交才能获得。但交通落后、无法远离熟人圈，在很大程度上限制了他们接触色情内容的机会。

不愿离开父母家

尽管两代同堂益处多，但越来越多的年轻人不愿离开父母另有原因。如今 18 岁至 30 岁出头的年轻人待在父母家中或后来又回到父母那里啃老，主要原因是缺乏自立能力和生活技能，或收入偏低。

皮尤研究中心的数据显示：“美国 18—34 岁的年轻人中，选择与父母同住的人持续增多，与伴侣在自己家中生活的人越来越少——这在 130 多年来尚属首次。”在 25—29 岁这一年龄段中，有 25% 如今与父母同住，10 年前这一比例为 18%；30—34 岁的美国人有 13% 仍和父母生活在一起，10 年前仅为 9%。历史上最近一次出现类似的情形是在 1929—1933 年的大萧条时期，但那时年轻人留在父母家是因为就业机会匮乏，不易组建新的家庭。除赖在父母家以外，调查还显示：“千禧一代”[1] 往往会在学业、工作、情感等受挫后重返老人身边。

结婚率下降

如今年轻人不仅自立的时间越来越晚，步入婚姻殿堂和建立家庭的时间同样在不断拖延。1968 年，18—31 岁的美国人有 56% 已

[1] “千禧一代”常用来指出生于 1980 年到 1995 年的那一代人（也被称为“Y 一代”。本书对“千禧一代”出生时间有多种说法，但大抵在这个时间区间附近）。它有时会被误以为指新千年（即 2000 年）之后出生的人，而其实 1995 年之后出生的人常被称为“Z 一代”。同理还有“X 一代”，详见第 48 页注释 1。

婚或已是一家之主；2012 年这一比例降至 23%。18—34 岁的年轻人中，超过 32% 和父母而非伴侣生活在一起，这一数据也远高于从前。《华盛顿邮报》指出，自 19 世纪以来，未婚且和父母生活在一起的青年男性在 2016 年创历史最高纪录。想想看这会带来怎样的结果。

2013 年美国新婚夫妇的平均年龄为 28 岁，自 1950 年来增加了 6 岁。皮尤研究中心的调查显示，25 岁以上的美国人有 20%"长期单身"，总人数约 4200 万，比 50 年前翻了一番；长期单身的非裔美国人数目更加惊人：36% 的人表示从未结婚，20 世纪 60 年代这一比例仅为 9%。社会学家估计约 25% 的"千禧一代"很可能成为"不婚族"。皮尤研究中心分析师温蒂·王（Wendy Wang）和金·帕克（Kim Parker）说："当今天的年轻人到 45 或 55 岁的时候，美国未婚人数很可能会创历史新高。"一些中年未婚人士最终可能会步入婚姻的殿堂，但两位分析师指出，50 岁出头的人初婚的可能性已经非常低。

很多人推迟或拒绝婚姻，是因为受到父母情感破裂、家庭破碎的影响，他们说，只有在完全看好对方的时候才会选择婚姻；更多年轻人喜欢以个人事务为重，他们说对"烦人的"另一半没有兴趣；也有人说，身边缺少充满魅力的择偶对象；还有一些人担心经济状况，不愿负担对方高昂的学生贷款。女士常常希望嫁给事业有成的男子，但当更多男性连工作都找不到的时候，她们的婚姻也就越拖越晚。

如今，大部分年轻人认为婚姻对个人或社会并没有那么重要。多项皮尤调查都问道："如果美国人认为其他事情比婚姻和生育子女更为重要，这个国家还会和现在一样幸福富裕吗？"大约一半的受访者做出了肯定回答。相比上了年纪的美国人，年轻人对婚姻的态度冷淡得多。

宗教参与度降低

越来越多的“千禧一代”认为他们是不可知信仰者、无神论者、“有精神信仰却不信教的人”，这一人数比例远远超过前人。以多种方式拒绝传统宗教的做法使越来越多的年轻人远离曾经在人们生活中扮演重要角色的基督或犹太教堂，因此也进一步拉开了年轻人和老年人以及一些权威人士的距离。应该说明的是，我认为宗教与信仰本身至关重要，但这里，我仅谈及参加有组织的宗教团体所体现**的社会功能**。

即将成年的这一代人比他们的父母、祖父母对宗教信仰和教会组织的认同度要低，他们更愿意亲近一些无组织的精神信仰——正如纽约大学社会学家迈克尔·亨特（Michael Hunt）所说，这一代人对宗教抱有一种“自己动手或自助”的态度。还有研究发现，“千禧一代”现在已经成为“无宗教信仰”的推动者。1965 年，仅有不到 10% 的高校学生表示自己“不信教”，如今这一比例已接近 30%。皮尤研究中心的迈克尔·利普卡（Michael Lipka）在调查报告中指出，1981 年到 1996 年出生的成年“千禧一代”中约有 35% 的人说自己是无神论者、不可知论者或“什么也不信”；“相比信仰福音新教（21%）、天主教（16%）、主流新教（11%）的人，更多‘千禧一代’称没有任何宗教信仰”。

超过 80% 的年轻人表示“深信”精神性的东西，也“对宇宙充满好奇”，却不愿与邻里一起参加宗教集会或其他宗教活动；仅有 27% 的“千禧一代”称“每周至少参加一次”宗教活动；但 20 世纪

60 年代初至 70 年代中期出生的“X 一代”[1] 参加宗教活动的比例为 34%；出生于二战后 1946—1964 年间的“婴儿潮一代”[2] 为 38%；经历过大萧条时期的“最伟大的一代”和“沉默的一代”高达 51%。

宗教团体对童年与成年期、一个人成熟与否有着明确的划分，这种划分既体现在经文里，也体现在现实生活中。使徒保罗告诫哥林多人说：“我作孩子的时候，话语像孩子，心思像孩子；既成了人，就把孩子的事丢弃了。”很多教会组织的首次圣餐仪式是十分重要的成人礼，坚信礼“锁定”受洗礼教徒为教会和基督教团体正式成员。犹太人的受戒礼也是典型的成人礼。根据犹太律法，男孩 13 岁，女孩 12—13 岁（正统派、保守派和革新派对女孩成人的年龄有不同规定）开始，就要为自己的行为负责。传统上，受戒的男孩和女孩要在安息日的宗教仪式上朗诵“托拉”[3] 中的章节。结束后会吃一顿丰盛的晚餐，庆祝自己受戒，成为犹太社区的正式成员，并开始履行成人的责任与义务。

毫无疑问，不再参加宗教集体活动的年轻人正在疏远这些社区和宗教信仰，这不足为奇。皮尤研究中心近期的一份调查显示，仅有 40% 的“千禧一代”表示宗教活动在他们的生活中“非常重要”。克里斯蒂安·史密斯和圣母大学的其他一些社会学家发现，年轻人

---

[1] 出生于 20 世纪 60 年代初至 70 年代中期的一代人被称为“X 一代”。这代人在 20 世纪 80 年代的经济衰退中长大，经历了 21 世纪初的互联网泡沫破灭。

[2] 在美国，“婴儿潮一代”是指二战结束后，1946 年初至 1964 年底出生的人，人数大约 7800 万。这批人赶上了 20 世纪 70 年代至 90 年代美国的经济繁荣。

[3] “托拉”，又称“摩西五经”，是《旧约圣经》的头五卷书，有些部分详细记载了各项律法条文，有些部分记述了犹太人关于世界和人类的由来，以及犹太民族早期历史的传说故事。

对宗教和当地社区个人主义色彩浓厚的认识也给他们的是非观涂上了强烈的个人主义色彩。当代年轻人对道德有着不同的理解。史密斯写道："60% 的受访者说，道德是一种个人选择，完全出自个人决定。在他们看来，一种行为是否符合道德标准主要取决于个人。"

不再是小公民

"千禧一代"和即将成人的美国年轻人对自己的国家了解甚少已经成为我们公共生活中不争的事实，他们对美国的立国之本和基本制度十分陌生。美国国家教育统计中心每四年会对全美 50 个州的 4 年级、8 年级和 12 年级学生进行教育评估，内容主要涉及公民知识、地理和历史知识。这一"国家教育进展评估"是目前美国国内最权威的中小学生学业成就评价系统，通常也被称作"国家成绩报告单"，从中可以全面了解学生的进步与不足。20 多年来，美国学生的公民和历史知识充其量也只能被评定为"粗浅了解"；全国所有 8 年级学生中，在美国历史、地理、公民知识方面达到"优秀"的学生分别仅为 18%、27% 和 23%。

可以说，测试结果表明，他们对这个国家并不热爱。皮尤研究中心的调查显示，仅有 49% 的年轻人说"爱国"一词可以恰当地形容自己。另外 51% 的人不禁让人担忧，想想看，公民和历史知识如此匮乏的他们会在每次选举中投出怎样的一票？所以当今美国社会主义之风再起也绝非偶然。2014 年美国一家智库调查发现，虽然仅有 16% 的"千禧一代"清楚什么是社会主义，但接近一半的受访者（42%）认为社会主义优于资本主义。对于那些并不了解两种体系及其历史事实的人来说，倾向于社会主义完全出于个人印象，他们感觉社会主义听来更温和而已。

后几章会详细谈及美国试验的必备要素。美国的发展与进步离不开有热情、有知识、充分参与的国家公民——正如艾森豪威尔总统所言，共和国的每一个人都应义不容辞地肩负起“兼职的”政治责任。但当今我们的年轻人竟有半数声称，并不在乎自己是否生活在一个民主国家。

思想更脆弱

从大学生要求对一些可能会冒犯某些群体的课程内容给出“触发警示”（Trigger Warnings），到学校需要配备多名心理辅导教师，随时为学生在学习过程中因某些观点或思想造成的不适提供“安全空间”，这些事实可以看出，我们的校园正在鼓励一种特权态度——学生的思想和认识不该受到挑战。康奈尔大学教授凯特·曼（Kate Mann）在《纽约时报》上发表的一篇评论文章中指出，“触发警示”旨在对有严重创伤后遗症的学生给予提示，使他们对课堂讨论可能带来的不适有所准备。表面看来，它的存在是合理的。但也要看到，因为“触发警示”，学生开始排斥对重大严肃话题的真诚讨论，这不仅对学生接触新观点新思想是一种阻碍，也剥夺了学生在表达、捍卫和修正观点与立场的过程中发展智力、培养品格的机会。对经历过强奸、种族灭绝等特定创伤的人予以提醒和保护完全可以理解，但毫不夸张地讲，今天的“触发警示”变成了面向所有人的，要求避开战争、死亡、生育或蜘蛛等的滑稽建议。

在此，我想要强调的是，现实生活中不会有“触发警示”或“安全空间”，所以我们要学习如何应对。创造美好人生、参与现代知识经济、建设我们的国家都有赖于开放自由的学术氛围，但年轻人正在忘记这样的事实，对知识和国家的热爱让我不免为此感到痛心。

近年来，常能看到“微冒犯”一词，意指“类似于攻击或暴力的微妙言行或态度”。加州大学的研究发现，“微冒犯”包括“美国是机遇之国”、“我认为最优秀的人应该得到这份工作”等被视为冒犯性话语。消除“微冒犯”，监督校园语言环境不仅仅关乎政治正确。正如美国教育人权基金会主席格雷格·卢基阿诺夫（Greg Lukianoff）和弗吉尼亚大学心理系教授乔纳森·海特（Jonathan Haidt）曾在《大西洋月刊》上写到的（这是《大西洋月刊》有史以来阅读量第二大的文章）：

> 这一运动主要和情感健康有关……它假定高校学生心理极其脆弱，因此要保护学生不受心理伤害。其终极目标似乎要使校园成为“安全空间”，在这里，学生听不到尖锐刺耳的话语或观点……这场运动也在惩罚任何一个违反这一目标的人，哪怕是无心而为。或许我们可以将其理解为“报复性保护”措施。

这一运动催生了谨小慎微的文化，“每个人在发表观点前都必须三思，以免被指控麻木不仁、侵犯他人等”。我发现，很多学生和我一样，也为当前这种趋势感到愤慨担忧，所以给所有学生都扣上这样的帽子有失公允。“谨小慎微，处处提防”的文化要求我们异常敏感，也极易让人随波逐流，无动于衷。过度保护的结果不堪设想，今天的校园就是最好的例证。

绕开严肃的争议性话题，不表达，不争论，不接受挑战，也不对自己的观点加以修正，这与未来的职场要求格格不入。离开校园进入工作环境后，这些缺乏安全感的学生总希望得到愉快的认可，及时的反馈，对上司的检查和同事的意见似乎毫无耐心。

没有人喜欢被批评指责，但很多雇主反映，很少经历挫折的“千禧一代”对出乎他们意料的反馈和指导意见常表现出一副满不在乎或极力抗拒的样子。这一代人在工作中集体表现出的特权感让我们看到，相比前辈美国人，他们的坚韧、毅力和适应力大大减退。

从整个社会的角度看，走极端只会把我们带入死胡同。如果每个人都决定保护自己不被冒犯，不被挑战，整个美国终将变成一个封闭隔绝的群体。这永远不会带来好结果。

家庭教育的“软化”

如前所述，本书的目的不是要将当前的成年危机主要归咎于即将成年的一代。正相反，要看到它的产生与整个社会文化的变迁紧密相关。在这种文化中，父母对子女的呵护无处不在、无限延长，但呵护的目的越来越模糊。尽管家长出于好意，但他们的宽容与娇纵对备受宠溺的孩子似乎是一种无言的鼓励，让他们更加沾沾自喜。很多父母无意中成了“直升机式家长”，无时无刻不围着孩子，确保他们安全、快乐，能按时完成课业。当今社会，竞争压力与日俱增，未来越来越不确定。如果家中只有一两个孩子，特别是当周围的每个家庭都围着孩子转的时候，家长们通常都希望能尽自己所能，助孩子一臂之力，这也不难理解。

如果孩子在学校表现不佳，家长会打电话给老师解释，也有家长会如坐针毡，直到老师给予孩子特殊照顾。好在一些家长已经意识到，我们的干预正在蚕食孩子们的主动性。我们想方设法保证孩子学业有成，前途光明，可这样的努力往往适得其反。无处不在的呵护让他们不再全力以赴地应对艰难挑战，因为他们知道，父母就在身后，随时准备在他们跌倒的时候张开双臂。最让我惊讶的是，刚来米德兰大学任校长的时候，竟有很多家长给教授打电话，抱怨孩子成绩不理想；还有家长打电话给宿管科，希望能为子女调换宿舍；一些家长甚至会直接干预学生的室友关系。我的年龄不算大，但这样的念头对我父母那一代的家长来说，简直就是天方夜谭。

如果你对孩子事无巨细，近20年的时间里都在为他们的游戏时间、舞蹈课、标准化考试、课外辅导、音乐课、武术课、橄榄球、棒球、田径赛、游泳比赛、美术课、语言课时时操劳，那么孩子不会自己做决定也在意料之中。18岁以前很多孩子只需要穿好衣服，按时坐进车里。但也有例外，一位母亲让她的小孩在纽约独自乘坐地铁，一些家长让孩子自己规划玩耍时间，新泽西的一些学校让孩子告诉家长，未经孩子本人同意，不得插手他们在学校的学习和表现。但如果其他家长都在一路护佑，大包大揽，个别家长想要适当放手也相当不易。

既然身处这样的大环境，很多出版社推出《我的孩子何时才能长大》、《养育新兴成年人》等书籍也就在情理之中了。如果一代美国青年“不能正常起飞”，他们的父母无疑负有不可推卸的责任。

家庭教育“软化”的背后推手

在过去的150年里，美国人的强硬型家庭教育开始向保护型转变，这和一系列社会变化息息相关。成千上万的孩子在美国内战（1861—1865）后沦为孤儿，改革者提出，他们和奴隶的子女都应得到政府救助。整个社会当时集体意识到，应该给予穷人和边缘群体适当关注。随着大规模城市化的推进，人们开始怀疑儿童在成长过程中无法像以前一样照顾和保护好自己，因为城市比乡村更危险；另外，大量移民的涌入也使同化和满足基本需求的大任务提上日程。工业化的迅猛发展和工作从农村向城市的转移催生了各种进步运动；对童工问题的讨论，使整个社会开始思考如何给予儿童更好的保护。进入 20 世纪后，防止虐待儿童学会、妇女基督教戒酒联合会、扶轮社（Rotary Club）[1]、童子军、基督教青年会等机构的建立为那些曾遭忽视冷落的青年制订了国家级的关爱计划。

但以上来自社会的关注或出于慈善的应对措施并不能完全解释富裕家庭的父母教育方式的急速转变。**家长的选择**带来越来越多的纵容式教育，谁是这一现象的背后推手？答案是：美国儿科医生本杰明·斯波克（Benjamin Spock）和他的同僚们。他们告诉广大家长，逐渐显现的同伴或同龄文化并没有我们想象的那么可怕。

1870 年，美国高中毕业生不足总人口的 2%，1950 年高中毕业生超过 75%，大众教育稳步快速的普及孕育了新的青年文化。1890 年到 1920 年，每天都会有一所新的高中建成，高中学校雨后春笋般的增长推动了青年文化的发展。加州大学伯克利分校教授保拉·法斯在《美国童年的终结》（*The End of American Childhood*）中写道：“青年期不再是从短暂的徘徊迷茫到个人探索发现的过渡，它已经成为整个青年群体一拖再拖的长时旅行。学校不再只是课堂学习的地方，也成为重要的社交中心。”文化史学家格蕾丝·帕拉迪诺（Grace

[1] 扶轮社属国际性服务组织，始创于美国芝加哥，以服务社会、促进世界亲善与和平为宗旨，目前已遍及全球多个国家和地区。除一般服务性工作外，扶轮社还参与急难救助、社会公益等活动。

Palladino）说：“高中时候，孩子大部分时间在学校度过，在这一环境中，他们开始向其他同龄人而非成年人寻求建议、获取信息、赢得认可。看到同学享有的自由和社交生活的时候，年轻人对成长的理解也开始悄然改变。”到 20 世纪 50 年代，青年期不再是父母监督下的品德发展期，而是越来越多地成为深受同龄人影响的一个时期。

正如第四章要讲到的，战后的经济繁荣和学校的代际隔离是新型青年文化产生与发展的温床。市场营销人员和零售商最早捕捉到这一现象，他们发现青少年可以从父母那里获得可观的零花钱；电视和摇滚乐适时加入，青少年开始引领潮流，重塑时尚品位。青年期不再被视为通向成年生活和责任担当的学徒期，而是日益荣升为**理想生活**的模板。这一变化前所未有。

尽管 20 世纪 50 年代很多家长希望自己在外表和行为上更似青年，但他们仍会对孩子成年过程中的巨大变化感到焦虑。社会评论家感慨青少年不再纯真，抱怨他们是“少年暴君”。家长开始担心这一切是自己教育不当或完全缺失家庭教育所致。我们是在培养宠坏了的消费者吗?

皮亚杰（Piaget）、马斯洛（Maslow）、埃里克森等知名心理学家努力宽慰家长，“一切都会好起来，情况远没有想象的那么糟”。他们鼓励家长多花时间和孩子相处，让孩子懂得父母有多么爱他们。总而言之，是让孩子变成成年人关注的焦点。埃里克森指出，青年期是一个人探索和建立个人独特身份的内省期，父母无需在这一探索过程中给予引导，他说：要让孩子们知道你爱他们，但也要允许他们自由漫步。

本杰明·斯波克（1903—1998）是保护型家庭教育诞生的关键性人物，也是美国历史上最有名的畅销书作家之一。斯波克医生希望“母亲和孩子都不再”担心同伴的影响会越来越大，他反对“母亲过度干预”，并告诉家长，没有等级社会权威人士给予“过多的专业知识”，孩子一样可以健康成长。他的儿童教育观深深影响了一代父母，封闭的青年文化演变为社会日常，老一辈人期待子女坚忍不拔奉献社会的愿望，再也难以成真。青年文化的强劲发展滋养了新的大众文化，这种文化告诉他们，青年不再从属于父母，而是独立的消费者。先生产再消费的旧理念被击得粉碎。

一个恭维的世界

世界著名媒体理论家和批评家尼尔·波兹曼很可能是对美国童年变革最有预见性的一位分析人士。他的著作《娱乐至死》虽面世已有 30 年之久，但仍被视为了解美国文化庸俗化和共同理想逝去的必读之作。波兹曼认为，1850 年左右，美国的童年文化全面繁荣，但从 1950 年开始急剧衰落。他何出此言？

首先我们要知道，波兹曼并没有讨论普天下所有父母的家庭教育，而是聚焦于绝大多数白人家庭。书中虽然他也批判奴隶制对人类尊严的践踏，为黑人家长不能依照自己的理想和品德设计教育子女而感到痛惜，但在《童年的消逝》和其他一些著作中，他都在强调这样的观点：过去白人父母采取严厉的家庭教育，培养子女成年后的自力更生能力。但从 19 世纪中期开始，他们的教育中多了一份必要的关心和爱护。当初让孩子离开工厂走进校园的出发点，以及帮助移民子女快速融入美国社会的初衷，值得赞许。

进入 20 世纪中期，两大变化使早期“严厉为主，适度关爱”的家庭教育开始瓦解。保护型教育一发不可收拾，孩子的自尊心成为父母关注的重中之重，品德培养日渐被边缘化。几个世纪以来，“美德”（virtue）一词一直都指“善行、品行端正”。但很多人有所不知的是，“美德”是从古代意为“力量”的拉丁词语演变而来，所以美德和力量密不可分。

此外，很多人都大大低估了视觉媒体对传统童年生活的侵蚀，起初是电视，现在是无处不在的新媒体。波兹曼坚持认为：“童年的‘消逝’和电子媒体的兴起有着直接关联。”过去，必须通过阅读才能了解完整的成年生活，童年与成人期也因此有着清晰的界限，成年人对性、金钱、暴力、死亡等的了解远胜过儿童，特别是性知识。在文字文化里，秘密常常隐藏于书本中，要了解隐藏的秘密，就必须借助于阅读。学会如何阅读是即将迈入成人世界的年轻人获取新知识的必要前提。因为阅读要付出努力，所以要了解复杂的成人世界就必须学会自制自律。

电视的出现改变了一切。电视是“完全暴露的媒体”，全天候24小时不停歇地提供各种新鲜刺激的信息，电视播出的内容几乎毫无禁忌。因为电视并不了解，也并不关心谁在观看。这种媒体有效实现了儿童“成人化”和成年人“儿童化”的畸形发展，电视不会事先辨别观众，因此不会对所呈现的内容感到任何羞愧或耻辱。波兹曼说：童年的纯真逐渐丧失，羞耻心“随之而去，神秘的面纱被完全揭开”。从容慎重的成年生活渐渐被视为一种应尽力逃避的痛苦和负担，甚至是笑话。

正因如此，今天的美国到处都是幼稚的成年人和早熟的孩子。“没有对成年人的正确理解”，就不会对“儿童这一概念有正确的认识”。当所谓的成年人变得越来越孩子气，孩子和成人都将难以从生理、社交和品行上实现从儿童到成人的成功转变，其结果是，每个人都感到困惑和不满。

奇怪的是，虽然美国越来越儿童化，“童年”本身却在消失。尼尔·波兹曼写道：“从各个方面看，无论行为举止、言语用词，还是态度、心愿，甚至穿着打扮，成年人和儿童都越来越难以区分。”美国人共同观念中的美好成年生活的样子日益模糊。所以，今天的青年迟迟不愿承担起成年的责任，虽然也可能出于个人选择，但更多时候却是他们难以理解的社会大环境和文化氛围带来的结果。面对空前的社会富足和不受传统束缚的自由生活，今天的成年人陷入了长久青年期的迷雾，他们不再是儿童，但也没有完全成年。

没有完全成年的成年人

心理学家杰弗里·詹森·阿奈特（Jeffrey Jenson Arnett）用“新兴成年期”来描述传统青少年期向成年期过渡的这段时间。更长时间、“更为普遍的教育，晚婚晚育，经历一段波折后才开始一份稳定的工作”是这一阶段的典型特征。阿奈特说：“这段时间里，年轻人已经走向成年，但还不是完全意义上的成年人。新兴成年期并不是人类成长过程中普遍存在的一个阶段，它是近年来特定文化影响下的仅出现于某些社会的人生阶段。”

换言之，它是富裕国家独有的问题。生活越富裕，年轻人越可能经历成年障碍。富裕国家出于美好的愿望而给予青少年更多关爱与保护，但结果出人意料——青少年更易逃避成年期的坚韧、成熟与责任。阿奈特将这一阶段称为“以自我为中心的阶段”，当年轻人不再肩负责任重担，不再有“日常义务”，不再关心他人，就极易因过度选择而“陷入瘫痪”。

市面上随处可见帮助年轻人应对“青年危机”的大量自助作品，如《男孩成长记》、《成年手册》等，目的是帮助家长和评论人士更好地了解、应对被描述为“长久青年期”、“预备成人”、“成人青年”和“新兴成年期”的新现象。作家凯瑟琳·沙普提斯（Kathleen Shaputis）不无痛苦地将迟迟不愿独立和经历短暂冒险后又回家啃老的“千禧一代”称作“彼得·潘一代”和“回巢族”。

20 世纪 90 年代中期对数千名新兴成年人的研究发现，绝大多数 18—25 岁的年轻人说，面对“是否真正成年”这样的问题时，会感到异常焦虑。阿奈特教授发现，这些年轻人对“自己是谁”、“想成为怎样的人”的问题，头脑中并没有清晰的概念。在很多新兴成年人的眼中，结婚、完成最后的学业等人生大事并不是一个人成年的象征。

和我不同的是，阿奈特教授并不认为“新兴成年期”是让人忧心的问题；他说这一现象既是挑战，也带来机遇——年轻人有自由探索的“无限潜能”。圣母大学社会学家克里斯蒂安·史密斯和他的团队在研究新兴成年人后，也持类似的乐观态度。这一代年轻人不再被 20 世纪极权主义的阴霾所笼罩，也不再受曾经阻碍很多美国人充分行使其权利的种族主义的羁绊，身处一个更加全球化的世界和鼓励创新与“洗牌”的国家，年轻人自然会向外眺望，从他们身上看到“无限潜能”。

不幸的是，史密斯团队也发现这种“快乐自由”的新兴成年期存在严重弊端。绝大多数年轻人面对“无限潜能”，体会到的却是深深的孤独；他们的总体感受不是“满怀希望”，而是挣扎、困惑、迷茫、焦虑、伤心、沮丧和悲痛。很多年轻人感到“道德迷惘”、“被消费绑架”，因此才盲目追求酗酒狂饮和一夜情带来的快感；公民权利、政治等提不起他们的兴趣。这些年轻人既无法专注于内在，也无意投身于社会；但他们也和我们一样，担心一生浑浑噩噩，碌碌无为。

前文谈到，对人生做以阶段划分有易于角色认定。古希腊时期雅典城邦著名政治家梭伦曾将人的一生划分为十个7年：男孩在第一个7年是“未成熟的男人”；第二个7年会出现向男人过渡的萌芽，这一阶段男孩渐渐学会自我约束；14—21岁，也即第三个阶段，他们在生理上已经成熟；21—28岁，力量达到顶峰；第五个7年开始结婚生育。梭伦深信，一个人在成长过程中应该不断向长辈求教，唯此，近50岁时才能游刃有余，掌控一切。63岁以后，就该接受身体、言语和头脑的衰退，将领导权移交后代。

现实世界往往比古希腊智者理想中的有序世界复杂得多。但应该看到，老一代公民能通过他们的智慧帮助年轻人，甚至中年人，迎接日后的艰难险阻。随着人类寿命的增加和越来越频繁的工作变动，我们需要对年龄和角色有全新的认识。但无疑，前辈们对成熟的理解能够助力我们闯荡世界、成家立业、服务社会。

成熟、成年的标志在今天有着非同寻常的意义，可我们却草率地将其混为一谈。波兹曼说，美国人的生命进程已经瓦解成了三个阶段，我们只能从身体机能角度将一个人的成长划分为少年期、成年期和老年期。然而这些阶段也都界限模糊，我们看到更多的是一种游离恍惚的状态，小孩子学会生活自理后便进入“成年儿童”期，直到老年失去生活自理能力。

尽管这样的悲观心态夸大了事实，但儿童期的延长和扭曲，成年期目的的缺失和成年早期的浑浑噩噩，是以前通过阅读而非视觉媒体过渡到成年期的人们难以理解的。童年期不再是受长辈呵护，慢慢向目标明确的青年期过渡的一个时期，而是成了介于婴儿期和25 或 30 岁之间，中间会被生理上比较尴尬的青春期（如今女孩的青春期提前了 3—5 年）打断的，一个毫无目的的阶段。

历史上，定居美国的移民常惊讶于美国孩子的独立自立，很多来自阶级分明或等级森严国家的移民习惯于为孩子立规矩，但美国人更强调子女的劳动成果。历史学家保拉·法斯在书中写道："我们的祖先心态开放，他们强调独立与选择自由，相信孩子未来机遇无限，也相信他们有成就大业的才能和潜力。这为后世美国父母'划定了基准线'，即使这一信念的经济现实已经改变，甚至消失。"

温和而又目标明确地引导青少年成长为有担当的成年人是我们应该做出的正确选择。我们要让孩子明白，成年期充满挑战，但他们具备应对挑战的毅力和能力。这样做的目的，就是要让他们在未来面对危机时，能够源源不断地汲取力量，勇闯难关。美国的年轻人大多具备闯荡世界、战胜困难的智力，所欠缺的只是适度的磨砺和突围困境的坚强意志。

拒绝重要的成人仪式，模糊童年与成年的界限，将给即将步入成人世界的一代造成不可估量的损失。降低预期、过度保护、包容孩子漫不经心的生活，不仅会伤害他们，也会伤害需要他们积极奉献的美国社会。正如下一章谈到的，让学校教育占据孩子青少年期的全部生活不仅于事无补，还可能带来更多麻烦。

第三章

学校教育并非万能

我从来没有让学校影响到我的教育。

——马克·吐温

接手新工作的前三个星期，梅丽莎几乎每个晚上都会伴着泪水入睡，有时早上上班前她还会不停地掉眼泪。那是 1998 年，我和妻子刚搬到康涅狄格州的纽黑文，她在当地一所公立高中学校做教师兼行政人员，我在纽黑文的一所高校读研究生，平时也给本科生上历史课。梅丽莎热爱教育，她总感觉应该给予问题学校更多关注和支持。来这所高中前，她已经有三年的从教和行政工作经历，但这份新工作让她感到无比难过。

学校有一个全职“保安”，他每月领取薪水，但除了给校长送餐外几乎什么都不用做。很多老师都知道，他真正的工作是在附近一家快餐店做夜班经理，每天早上他都会从那里带很多免费饭菜回来，然后回家睡觉。有一个数学教室被大家称为“鬼城教室”，因为开学第三天老师就辞职了，一学期都没有新老师接替，学生只能偶尔去那里上自习。

曾有学生去教务处质问为什么没有给他们安排合适的课程，学校的答复是:“抱怨什么,没有课,你们不就有足够的自由活动时间了吗?这样不好吗?”工会代表时不时地出现在各个教室，从老师那里为当地的政客筹资。通知学生来开会但迟迟不开始，等待期间没有人组织和监督，学生乱作一团，一些调皮的孩子甚至和同学打起架来。

类似的情形，梅丽莎讲也讲不完，但有一件事让她忍无可忍。那年夏天，学校从老校区搬到了约两公里外的新校区，搬迁过程中，600名在校生的档案全部遗失。至此，学校既没了学生选课的相关文字材料，也没了学生的学籍证明。一些大胆的低年级学生竟冒充高年级学生，说他们再修一两个学期的学分就能毕业。校领导虽感觉事态严重，却并没有通过家长访谈、查看出生证明、学业测试、参考现有档案等有效措施及时补救。对于那些想要在没有任何档案和学分成绩证明的情况下连跳两三级的学生，学校竟认为只是无伤大雅的恶作剧而已。更加不可思议的是，在没有找回课表等文件前，很多学生近两个月的时间里一节课也没有，他们的时间就这样被白白浪费了。

一年前，一位朋友讲过巴尔的摩学校的情况，那里发生的一切和梅丽莎目睹的情形极为相似，但当时总感觉那不是真的。我们没有见过那些孩子，也没有接触过那些痛苦挣扎的老师。妻子一向厌恶不负责任、弄虚作假的行为，她私下找到一家城市报的记者，却得知当地学校随心所欲、造假舞弊由来已久，尽人皆知。刚开始，热心肠的妻子还想写本书，揭露学校违规操作，但后来大失所望地说，也许那位记者是对的。虽然学校厚颜无耻，误人子弟，但如果大家已经见怪不怪、心灰意冷了呢？如果大家已经放弃了呢？

听到这里，你可能会心有戚戚焉地点点头，但也可能有些云里雾里，想知道我究竟想说些什么。让我明确一下，不是所有的公立学校都是如此，我的目的显然并不是在质疑政府投资全民教育的必要性。我的父母曾在公立学校任教，我知道每所学校都有不少优秀教师和管理人员；对学校现状感到失望，想要努力改变的也绝不止梅丽莎一人。提到这所学校也**并不是**在暗示，它是全国成千上万所学校的缩影。

但我坚信，它的存在至少在一定程度上说明，我们整个教育系统并没有勇气承认，并非每项教育提议都是一种进步，也不愿承认，我们当前的许多教育措施并没有取得理想效果。谁该为这些有目共睹的问题负责？商店老板、出租车司机、干洗店员工、驾校负责人等各行业从业者如果出现类似失误，将面临严重后果，为什么这所学校可以相安无事，年复一年地混日子？

上学和教育不能画等号

在急于关注党派分歧前，要看到无论支持共和党还是民主党，绝大多数美国人都心系着这个国家的孩子，也都发自内心地希望他们拥有美好的人生。“当今美国教育问题的根源是什么？”对这一问题的回答很可能千差万别，但首先要承认，我们的学校存在种种问题，远不如我们想象的那样完美。承认这一点不会造成党派隔阂。

看到梅丽莎在纽黑文的痛苦经历，我开始阅读美国教育史。我毕业于弗里蒙特高中（纪录片《加油，虎队！》[*Go Tigers!*]便是以该校为背景），父亲是内布拉斯加州一所公立学校的终身教师兼教练。读中学的时候，周五周六晚上的比赛结束后，很多老师都会来我家欢聚，对那些无私的教师，我总有一种强烈的保护欲。我看到一些孩子的生活因为他们而彻底改变，有时他们对学生的付出甚至超过学生的父母。我是一个保守派[1]，这和我关心美国富豪的边际税率没有丝毫关系；同时，我也是一个市场导向的地方主义者，我相信文化多元主义和第一修正案，相信主观意愿胜过强制胁迫，相信分权决策明智可行。在阅读美国教育史的过程中，我意外发现，许多最初指责中学教育同质化和一刀切的人都是真正的左派人士。

保罗·古德曼（Paul Goodman）堪称新左派的思想教父，50 年前他代表“新急进派”强烈质疑美国公立教育，将公立教育的同质化现象痛批为“义务性的错误教育”（compulsory mis-education）。1960 年，古德曼出版了谴责美国公立教育的大作《荒谬地成长》（*Growing up Absurd*），探讨了他所谓的“学校体系”。他一针见血地指出，这意味着学校将大型企业和政府官僚机构的标准化、强制性措施强加于孩子的日常学习，并反驳道：“难道不该在劳动中获得更大意义和尊重吗？为何财富不能服务于我们最迫切的需要？为什么不让孩子们过上他们引以为荣的理想生活？”他希望生活在一个自由的社会，在那里培养孩子们热爱诗歌、热爱美、关心邻里的良好

---

[1] 美国的自由派和保守派是支配当代美国政治的主要思想流派，保守派坚持个人自由高于平等，私人部门高于公共部门，他们认为经济和社会平等远不如自由重要，认为不平等是一种积极的不可缺少的社会价值，鼓励个人出人头地。自由派是当今美国政治上的左派，他们坚持个人主义、保留个人权利和拥有私人财产权的同时，更多关注政治平等和社会平等，把机会均等作为保障自由的基本条件。

品质，杜绝他们沉迷于花花绿绿的物质世界。

古德曼猛烈抨击美国学校千校一面的同质化倾向。读古德曼的书，你似乎能听到《翘课天才》（*Ferris Bueller's Day off*）[1]里那位倒霉的老师带着重重的鼻音喋喋不休地喊着："比勒？比勒？""我们已经被各种未经深思熟虑的教育政策和呼吁学校扩张的大众情绪所淹没，"古德曼警示说，"学校的迅速增加不仅是对财富和人力的极大浪费，同时也给年轻一代造成切切实实的危害。"古德曼发现，上课铃每天都会像火车时刻表一样在同一时间准时响起，但在如此分毫不差的时间表上却很难寻得学生对诗歌的热情。他担心我们只是在培养"组织中的螺丝钉"和绵羊一样的消费者。为什么不将经费用于"消除社会不公"这样的大问题上？为什么我们的孩子找不到"丰富生命的休闲方式"？

生活与学校教育的同质化在战后不断加速的原因是什么？古德曼说，一段时间里，我们在"孩子应该学什么以及该如何学习"的重大问题上，将太多权威与信任赋予了"专业教育工作者"。他对上学和教育做了重要区分。他说，上学是把孩子交给一个大型的制度性工具，而教育是要帮助孩子们实现目标与梦想。我们面临的困境就在于，学校养活的那些人是最不可能诚实接受这一区分的，因为几乎所有人都不希望引起人们对教育经费这一棘手问题的关注。

古德曼写道："在一次会议上，我说，我们的**学校教育**或许已超出实际所需，这只会刺激教育经费激增，而我们提供给学生的教育

[1] 电影《翘课天才》又名《春天不是读书天》，讲述了中学生比勒与好友们一同逃学并在芝加哥市内到处游玩，被老师围追堵截的故事。影片传达了一种"按自己的意志"生活的态度。

却不断缩水。话音未落，其他与会者纷纷投来不可思议的眼神。”我们的讨论往往忽略了教育的目的，以及学校教育是否有益于这些目的的实现；谈论更多的是“如何为学校筹集更多资金”、“如何从硬件上对学校全面升级”。他感叹道，尽管大量证据表明，经费越多结果越糟，但人们仍然相信，只有更加充足的经费才能保证更高质量的教育。

古德曼设计了替代性方案，他希望青少年在田野、城市等不同环境中接受更加多样的教育，而不是被限制在固定建筑物中毫无差别的几间教室里。“教育经费不足是教育质量不佳的主要原因吗？”在进一步了解古德曼的主张前，首先应对这一问题做出分析解答。

我们的教育经费够充足吗?

就在我和妻子为纽黑文的学校感到痛心疾首的时候，一项能够证明教育资金与教育结果是否有直接关联、前后长达 12 年的判例在堪萨斯城落下帷幕，很多观察人士都在密切追踪判决结果。1985 年，为妥善解决一项种族歧视案件，密苏里州的一名联邦法官开始执掌堪萨斯学区。他注意到，黑人和白人学生学业差异显著，于是要求纳税人在接下来的 12 年里投入 20 多亿美元建造 15 所新学校，改造 54 所现有学校。充足的经费不仅为学生带来更多课程，同时也为当地新增学校近 60 所，这些学校配有豪华游泳池，机器人实验室，录音室，电视机和动画工作室，天文馆，植物园，动物园，甚至还有占地 10 公顷的野生动物保护区。对每名学生的教育投入高达 11700 美元，这在当时全国所有学区中首屈一指。

但结果如何呢？记者保罗·西奥提（Paul Ciotti）报道称："1997年3月，当法官最终宣布国家停止为该学区支付种族歧视补偿金时，黑人学生的成绩仍没有任何改善，黑人和白人学生的学业差距依旧显著，这些年的经费投入对改善教育现状似乎并没有起到任何积极作用。"

更多研究表明，堪萨斯城并非特例。不同于大多数人设想的是，从全国范围看，投入的教育经费与学生的成绩并没有直接关系，长期的经费投入不一定带来教育质量的提升。2013年，美国在公立学校和中等教育上的投入超过6200亿美元，按通货膨胀调整后，对每名学生的教育投入为12300美元。尽管联邦政府只拿出12%的直接财政支出，但在教育政策制定方面，其影响力却日益增强，只可惜结果并没有明显改善。

2014财年，国会为美国教育部拨款670亿美元，高于2004财年的560亿美元、1994财年的250亿美元和1984财年的140亿美元（均为通胀调整后的投入）。然而，全国教育进展评估结果显示，8—12年级学生的阅读和数学成绩并没有取得实质进步。重申一下：过去30年中，国家的教育投入增加了近4倍，然而学生并没有取得相应进步。

调整通胀后的数据显示，一战后期对每位学生的教育投入为440美元，20世纪末这一数字飞升至8000多美元，也就是说，增幅超过1700%，即平均每年增长近6%。宾夕法尼亚教育家阿尔伯特·贝尔（Albert Bell）在追踪美国20世纪三四十年代的教育质量后说，1890年到1930年对美国学生的人均教育支出增长了600%。"我们的成绩也翻了6倍吗？""现在的毕业生比1890年的毕业生在思考和行动力方面有6倍的提升吗？"由此可见，一个世纪以来，我们一直担心教育投入不会带来相应回报。

1958 年苏联在太空竞赛中的胜出和 20 世纪 70 年代末卡特总统推动创建美国教育部的举措，引发深刻反思。卡特认为，教育极为重要，因此需要联邦政府的协调。但持反对意见者认为，宪法并没有给予联邦政府插手学前教育和中小学教育的权力，更重要的是，联邦政府挤压其他各级政府的行为最终不仅无益于地方教育发展，反而可能对其造成难以估量的伤害。

学校将未达标的初中生送进高中的“自动升级”措施开始向大学蔓延。几十年前，克林顿总统和保守派就已觉察到这种趋势，并为此感到深深的忧虑。高校虽然降低了对新生的成绩要求，却给三分之一的学生安排了阅读和数学补习课，两年制大学录取的学生中，有一半都需要不同程度的补习。当代教育改革研究中心[1]2016 年的一项研究显示，美国家庭仅在子女大学一年级花去的补习费就超过 15 亿美元。

这样的教育投入没有带来好的结果自然引发民众不满。在工业国中，我们的成绩稳居末尾。在“经合组织”[2]成员国中，美国的科学成绩排第 20，数学排第 27（2012 年），落后于法国和英国。我们学生的总体成绩更是远低于中国、新加坡、日本、韩国和越南学生。即使从“认知能力和教育程度”或总体读写能力看，美国也从未冲

---

[1] 当代教育改革研究中心是一家非营利性机构，旨在通过分析、研究公立学校学生的学习内容推动教育改革，特别是帮助低收入家庭和少数民族家庭的孩子提升受教育质量。

[2] “经合组织”是经济合作与发展组织（Organization for Economic Cooperation and Development）的简称。成立于 1961 年，目前成员国总数 36 个，总部设在巴黎；该国际经济组织旨在共同应对全球化带来的经济、社会和政府治理等方面的挑战。

入前 10。上百年来，我们努力打造“世界一流”的公立教育，但距离这一目标的实现还遥遥无期。

美国教育的根本问题不在于经费不足，这一说法很多读者可能并不接受。有人会说，如果教师待遇能够大幅改善，学校的声望和成就或许会扶摇直上。如果有充分证据表明，影响美国教育的首要问题是经费不足，也就是说，如果增加支出能够提升教育质量，我会毫不犹豫地予以支持，以增强美国全球经济竞争力，维护国家安全，培养生龙活虎、雄心勃勃的年轻人。

然而，我们在纽黑文和其他许多学校看到的一切似乎都与金钱无关。事实上，整个康涅狄格州，特别是纽黑文，有着当时全国教育经费投入最充足的公立和私立学校。这场危机无关经费。美国人应思考我们在教育中肩负着怎样的职责和使命，也应密切关注教育空心化的现状，深入了解学生冷漠、颓废、“日渐枯萎”的深层原因。

时间是最宝贵的有限资源

梅丽莎也在乎纳税人的经费投入，但这不是她哭泣的真正原因。看着孩子们在纽黑文一分一秒、一天天地浪费时间，消磨意志，作为教职员工，她无法不痛心落泪。对一个教育工作者来说，最让人沮丧的，莫过于眼睁睁地看着学校无所作为而浪费孩子们的生命了。

奇怪的是，美国高中的扩张并未思考如何珍惜学生的时间，而是在想方设法霸占他们的时间。中学教育的普及主要是为应对南北战争结束 75 年后的两大社会变化。如前所述，1870 年到 1940 年，美国完成了从农业国向工业国的过渡。内战前，85% 的美国人生活在农村，但到 1945 年二战结束时，农村人口仅剩 40%。“大工具”工业经济取代了 19 世纪拉动国家发展的旧式农业和作坊经济。

1880 年到 1924 年，美国迎来历史上的移民大潮。超过 2500 万欧洲人来到美国，许多意大利人、希腊人、波兰人、匈牙利人、德国人、爱尔兰人和犹太人纷纷涌向美国的城市。要知道，1850 年，全美人口还不到 2500 万。面对蜂拥而至的外来人口，特别是随着城市酗酒、卖淫和犯罪率的激增，民众的心情变得复杂矛盾。

进步运动应运而生。1870 年以前，高中毕业生不及总人口的 2%，十五六岁的青少年几乎都会加入劳动大军，开始他们毕生的工作。社会改革家认为全民教育是解决众多社会难题的良策。在这些社会改革家中，有人出于利他的动机，也有人想借机对社会施加一定控制。但所有改革家和学校建设者都认为，应该启动规模宏大的计划，帮助数千万移民学习英语，尽快融入美国社会。

这一时期，很多人清楚地看到，拥挤不堪的城市已经无法为年轻男子提供足够的工作岗位，更别说满足新到来的南欧和东欧移民的就业需求了。在此背景下，学校显然被视为年轻人最理想的去处，这里既安全，也能提供学习机会。移民的时间必须得到充分利用，闲置的人手必须得到妥善安置。

于是，有了固定的课堂学习时间，上学年限不断增加，越来越多的地方有了强制入学的要求，几乎每个城镇都刮起了校舍建设的热潮。令人震惊的是，从 1890 年到 20 世纪 30 年代，公立高中入学人数每 10 年翻一番。城里的学校像我们今天的学校一样，将学生按年龄划分到不同的年级，课程也更注重实用性。管理者削减了拉丁语和化学课，代之以科学常识、家政、簿记和打字等更实用的课程。罗斯福新政期间，出于国家经济建设需要，职业性和商业类课程逐渐普及。

在雄心勃勃的教育专员霍勒斯·曼（Horace Mann）的领导下，内战前马萨诸塞州试图打造一种全国可以效仿的统一模式，他们规定每个城市都要建造学校，拒绝送孩子入学的家长可能被罚款或剥夺监护权。大多数州直到 19 世纪末 20 世纪初才开始正式讨论义务教育问题，最终结果却是纷纷追随马萨诸塞州。1918 年，密西西比州最后一个通过义务教育法。大萧条标志着高中教育的最后胜利，因为最年轻的工人通常第一个被解雇。所以在城市，学校成为每一个青少年除工厂以外的共同选择。

又是杜威

前文提到过约翰·杜威，他的理想是在飞速发展的美国普及公立教育。但在努力实现这一目标的过程中，他实际上已经使学校成为儿童生活的中心，家庭和社区的培养责任被挤占殆尽。学校不再是父母的支持者，而是完全取代了他们，学校承担起年轻人的“养育”重任。杜威写道，社区“至高无上的道德责任”是教育年轻人，但他所讲的并不是真正意义上的教育，而是说，“学校”必须成为“儿童社会生活”的新“中心”。这种侵入式学校教育影响巨大，因为当“学生的行为偏离我们的愿望，我们会清醒地意识到，必须对其施以控制，这种控制造成的影响我们心知肚明”。

杜威对教育的关注不同于真正的教育教学大师，因为他最关心的是由“上层”制定、不用学生去发现的教学内容和“科目”。他认为阅读不是教育的重要组成部分，称这是一种“反常行为或扭曲”，他说学校“不应像从前一样，将书本和书本知识放在第一位，最好是在孩子能够理解和掌握其大意后再让他们接触书本内容”。

很多读者可能因为孩子被各种色彩艳丽的图像深深吸引而感到焦虑无助，想要帮助他们严肃对待文字，回到精彩的文字世界中去。但杜威没有这样的焦虑，他写道：“我认为图像是难得的教学工具。”这也就是说,他对文字比“动手实践”更重要的观点不屑一顾。同样，他认为历史上对一些重要议题的大讨论在新的社会背景下已全无意义，因为在他看来，教育的目的不应该是“传承和保护人类文明成果”。换句话说，他想通过自己的努力，让人们忘记曾经无休止的辩论，从而将注意力完完全全地投入到学生实践技能的培养上。杜威认为，让孩子吟诗背诵也是自私的：“吸收事实与真理完全属于个人事务，它很容易演变为一种自私的行为。学习历史，了解过去的文明显然并没有显著的社会意义。”杜威希望学校的一切都专注于实践，能够服务于不断发展的黑格尔所讲的“社会进步”。

杜威的学校教育蓝图听来像神学一样迷人，因为他说：“我相信……老师是真神的先知和天国的引导人。”但我们要知道，杜威自己是一个无神论者。虽然他的作品晦涩难懂，但其总目标在专著《民主与教育》、《学校与社会》，以及文章《道德理想的自我实现》、《小学教育》（原文如此）中都有所体现。杜威所著的最具颠覆性的作品是职业生涯中期（1897）发表的《我的教育信条》，这篇4000字的文章共由5部分构成，每部分有7—18个以“我相信”开头的段落，可以说，整篇文章生动勾画了他的学校神学规划。虽然他说学习就是探索的“过程”，对一切他尚无定论，但能够看到，孩子的一切生活——从缝纫、烹饪到哲学学习和伦理道德的培养——都是而且完全是由学校承担的。他的“教育信条”中没有其他机构或制度，现代学校是孩子全部生活的中心。教师不应“强加某些观念”，而应“选择对孩子有影响的思想观点，并帮助他们正确回应这些影响”。正如杜威在《民主与教育》一书中解释的那样，最终我们将认识到，“学校是推动社会发展的重要机构”。

受杜威思想熏陶的学生最终会失去灵魂。因为在杜威看来，最最重要的是人与社会的关系，当下的社会才是一切。很显然，他认为“所有教育都是以个人参与人类社会意识的方式进行的”，所以其目标**不是**促进个体的全面发展。或者，正如杜威和他的同事在《人文主义宣言》中所言：“没有上帝，没有灵魂。因此，我们不需要传统宗教的支持。有了教条……（现在）没有了它们，永恒的真理已经死亡，已经被埋葬，固定的自然法则或永恒的道德真理也就不再有存在的空间。”

当今多数家长对那一代进步教育家质疑家庭教育的远大抱负了解甚少，但这正是杜威和他的同事在20世纪初所付出的努力，他们如愿以偿地为美国的教育注入了“新鲜血液”。得益于他们的卓越贡献，上千万青少年走进了校园，但同时我们也必须承认，杜威引领的如火如荼的进步运动潜藏着巨大危机。

这有用吗？

20世纪30年代，就在中等教育完全普及的同时，一些观察人士和评论家对这一宏大试验的成本和效果首次公开表示质疑。让所有进步理论家始料未及的是，很多家长说，这种大型工厂型学校完全不同于他们印象中19世纪与当地社区联系紧密、让人倍感亲近的学校，这让他们心里很不是滋味。

很多教育专家也一致表示，这不是他们想看到的结果，但原因恰恰相反。美国历史学会主席乔治·康茨（George Counts）是进步主义运动的发起人之一，他抱怨说，公立学校体现的仍是当地人的价值观，当地社区只关心自己的孩子，地方文化的发展无助于社会进步。在他看来，教育最重要的目标不在于帮助个体，而在于塑造集体。他批评称，这些学校还远没有形成社会变革所需的、具有高度凝聚力的决定性力量。

就连杜威思想的摇篮，美国中等教育理论的圣地——哥伦比亚大学师范学院，也开始担心我们的公民教育和数学成绩有所下滑。1930 年，该校德高望重的托马斯·H. 布里格斯（Thomas H. Briggs）教授对美国高中教育的巨额投资提出严厉批评："即使在中学课程与所设置的科目上，我们也没有取得任何可喜成绩。"之后，他又一针见血地指出美国高中教育存在的突出问题。这些令人沮丧不安的问题其实我们并不陌生：学生科学知识匮乏，写作能力糟糕透顶，对文学没有发自内心的浓厚兴趣。他毫不留情地说，"如果我们的学生将来在企业就职，他们很可能会导致企业破产"，或给本人带来"牢狱之灾"。

几十年来，教育改革家似乎兜了一个大圈，先是乌托邦式的积极乐观，再是新计划的失败和对问题的总结与反思，最后又恢复乐观。纽约大学的戴安娜·拉维奇（Diane Ravitch）教授研究记录了美国历史上多次失败的教育改革，她说，一些进步主义者开始怀疑自己，担心他们的宏伟设计"可能对教育动物和小孩子有一定作用……但面对一个充满活力的强大民族，就非常苍白无力了"。虽然相关文献较为庞杂，但总体可以看出，工厂时代的全民教育专家努力对所有教师培训机构进行统一控制，而且至今如此。公众虽对中等教育质量深感不满，但仍没有任何其他机构可以得到足够的资金支持，受到足够重视。

我们的教育一方面在尽力争取政府的资金投入，另一方面对学制、教学设施、课程等采取商业化的操作。不幸的是，这混淆了经费与形式之间的重要区别。（打个比方，既然我们给一些人提供免费食品券，就不能只提供橄榄和辣椒，而不提供水果和粮食。）公立教育对很多人的生活和职业至关重要——今年进入美国公立中小学读书的孩子占学生总数的91%，所以近百年来美国都在尽力确保教育的公共投入。但随着经费投入的不断增加，可悲的是，我们对同质化的教育是否有助于孩子更好地生活与工作却讨论得越来越少。每个家庭都担心孩子在学校的时间没有得到充分利用，学校的一些活动可能对他们并非有益，但又看不到更好的选择。

对美国中等教育的成功模式做出正确预言的阿瑟·贝斯特（Arthur Bestor）总结说："全体的、免费的、公共性的教育是民主信条的一部分"，几乎没有人对此产生怀疑。全体的，免费的，公共的……从表面上看，所有这一切似乎都富含美国特色。"全体的"意味着人人都能获得同等质量的教育；当然，"免费的"并不意味着它是真正无需付费的，而是说无论你的父母是贫是富，你都拥有受教育的权利；"公共的"就是非私人的或排他的。

所有这一切的问题在于，它再次毫无疑问地假定，教育可以被简化为入学或上学，认为它们完全是同义词。这也就意味着，在青少年还没有搞清**他们**要解决怎样的问题时，我们就已经用学校这一工具为他们如何利用时间做出了统一解答。在我们还没有对所面临的问题达成一致时，杜威，再一次用一种特定的制度为我们送上了答案。

“如果他国将平庸的教育强加于我们……”

上一章我们谈到，以前孩子们生活在大家庭，长辈起到很好的引导作用，学校的普及侵占了原本属于家长的教育空间。相较以前，今天的学生大部分时间在课堂和学校里度过，然而可以看到，他们并没有对高中毕业步入大学，或进入工作岗位有足够的准备。杜威的答案并不理想。

50 年前，保罗·古德曼在《荒谬地成长》中曾预言，如果赋予学校太大权力，太多信任，结果不堪设想。我们可能并不赞同古德曼的所有主张，例如，他提议废除各类义务教育法，强烈反对颁发专业教师资格证；但他对我们被动应对同质化的学校扩张提出的犀利批评与深刻洞见，让人耳目一新，颇受启迪。

古德曼解释说，“雅典教育模式”注重与真实世界的大量互动，他极力提倡“实地学习”的理想型教育，鼓励孩子们走出校园，从“药剂师、店员、机械修理工”等不同职业的人那里了解社会各个领域，认识更广大的“成人世界”；他说，要拜那些视整个城市为学校的富有热情的人为师，这些人对城市的街道、饭馆、商店、电影院、公园、博物馆、工厂如数家珍。谨小慎微的家长听到古德曼的很多观点可能会惊恐万状，例如他曾提议对学校经费重新配置，保证城市学生“可以在农村或农场待上数月”。古德曼的提议促使我们开始思考，在全天候、整齐划一的校园里，应如何竭力为孩子们提供更全面的教育。

左派知识分子古德曼与右翼人士约翰·泰勒·加托（John Taylor

Gatto)的观点不谋而合。加托曾在曼哈顿上西区的一所公立初中任教，1990年被授予纽约市“年度最佳教师”的称号，次年又获纽约州“年度最佳教师”称号。他的“游击学校方案”(guerrilla school program)展现了非同寻常的胆识和创新意识。他要求学生尝试“学徒式”学习，学会独立获取知识，并要求他们每年完成320小时的社区服务。他是教育的坚决拥护者，却对**学校教育**产生了深刻怀疑。

他说，我们每个人都应时不时地追问："我们真的需要学校吗？"答案很可能是肯定的，但给出肯定答案的同时，必须能讲出上学的原因和目的。加托并没有质疑教育年轻人的必要性，他澄清道："只不过，强制学生每天上5节课，每周到校5天，一年有9个月在学校度过，耗时整整12年，这样令人窒息的时间安排真有必要吗？如果答案是肯定的，我们的目的又是什么？"学校不可能解决所有社会问题，因此必须清楚我们期待学校做些什么。他担心，对许许多多的孩子来说，学校会变成“长达12年的监牢，在这里他们真正学到的，是一些积重难返的坏习惯”。

获奖不久后，加托认为在高度体制化的学校里，个人的作用微乎其微，于是选择退出。离开纽约的公立学校后，他将自己发表的一系列演讲汇编成了《愚弄我们》(*Dumbing Us Down*)一书，书中写道："尽管我的教师资格证上写着‘英语文学’教师，但大部分时间里，我只是在教‘书’。"他为什么这样讲呢？“教学在不同地方有不同的内容和含义，但从哈莱姆到好莱坞，在千篇一律的校园，学生们需要上完全相同的七门课程。”结果可想而知：孩子们变得被动、冷漠、好面子，学习上更加依赖权威和他人的监督，情感上也更困惑，阶层差距进一步拉大。这和我们对公立教育的期望截然相反，更与美国的民主背道而驰。加托有些绝望地说："学校已经永久地成为底层人的主要培训地，这些人将永远无法找回自己的天赋和独有才能。”

如果我们继续以这种方式将下一代变得消极、愚钝，“毫无疑问，我们的国家将陷入真正的危机”，加托写道，并提到了一份报告。苏联发射人类第一颗人造卫星后，美国陷入恐慌，1983 年，受美国政府委托，蓝带委员会（blue-ribbon commission）[1] 发表了这 25 年来的教育状况报告——《危机中的国家》（*A Nation at Risk*）。报告指出，低下的教育质量威胁着国家安全——“一股平庸的浪潮……威胁着这个国家和民族的未来……”加托所说的“真正的危机”也正是此意。报告的作者大声疾呼：“倘若不怀好意的外国力量试图将今天的平庸教育强加于美国，我们会视其为战争行为。”在《不让一个孩子掉队法》（No Child Left Behind）[2] 颁布的 10 年前和共同核心课程标准（Common Core）[3] 实施的约 20 年前，加托就为大众敲响了警钟：“我们的年轻人对成人世界和他们的未来毫无兴趣，除了享乐与暴力，似乎再没有什么能够激发他们的热情和兴趣。无论家庭条件优越与否，这些即将迈入 21 世纪的学生对任何事情都缺乏持久的注意力，对过去和未来都已麻木。”

考虑到有人会将“致力于公共教育”等同于“投身今天的学校

[1] 蓝带委员会又称蓝带专家组，通常由政府机构或行政部门委任，就存有争议的重大问题开展独立调查研究与分析。组成人员一般为无政治倾向的专家、学者。其研究目的在于客观中立地提供数据、分析与建议，帮助决策者科学决策。

[2] 《不让一个孩子掉队法》是美国总统乔治·布什上台后于 2002 年提出的教育改革法案，旨在提高全美中小学教育质量，缩小不同种族背景的儿童存在的学业差距。

[3] 共同核心课程标准包含《共同核心数学标准》和《共同核心英语语言与艺术与历史 / 社会、科学、技术学科中的读写标准》，2010 年 6 月 2 日正式颁布，是美国教育史上第一次尝试国家统一的课程标准。

教育”，也可能会将他对当今学校教育模式的质疑视为对穷人和弱势群体的漠视后，加托进一步澄清说，他的教育目标不是“激进的”，而是“溯本求源的”，也就是说，教育应求其根本，追问教育的本质。他号召美国人深思以下问题：教育的目的是什么？理想的学校教育可以实现哪些教育目标？我们需要怎样的学校？他知道，仁者见仁，智者见智，但他坚信，多样的观点与模式能够帮助我们更好地为更多的孩子提供优质教育。

因此，加托极力呼吁教育多元化，也就是说，我们需要更多选择：“应该有各种各样的家庭学校、小型创业学校、宗教学校、工艺美术学校、农业学校等与标准大型公立高中相竞争。内战前，我们拥有百花齐放的自由市场模式，学生可以自主选择真正适合他们的教育，一些学生甚至会选择自学。”（楷体部分为引文原有）

调查显示，数千万美国家长担忧在现行教育体制下，孩子会变成冷漠、被动、不够专注和独立的成年人。这些家长虽然并不能像加托那样严谨清晰地表达改革愿望，但很显然对当今的义务教育已深感不满。盖洛普公司每年都会对民众进行一次从幼儿园到高中的教育满意度调查，调查显示，过去 20 年中，仅一次（2004）有过半人数（53%）表示，对当下的学校教育较为满意。

家庭学校已经成为美国发展最快的一种教育方式，它由 20 世纪六七十年代的嬉皮士和“反学校教育者”的边缘运动演变而来。今天全国已有近 200 万学生接受各种形式的家庭学校教育。过去 14 年中，选择“在家上学”的学生比过去增加了一倍；如今，家庭学校已经和天主教学校一样广为人知。当前在家庭学校上学的美国孩子同就读于私立和宗教学校的学生人数几乎持平。

我们的三个孩子中有两个“在家上学”，我和妻子担任他们的课程老师。让孩子在家接受教育，一方面是因为我们的工作需要辗转于内布拉斯加和华盛顿两地；另一方面，我们希望两个大一些的孩子（一个 13 岁，一个 15 岁）能在这个年龄有更多元的教育体验——能去牧场劳动，和父母一起旅行，到另一种语言环境中生活，去传统课堂听课，也能选择在线课程，进行更多体育锻炼，接触更多音乐。

数字革命和混合型学习

公众对教育质量的失望和科技日新月异的大发展很可能将推动美国教育发生深刻变革。数字革命给证券经纪业、旅游业、新闻业、音乐、出版业等带来翻天覆地的变化，这将从根本上推动教育转型。

什么是混合型学习？想想萨尔曼·可汗（Salman Khan）和他无心插柳成立的可汗学院（Khan Academy）。27 岁的萨尔曼·可汗原本在一家基金管理公司从事对冲基金分析工作，为给侄女远程辅导数学，他开始录制数学和科学短视频，以方便她学习参考。可汗的视频课简单易懂，很快在网络上传播开来，学习人数迅速攀升。

后来，可汗发现在线课程浏览量已经过亿，于是辞职全身心投入教育事业。在盖茨基金会、谷歌和一些慈善家的资助下，可汗制作了近 7000 个不同学科的教学视频。这些免费在线课程让可汗学院风靡全球，很多孩子熟悉了这位辅导老师。他的在线视频也成为在家给孩子上课的父母、没有时间辅导孩子的家长，以及希望给孩子额外补习的父母可资借鉴的宝贵资源。《福布斯》和《时代》周刊多次将可汗誉为“全球最具影响力的人”之一。今天，可汗老师在 YouTube 上拥有 300 多万订阅者，视频播放量逼近 10 亿。年仅 40

岁的可汗无疑已经成为人类历史上最重要的数学老师。

可汗的网络课也遭到一些人的批评，他们说，教学视频重过程轻理论，但毋庸置疑，他为当代学生提供了重要的教育资源。可以说，他是多种新型教育力量中不容忽视的一股清泉。

面对当下不断涌现的新的辅导和教育模式，传统教育何去何从？美国教育界的专家学者，特别是高等学府的管理者，会如何应对当前势不可挡的新形势，引领新一轮的教育改革？

拒绝13年级

20 世纪 90 年代末，美国多州提出 P-16 教育框架，之后大家纷纷响应。该框架由一些学校管理者和自称教育改革家的人最先发起，旨在取代传统的幼儿园和中小学教育（K-12）设计。他们提出，要从两端对现有教育进行延伸——“P”代表学前教育，“16”指大学4年级，也就是本科最后1年。这一提法要求我们将大学1年级视为“13年级”，也就是将注意力放在学生需要的学业补习上，并为他们提供多种支持，帮助学生适应大学生活。

P-16 教育框架的支持者注意到，很多大学新生并没有为大学生活做好充分准备。然而可笑的是，补救方案仍然沿用了已被证明失败无效的造就“被动生”的旧模式。如何保证 13 年级的学生会比 11 年级或 9 年级学生更主动积极，更有学习热情？换言之，如何确保这种不断纵容让步的教育模式不会在未来带来 14 年级，17 年级或 23 年级？如果再度失败，并将问题踢得更远一些，也就是继续延长青少年期，那么下一次谁该为此负责？谁？对现在和过去已经发现的问题，我们并没有找到应该负起责任的人。因此，在仓促提出13年级这一设想前，首先必须思考以下问题：如何在避免现有错误的基础上，解决教育中已经突显和暂时隐藏的问题？12年级学生，也就是高中毕业生没有为下一阶段的学习做好准备的原因是什么？

全美已经有40多个州接受了P-16教育框架。虽然提出这一计划的人本意是好的，但该方案不会有任何出路。它的问题，特别是13年级这一提法的问题在于，我们不承认当前一刀切的教育没有培养出积极向上的学习者，而是在延长他们的青年期；现在又要不加思考地在原有模式上投入更多时间和精力。我们的教育官员似乎将每一次失误和失败都归结于，现有的集权式教育**仍不够**集权。这类专家对我们今天填鸭式喂饱学生的行为熟视无睹，他们看不到，在这个年纪，孩子们应该被“推出去”，应该让他们在旅行、阅读、劳动中学会思考和提问，而不是将总结好的公式化的答案送到他们眼前。P-16教育方案的倡议者和支持者的观点是，学生从幼儿园到高中都能得到各种各样的大力辅导，从12年级到13年级，如果突然放手，学生一定会摔得很惨。所以他们提出不应急于卸下“辅助轮”，这些善良的人再一次指出，不该让学生独自挑起大学生活和未来就业的重担。来自弗吉尼亚州的教育专家马修·林奇（Matthew Lynch）写道：“没有密切的关注和指导，特别是在职业早期，年轻人就不会充分理解他们的经济角色。”

我不认同这样的观点。我想问题不在于，我们没有为年轻人提供足够的支持，恰恰相反，对孩子的学习和工作我们插手过多。我也反对“年轻人缺乏判断力和独立行动力”的观点。的确，他们做得不够好，但原因是，我们没有“授之以渔”，没有让他们在小学和初中就开始学着独立；这也并不是说，由于他们做得不够好，高中毕业后家长还要继续代劳，帮他们采取行动。很多高中生在还没有对未来的工作、学习和职业有审慎思考的时候，就被送入了大学校园，这是一种盲目被动的新型“自动升级”措施。今天有大概三分之一的大学1年级新生无法正常进入2年级学习，接下来还会发生什么？

我在家乡内布拉斯加州看到的那些18岁的孩子也许就是最好的证明。在过去的15年里，内布拉斯加州进入大学的高中毕业生增长了25%，表面看来，这一数字让人眼前一亮。但那段时间里，又有多少人真正从大学毕业？大部分学生只是混进高等学府，浑浑噩噩几个学期，然后又申请退学，高中毕业的时候他们并不清楚是否想在大学继续学业。

13年级的支持者有意帮助美国孩子顺利过渡到人生的下一个阶段，只可惜他们并没有看到，也不愿承认现有教育体制问题重重；当然，他们也忽视了苏格拉底的忠告：到了一定的年龄，学习是无法强迫的，只有真正充满好奇、愿意发问的人才能获得知识。专家教不出没有求知欲的孩子。

我们是否满意当前的中等教育？如果答案是否定的，为何要继续扩张？P-16的支持者指出，出路就是给予学生更多学校教育、更频繁的标准化考试和更长的在校时间。似乎在他们看来，同质化的学校教育适合每一个19岁的美国孩子，但实际上他们认识的19岁学生少之又少。他们希望像幼儿园和中小学教育一样，求助于量——增加高等学府，使美国的高校也拥有标准化的体系。然而，如果当前已经普及的中等教育对大多数16岁的孩子来说并不理想，又有何种理由认为它会对19岁的孩子起效？

我们应该开启一种新的对话，不再讨论如何建造厚实的“气泡垫”，如何过度保护孩子，而是思考如何以润物细无声的方式为他们提供丰富的经历，帮他们掌握重要的工具。在现行教育体制下，孩子们是被动的，在新的教育愿景和规划中，应帮助他们在新环境中一步一个脚印，为日后的进步和成长打下坚实基础。

高度制度化的学校教育让很多孩子不再是一个个的美国公民，而更像是巨型机器上机械转动的小齿轮，日复一日，很多孩子变得沮丧无趣，思维迟钝。在学校待得越久，和家人在一起的时间就会越少，参与社区活动的机会也就寥寥可数，用于思考未来职业的时间就更会少得可怜。13 年级变成了年轻人在更为多样的环境中学习、发现其潜力与天赋的替代品，到了一定的年龄，更长的学校学习时间并不会带来更好的学习结果。事实证明，过长时间的学校教育无疑会挤压学生的时间，使他们失去体验成败的机会，变得呆板麻木，缺少主动性、灵活性、跨文化经历和劳动机会——而这一切恰恰是一个人长大成人，成为一名具有同理心的公民，能够在新经济时代日益严峻的就业形势下做一名学习型工作者所需要的重要条件。

学会学习

既然建议移除已经患病的器官，那用什么来取代它们？首先，应该清醒地意识到，“青少年期”既不是完全的童年期，更不是完完全全的成年期；其次，要明确我们希望孩子在这个阶段有怎样的收获，习得哪些技能。我想，总的来说，我们主要希望他们学会学习，唯有如此，在进入社会后，才能成功应对来自各方的挑战。要认可并不断提升他们的自主性；也要帮他们建立自信，这并不是说要单纯给予情绪上的安慰，而是要让他们对自己在创新、坚韧、毅力、灵活性等方面取得的进步做出客观评估。

英国著名作家多萝西·塞耶斯（Dorothy Sayers）在20世纪发表过一篇有关教育的重要文章，她毫不留情地批评教育“专家”说，认为和我们没什么两样的“专家”不能，也不该声称完全掌握了我们的学习过程。在1948年发表的《丢失的学习工具》一文中，她写道：教育从根本上说，就是要追求美好的生活，教育是让人向真、向善、向美；它不是专家独享的领域，它属于万千大众。

塞耶斯坚信“过度专业化的教育并不可取”。这位著名小说家、剧作家哀叹道：“我们拔苗助长，人为延长儿童和青少年的学习时间，给他们灌输只有成年人才能理解和接受的知识。”她预言，一个社会如果决定“让它的下一代推迟肩负他们本该肩负的责任，这个社会就必须承担由此带来的各种心理问题”。

一个只注重工具与技术，而不引导学生思考他们在学习中扮演何种角色的教育注定会失败。正如苏格拉底所言，如果一个人没有提问的欲望，即使将答案拱手送上，也难以达到教育的目的。同理，除非我们清楚问题在哪里，认识到它需要某种工具来辅助，否则，学校这种工具就难以发挥它应有的作用。在P-16教育框架被热捧的今天，我们应该停下来冷静思考。塞耶斯提醒我们，要认清目标，明确具体要解决怎样的问题。青少年如何才能做到自立自强？如何轻松应对一个充斥着令人眼花缭乱的宣传、广告和假象的市场经济社会？如何分清事实与观点，或者说，如何辨别已经被证实的东西和可能被提出的问题？

尽管多萝西·塞耶斯的文章发表于1948年，但她对教育的评论仍适用于当今社会。她担心经过“净化和消毒”的教育会使教育远离现实世界，给学生的头脑中塞满仅来自课本、对他们帮助不大的学科知识，而不给其他“学科”留有任何缝隙。塞耶斯担心，现代学校教育会侵蚀我们对成就的向往，鼓励学生学习太多科目——“不停地堆积学习任务，延长学习时间”，却并没有让他们看到自己是如何学习的。如果能掌握学习过程，就能卸下辅助轮，独立前行。塞耶斯赞成为学生提供核心科目，但她认为，更重要的是教会学生“如何学习”。

她为我们失去“三学科”而感到痛惜，历史上的三学科是根据儿童发展的不同阶段和特点实施的。三学科指文法、逻辑和修辞。“文法”不仅仅指语法，而且包括最基础的知识，如字母表、45 位国家总统、乘法表、地图上的 200 多个国家等；“逻辑”指事实之间的相互关系；“修辞”是学习如何逻辑严密地陈述和表达。以学习一门语言为例，“仅学习如何用这种语言来点餐”是毫无意义的。首先应学习词语和句子结构，了解动词变化；然后利用学到的句子结构知识初步造句；最后是将这些句子组合成有理有据的一段话。在一种语言的学习过程中掌握了这种方法，理解了语言各部分的关系，以后再学其他语言就会容易得多。文法学习是这样的步骤和过程，逻辑和修辞或其他任何科目的学习也同样如此。学生要对自己的学习过程有清醒的认识。

现代学校教育对教师与学生的角色有着明确划分，一个主动——教，一个被动——被教。然而，“只教学生阅读，而不教如何思考”，使学生“任由阅读文字摆布”是有反常理的。塞耶斯担心，我们培养的年轻人在讨论或辩论过程中会东拉西扯，不知所云，无法做到逻辑缜密，环环相扣。

在充分借鉴杜威及大规模工厂型学校教育以前的教育心理学和人类学知识后，塞耶斯认为 5—15 岁的孩子有“鹦鹉学舌”、“冒失批判”、“诗意表达”三个发展阶段。她无意于挑起任何政治或政策大战，而是敦促人们冷静思考儿童和青年的天性所在。端端正正地坐着对孩子的成长有多大帮助？身体上的自我约束对一个 6 岁的孩子有何意义？对 8 岁和 10 岁的孩子又有何意义？众所周知，儿童在成长过程中有一段记忆黄金期，富有韵律的歌谣尤其受到儿童的欢迎。从我和妻子的育儿经历来看，让孩子们踏着节拍又唱又跳地背诵儿歌童谣，远比让他们静静坐着读书效果好得多。

塞耶斯说，在第一个阶段：

> 也就是“鹦鹉学舌”阶段，背诵很轻松，也很愉快，但推理和论证有相当难度，而且也提不起他们的兴趣。这个年龄段的孩子很容易记住物体的形状和外观，也喜欢背车牌号，吟诵节奏欢快的短诗，模仿自己并不理解但又悦耳动听的多音节词语。这一阶段，积累对孩子们有着特殊的吸引力。

然后是“冒失批判”期。这段时间里，他们会“反驳、回击他人，喜欢指出别人的错误，特别是长辈”，也常会给一些难题提出解决方案，虽然有些惹人烦，但这个阶段对孩子的成长至关重要。

最后，也是最能体现本书写作目的的是“诗意表达”阶段，或“辛苦爬坡”阶段。这一时期，固执己见，而且有些自恋的青少年会更独立，对父母和家庭的依赖进一步减少，他们渴望表达自己的观点。这个年龄段的孩子“常常被误解；焦躁不安，渴望独立；如果引导得当，孩子们运气不错，我们会发现，他们已经具备一定的创造力；他们会尝试对已有知识做出概括综合，同时也会表现出对某一领域知识的特殊喜好”。作为父母，要想在这个阶段因材施教，首先应该看到成长的美妙，认识到这个阶段的孩子正在寻求身份的确立。

第三个阶段以寻找方向为目的，这一时期孩子们告别童年，成长为沉着冷静的年轻人。因为刚刚步入成年，能从他们身上看到一种前有未有的谦逊——虽然不是完全意义上的谦逊，但真实存在，因为“孩子们很可能已经发现自己的知识和阅历有所欠缺”。他们不仅开始意识到自己掌握了什么，也奇迹般地颇为虚心地发现，在一些方面还很无知；同时他们也开始懂得“要拥有过人的才智，就要经过大量的学习、思考和锻炼”。最后的“诗意表达”阶段是打开知识之门的阶段，因为这一时期，“孩子们机械学习所获得的知识会在新的情境中再现，曾经冰冷的分析现在可以用于新的概括与综合，而且时不时会灵光乍现，让他们惊喜地发现，真理的确存在”。

如果这本书背后的教育哲学有一个守护神，那一定是塞耶斯。她渴望每一个人都能得到优质的教育，但她知道只有儿童自己能够充分参与教育的时候，这个梦想才可能实现。如果这本书看起来似乎是在抨击我们的教师，那可能是因为我词不达意，不能言之成理——因为我的本意是要告诉人们，**不能想当然地认为**，仅通过学校和教师这种方式或工具，就能唤醒每一个孩子。我们所有人都应该行动起来，激发孩子的内在动力与灵性。塞耶斯知道，孩子们自己也要意识到，社会和个人一样，都不能靠吃老本为生。要培养自由的人，就要正确对待传统文化，取其精华，弃其糟粕，在继承和复兴的基础上革新创造，同时也要努力唤醒每个公民内在的好奇心和求知欲。

学校的盲目扩张不可能保障这个国家的繁荣富强，70 年前塞耶斯难过地写道，“我们总是口头上说教育有多重要”，我们要求“更多拨款，延长学生的在校学习时间，建设更宽敞先进的教学楼”，要求教师“尽职尽责，勤勤恳恳”，但这一切的目的是什么？她叹息道，“我认为这些付出与努力并没有得到回报”，因为在“如何让一个孩子成长为成熟的成年人”这一问题上，我们**没有清晰的目标**。我们“已经失去学习的工具”，把孩子们扔进制度森严的学校和支离破碎的课程里，最后让他们慢慢远离正常的成人世界，变得被动、麻木、愚钝。

孩子不是商品，而是植物，因此需要适宜的环境，需要充分的呵护和营养，但最重要的是，他们自己要有强烈的内在生长欲望。我们要做的就是，帮他们找回“丢失的工具”——“斧头、楔子、锤子、锯子、凿子和刨子”，提升他们的逻辑思维能力和主动表达能力，因为“教育的目的很简单，就是要教会学生如何学习，任何达不到这一目标的教学都是失败的”。

迟早要卸掉辅助轮

教过孩子骑车的人对辅助轮的优缺点可能有着不同的认识。我教过好几个孩子骑车，这种经历让我坚信辅助轮没有任何作用。教自己的三个孩子的时候，我从不让他们借助于辅助轮。孩子们穿上耐脏的迷彩上衣和滑雪裤，我双腿横跨于后轮处，跟着他们的单车小跑，遇到小斜坡的时候，我会轻轻扶住他们的肩膀，帮助保持平衡，直到他们能够平稳骑行。很多时候，孩子们都是在无意中掌握了平衡。教孩子骑车就是这样一个过程，虽然跟着他们一路小跑不免腰酸背痛，但看到他们轻松骑行的样子，一种愉悦的成就感油然而生。

相比于借助辅助轮，我的方法很可能会摔破膝盖，蹭伤下巴，但这种方法省时有效，很快就能学会。即使有人坚持认为辅助轮不可替代，我们也仍能达成这样的一致——辅助轮仅仅只是一种工具，是一种过渡状态，不是最终目的。安装辅助轮的初衷是要尽快卸掉它，等孩子独自骑过一个街区，回头冲你开心一笑的时候，才是真正的成功。

帮助青少年顺利进入成人世界也是一样的过程，没有人希望永远带着辅助轮。从鼓励自力更生的文化滑向纵容永久依赖的文化，就是在容忍灵魂的缺席，也是在给孩子们安装永久性辅助轮。让下一代认为总有人会帮他们解决问题、承担后果，不仅危及个人成长，更会为害整个社会。我们希望看到孩子们卸掉辅助轮，笑容灿烂地和我们并排骑行；我们期待看到一个个独立自强，能够为自己的家庭、社区和整个国家做出积极贡献的成年人。

第二部分

冲破牢笼，积极重建

要应对我们面临的严峻挑战，就要将青年期看作一系列摆脱辅助轮的过程。要放手让孩子长大成人，作为父母和引导者，该采取何种措施？要培养自立自强、有责任有担当的年轻人，就必须突破当前的瓶颈。我们的问题不仅在于没能培养孩子良好的品格，更在于对要培养怎样的人没有一致的认识。

我们似乎都没有意识到，即将步入成年的这一代年轻人在生活中经历的挫折**太少**，这是极具讽刺意味的。没有人会认为小儿麻痹症的根除不是人类的福音，但我们也要记得，很多美国人在与小儿麻痹症斗争的过程中磨炼了意志，还有许许多多未患此病的幸运儿也在这场战斗中学会了感恩。今天，家里不再需要孩子们给马喂食，给牛添草，虽然对个人而言，没有了诸如此类的家务劳动值得庆祝，但如果所有的孩子都没有了能够锤炼意志、塑造坚强品格的有意义的家务劳动，恐怕并不令人振奋。

我们是否帮孩子看到了生活中的其他必需品，帮他们成功应对，获取了这些必需品？事实上，我们做得远远不够，我们的孩子不仅自身缺乏劳动经历，对他人的劳动更是不屑一顾。生活在一个富足的国家既是福也是祸。

因此，摆在我们面前的任务一目了然：如何在一个富足的社会从长计议，培养孩子们坚忍不拔、顽强不屈的意志？虽然一些学校也强调品格培养，这一做法值得称赞，但真正的品格培养是难以在

90 分钟的课堂上传授给学生的。它需要亲身经历和感受，亲自体验苦与乐，需要有人示范，有人引导。

婚姻——教狮子猎食

婚姻是个很好的比方，我指的不是激情热恋的那段日子，而是说，两个人甘苦与共、共同创造美好生活的过程同一个人长大成人的过程极为相似。尽管婚姻是成年人自然而然的选择，但这并不意味着，我们生来就清楚婚姻中的相处之道。所以我们需要虚心学习，求教他人。

从求婚开始，很多人都会从年长的已婚夫妇、宗教领导人、朋友或家人那里寻求建议和帮助。坦诚交流婚后可能遇到的问题有助于双方为以后的生活做好充分准备。我记得结婚前，一对老夫妇笑话我说，你认为自己“善于沟通”，但你未来的妻子未必会有这样的感受。结婚 20 年后，我对老夫妻当初的一席话深有体会，当时却满不以为然。寻求长者和智者的建议对我们学习如何和谐相处、共同营造幸福的家庭有百利而无一害。

出人意料的是，大自然也同样如此。野生动物不能像人一样能说会辩，但它们也绝不会仅靠本能。母亲教它们的宝宝如何求生，鸟妈妈教小鸟如何飞翔，一些鸟儿还教幼鸟分辨唤它们回巢和危险来临的不同声音。

学习长大成人同夫妻之间的相处、鸟儿的飞翔训练完全一样。青少年需要帮助。成长不是轻轻松松的事，我想大多数孩子并不需要过度治疗或抗抑郁药物，他们需要长者的引导，需要培养能够应对成年生活的良好习惯，需要积累能够练就这些习惯的丰富经验。

五大品格培养习惯

我们可以通过多种方法帮助青少年成长为意志坚定、心理成熟、热爱思考和富有同情心的成年人。上千年来，人类一直在做这样的努力，几乎每个文化中都有庆祝一个人成年的特定仪式和习俗，如参军参战、猎杀大动物、挑战恶霸、离家远行、参加重体力劳动、野外生存、怀孕生子、修建房屋、抚慰即将离世的人。

塑造年轻人优良的品格在任何历史时期和任何地方都是不容小视的重要任务。对于我们这样经济富裕、娇惯子女的社会来说，尤其任重道远，因为优良的品格不可能生而有之或轻轻松松地获得，它需要远见、谋划和行动。就在我们最需要这些品格的历史时刻，成年的定义、曾被我们的国家视若珍宝的成年的标志却被抛于脑后。

虽然在一些重要场合我们并不承认，但我想，很多真正关心子女教育的家长已经发现，我们一直盲目信任学校，坚信它们一定能传授给孩子“谋事之才”和“立世之德”,能够解决几乎所有社会问题。这种对学校盲目、错误的信任与期待使我们陷入失望、分歧、疏离的怪圈。应该责怪的不是学校，而是我们自己，因为是我们在要求学校这种大规模的机构承担它无力承担的任务。

接下来的几章将聚焦青少年成长中应该养成的五大习惯。其他一些习惯对孩子们的成长也都大有裨益，但我们仅关注以下五个方面，因为毫不夸张地讲，它们和学校教育同等重要。这些习惯的养成需要积极的努力和充分的自控力，但我相信每一个美国人都能做到。

五种习惯都要有目的地生成疤痕组织，这一过程可被称为思想和灵魂的健身运动。

一、打破年龄界限，走近不同人群，了解身体发展的阶段和特点，认识它的潜能和脆弱。青少年既要能为生命的诞生和成长感到喜悦，也要能体会身体的病痛与衰弱带来的悲伤与无助。人终有一死，死亡是我们每一个人必须面对的事实，它是作家们所讲的“最后的召唤”。年轻人常以为，人坚不可摧。的确如此，但我们这个时代的特殊之处在于，年轻人与长者之间的联系已经被切断，所以他们很少能看到生命的不堪一击。孩子们的周围都是和他们一样的同龄人，如果生活的圈子仅限于此，那么要理解生命的喜悦、痛楚、折磨以及死亡，就是空谈了。

二、热爱劳动。干重活，参加体力劳动，去农场或牧场锻炼本身就是一种教育，其目的在于养成热爱劳动的习惯，发现工作的意义。要学会在工作中获得乐趣和自由，而不是学着摆脱或逃避工作。

三、拒绝过度消费。“奢侈是共和国的祸根。”我们一度忘记需求有别于欲求，并认为物质能够带给我们幸福，事实却并非如此；我们已经忘记应该杜绝暴饮暴食，带给我们幸福的不是消费，而是生产。了解先人和前辈克服物质匮乏，使美国从一个小小的农业国一跃成为世界工厂的光辉历史，能让孩子们学到如何克制欲望，从真正的需求中得到满足。

四、学会轻装旅行。要想认识到需求与欲求的区别，就要了解何为“勉强维持生计”；要看清自己的文化，就要走出去，以开放的心态勇敢接触另一种文化。读书是开阔视野的好方法，但对年轻人来说，读万卷书的同时也要行万里路。拎起背包，带上你最需要的东西，马上出发。旅行者看到的是一个更广阔的世界，当然，还有一个更加清晰的自己的世界。

五、与书为友。正如旅行能够让人学会欣赏自己的文化和必需品一样，书籍为我们敞开了文字旅行的大门。书籍可以把我们带到古代雅典和耶路撒冷。但要知道，学会如何阅读和学会如何深度阅读大有不同。孩子们应该迷上阅读，有强烈由衷的阅读欲望，他们的书单中既要有文学经典，也要有其他经典。能够激发阅读欲望的最佳方法是让孩子们积极参与制订书单，讲出自己所列书目的缘由，然后再开始阅读或对其中一些重要书目反复研读。让我们和孩子一起制订一份必读书单吧。

思想和灵魂的健身运动——品格培养的完美计划——正在等你实施。

第四章

跳出同伴文化

> 完成伟大的事业靠的不是体力、速度或身体的灵活性，而是智慧、性格和审慎的判断力。这些品质……随着年龄的增长也会日益丰富。
>
> ——西塞罗[1]

生活在17世纪马萨诸塞州的清教徒和弗吉尼亚州的圣公会教徒如果能穿越历史，来到今天的美国，一定会被这里的灯光、声响和先进的科学技术惊得目瞪口呆。我们庞大的市场体系也远非他们仅够糊口的农业经济可媲美。看到大卖场里源源不断的食品供应和亚马逊网站各种让人眼花缭乱的商品，他们还会相信自己的眼睛吗?

除了富裕的物质生活，社会生活的两大改变——劳动与家庭的分离，以及由此带来的代际隔离——会让他们更为不解。

劳动的专业化程度越来越高，并且变得越来越集中——至少在

---

[1] 西塞罗（Marcus Tullius Cicero，前106—前43），古罗马著名政治家、演说家、教育家、法学家和哲学家。政治、法律思想方面的代表作有《论国家》和《论法律》，哲学方面有《论至善和至恶》、《论神性》等，教育方面有《论演说家》等。

移动数字革命以前是这样，工作大多集中于工厂、办公室和其他一些专门场所。想想看：300 年前，没有人为工作往返于家和另一个地方，人们在自己居住的楼上、楼下、屋外或帐篷里工作。每个家庭成员都要为家人或集体更美好的生活而劳动，他们或狩猎、耕作、取水、拾柴、制桶，或搅制黄油。工作与家庭的分离（如让工匠离开匠铺，来到炼钢厂），不仅对经济产生长远影响，同时也给社会和家庭生活带来巨大变化。那些曾在父母的工作世界里长大的孩子已经告别这种生活。在工作场所由农场到工厂转变、美国人从农村来到城市的过程中，大家的生活习惯和家庭文化也在悄然改变。随着越来越多的父母走上生产线或走进办公室，孩子们不再能近距离地接触到成年人的工作环境，学徒训练也快速消失。

我们似乎总在抱怨孩子们劳动热情不高，但如果没有机会接触不同工作，就难免会对劳动不冷不热。不可否认，专业化程度的提升积累了前所未有的物质财富，但同时也带来意想不到的恶果——孩子们的劳动机会和劳动对他们的馈赠急剧减少。下一章将谈到这一损失，并努力提出应对之策。

本章主要讨论震惊 17 世纪穿越者的文化巨变。工作与家庭相分离使家庭更贫困，代际融合与和谐更是无从谈起，孩子们一生都要生活在代际隔离的贫民窟。当家长和未成年子女因工作而分离时，孩子们和其他工人之间，甚至孩子们这个群体内部也就竖起了一道高高的隔离墙。现在的孩子大部分时间都在学校度过，身边几乎都是同龄人，不仅如此，学校还会按年龄对他们进一步分组，所以入学也就意味着远离其他人群。事实上，一个世纪前，分班的重要依据不是年龄，而是学习能力和孩子们希望获得的特定技能。

和同龄人在一起也会孤独

今天我们很大程度上受到出生年月的禁锢。青少年不再帮父母做生意或在家庭经营的店铺中做学徒，而是和同龄的朋友逛街或上网。老年人大多生活在养老院，交往对象也以同龄人为主。退休人员购买公寓也开始有了年龄要求，如加利福尼亚的太阳城和佛罗里达的国王点，如果没有 55 岁以上的人陪同，来访者不得入内。

在过去的 30 年里，美国人的“讨论圈”——也就是我们愿意吐露心声的对象——急剧缩小。《美国社会学评论》的一项研究提出以下问题：你向他人敞开心扉吗？你有朋友吗？研究人员痛苦地发现，做出肯定回答的人越来越少。回答“一个知己也没有”的人近年来增加了 3 倍，约占当下美国人的四分之一；那些自称有朋友的人能够说出的朋友数也仅为两人，20 年前平均为 3 人。另一项针对 60 岁以上美国人的研究显示，在过去半年里，只有四分之一的美国人与 36 岁以下的年轻人讨论过“重要”问题。排除亲属，这一比例勉强达 6%。

友谊的离去是真正的悲剧。

就连阶层等级异常森严的国家也不会如此严格地将年轻人和长者分离开来，而我们的营销人员和广告商却仍在为这一趋势添柴加火。正如第六章将会谈到的，消费——包括消费对象和消费人群——对我们产生了深刻影响。最近我听到一个十几岁的女孩说：“我喜欢杰西卡，但我们不能做朋友，因为杰西卡已经 22 岁了。”在拒绝与其他年龄段或不在同一家商店购物的人建立起有意义的关系前，有必要首先了解一下“朋友”一词的真正含义。

代际隔离影响着我们的社交和工作方式，可以说，生活的方方面面都已印上它的烙印。50 年前，一家几代人经常一起做礼拜，但从 20 世纪八九十年代开始，情况变得不一样了。巨型教堂的兴起，就像零售店的分类销售一样，改变了我们对社区的认识。“夫妻店”和“邻里超市”变身成了超大型购物中心，很多以特定人群为目标的专卖店集聚其中。今天，教堂也在提供类似购物中心的服务，服务对象被细化为高中生、大学生、“X 一代”、“婴儿潮一代”，甚至还有“礼拜传统派”（也许只有位于购物中心一角和教堂大厅的星巴克连锁店打破了代际隔离）。根据音乐风格和音量大小，就能基本判断出教堂服务的具体对象——做礼拜的人越年轻，音响声音也会越高。

这不仅有损听力，研究表明，代际隔离也会削弱宗教信仰。富勒青年研究所研究发现：“高中阶段参加全教会（也就是各年龄段都能参加的礼拜活动）会使高中生和大学生有更稳定的信仰，这比参加任何其他形式的宗教活动更有助于增强一个人的宗教忠诚。”如今，参加全教会的年轻人日渐减少，这不仅构成宗教困境，也带来一定的社会问题。随着社区人口的减少，长者已经很难有机会和年轻人分享他们的智慧。

几年前的一次晚宴上，我跟几个朋友说，米德兰大学的一些学生似乎永远也长不大，这让人头疼，我问他们是怎样理解“成熟”的。谈话很快就演变成了性别问题。一位女士说：“判断一个 13 岁的男孩是否成熟太容易了，让他帮我带一个半小时的孩子，一个半小时足够长了，如果他会去给孩子换尿布，我会认为他比较成熟。”我从未有过这样的考虑，但餐桌上几乎每位女性都表示赞同。另一位母亲补充说：“是的，13 岁的女孩基本都会主动换尿布，如果有男孩也能做到，他就算比较成熟了。”这种分类标准简单实用，一时间，几位妈妈都说，不少 25 岁的“男人”也还是个孩子。（我发现，我们中间一个 30 岁出头还没有孩子的小伙子突然有些坐立不安。）在几位女性朋友看来，换尿布体现了一位男性对他人需求的关注，表明他能跳出个人所需，为周围人着想。

科学研究证明，与不同年龄段的人交流交友，能帮青少年获得重要社交技能。亚利桑那大学人类学家爱丽丝·施莱格尔（Alice Schlegel）对 186 种前工业时代的文化进行对比研究后发现，同龄文化与“反社会行为、好斗、攻击”密切相关。如果不同年龄段的孩子能一起玩耍、活动，大孩子就能学会照顾他人，小孩子也能获得必要的知识、技能，懂得如何与人交往。

“我必须陪在她身边”

妻子梅丽莎 8 岁的时候，认识了住在亚拉巴马州伯明翰的邻居基利安夫妇。基利安先生是园丁，他教梅丽莎修剪树枝、翻土，他们交流得很愉快，成了很好的朋友。梅丽莎 12 岁那年，基利安夫人不幸患上阿尔茨海默病，平时主要由丈夫看护。梅丽莎经常去家里帮忙，直到她进入大学。在基利安夫人患病记忆力逐渐减退的那些年，基利安先生和梅丽莎有过多次长谈，梅丽莎至今难忘。

阿尔茨海默病不仅对患者本人是残酷的，对其家人和朋友也是致命的打击。一天，看到基利安先生精疲力竭，梅丽莎鼓起勇气对老人说：“老太太已经不认识你了，**完全不知道**你是谁。你自己身体也很虚弱，再照顾一个老人太累了，为什么不送她去养老院？你不可能一直这样照顾下去的。”

梅丽莎回忆说，基利安先生深吸了一口气，说："也许你是对的——也许。很多时候，真的很难。可是你知道吗？她经常会半夜醒来要水喝，还要有人扶她上厕所，每个月有两三次她会认出我，虽然只有大约 10 分钟，但我绝不能错过，我必须陪在她身边。"

那次谈话深深打动了梅丽莎，她说回想起来虽然感到万分羞愧，但不可否认基利安老人的一席话让她恍然大悟。

1992 年，我和梅丽莎开始约会，她住在波士顿一家养老院对面的公寓里，下午一有空就去养老院，偶尔我也会陪她一起去。在那里她为失明的老人读书，她知道这些人将不久于人世，他们很孤独，他们的衰老和虚弱真真切切。我们年轻人有责任照顾他们，这些老人不应该被抛弃，被遗忘。

梅丽莎到现在还会经常探望老人和患者，偶尔也会去监狱看望犯人，或帮牧师组织礼拜和祈祷活动。1993 年，我第一次带她回我的家乡内布拉斯加，她坚持要我带她去当地的疗养院，把她介绍给一些我从小认识的老人。事实上，我很小的时候，祖父母就为一些体弱多病不能去教堂参加圣餐礼的信徒送去圣餐，所以从上小学起，我就对周围的两个养老院非常熟悉。

我这辈子都不会忘记 1993 年圣诞周的一个晚上。我来到养老院看望儿时的钢琴老师德鲁厄夫人，当时她正在走廊散步。一见到我，体重只剩 70 多斤，已 83 岁高龄的老太太狠狠拍了一下脑门，她无法相信那个她很久以前教过的，充满活力的"年轻人"会记得她，来看望她。我很开心，但也感到无比羞愧，为什么我没有早些去看望她？

美国各地的宗教团体都在组织多种活动，努力确保老人不被遗忘，并能得到应有的尊重。中西部的一些路德教会，组织学校退休老教师在上下学时间帮助引导汽车停放。圣迭戈县的荷兰社区专门在各小学周围设立了老年人中心，这一措施的目的显而易见：让有能力的老人带孩子们识字、阅读。经验丰富的退休老教师无疑是刚刚踏入校门的小学生学习发音、识字的好帮手。

的确，大多数老人已经很难胜任年轻人的工作，但伟大的罗马演说家马尔库斯·西塞罗2000多年前就说过："老年人虽然体力下降，但仍有一些活动适合他们。"教育就是其中之一。西塞罗在他的《论老年》一书中写道："那些说老年人不能参与公众事务的人是在胡说八道，这就等于说：舵手对船的航行没有用处，因为有的水手在爬桅杆，有的水手在舷梯上跑上跑下紧张地工作，有的水手在抽舱底污水，而他却静静地坐在船尾掌舵。"

西塞罗的智慧永放光芒。我们需要用心建立或重建与老人的关系，这样的付出我们永不会后悔。在家中，我和孩子们也是这样做的。事实证明，这对每个人都有好处。时间沉淀出智慧，年轻人把自己的烦恼讲给年长的过来人，倾听他们的意见，分享他们的感受和方法大有裨益。"让我们和彼得斯太太一起烤糕点吧，或给迪伦家做些点心吧！"这样的建议几乎立刻会让孩子们忘记和同伴在一起的不快和烦恼，大家一起分享的糕点，还有那些共度的时光、坦诚的交流，会让每个人得到启发，感受到温暖。

死亡是生命的一部分

《美国青少年的兴衰》（*The Rise and Fall of the American Teenager*）一书作者托马斯·海因（Thomas Hine）认为，成年人对年龄增长的焦虑不利于孩子成长。我们对"成年礼"有着肤浅的理解，这也许是因为我们成年人自己都不明白应"如何扮演好一个成年人的角色"。民俗学家鲁思·本尼迪克特（Ruth Benedict）说，因为对变老充满焦虑，以及"认为自己还很年轻"，很多三四十岁的父母"特别不愿承认孩子们已经成熟"。在我们这种自命不凡的文化中，总体来说，父母的权威总是受到质疑。一些家长明知孩子幼稚不成熟，不应视其为同伴，却仍会选择与孩子建立同伴关系。早在20世纪70年代，鲍勃·迪伦（Bob Dylan）就开始苦苦反思，但今天的我们仍在逃避一些尖锐的话题，自欺欺人地认为自己"永远年轻"。

死亡是最难面对的问题。在老人与孩子相处的机会越来越少，因而也越来越难将其智慧传承给年轻人的时代，死亡就成了孩子们最难接触到的话题。认识到生命有限才能更清醒地生活；深知"人终有一死"将使我们不再纠缠于繁琐杂务，而是将注意力转向更重要更有意义的事情。

离开电视电影，孩子们什么时候会接触到死亡？也许要等到失去宠物或年迈的亲人的时候。对于年幼的孩子，体弱多病的曾祖父的去世似乎并不真实。两代人在各个方面差异巨大，关系并不亲密。老人在孩子眼中似乎更像是一个遥远模糊的图片，而不是在这个世界上生活过的、有血有肉的人，所以他们的离去也往往不会对孩子产生直接影响。

通常，亲戚或朋友的意外离世是一个孩子第一次真正直面死亡。在我11岁那年，表妹贾娜在一次摩托车事故中头部受伤而亡。贾娜一向生龙活虎，我们喜欢一起滑水。事故发生的10天前，我们还在比赛，我记得，为了创造新纪录，我们拼命练习，两次就用尽了爸爸汽艇里的燃油。这样一个鲜活的生命，瞬间就消失了，这不正常。她的死亡让我第一次看到，一个身体并不虚弱的人也会离去。贾娜的突然离世让我开始思考自己和家人终有一别。我清楚地记得，接到电话的那个晚上，夜很黑，我和爸爸在外面走了很久，那是我第一次听到他以那样的方式和我谈论死亡。

以前，大多数美国年轻人会在狩猎的过程中第一次与死亡亲密接触。首次捕杀猎物对年轻的猎手来说，也是个人成长的重要仪式。第一次捕杀后，猎人会在额头和脸颊上涂上所杀猎物的鲜血，这就是“见血”仪式。虽然听来有些恐怖，但猎手们并非肆意猎杀者，他们尊重猎物和狩猎环境。农民也对死亡和生命充满敬意，他们以土地为生，杀戮并非随心所欲的选择，而是生活的必须，因为他们要保护农作物免受昆虫和野生动物的侵害。我们餐桌上的牛肉、鸡肉、猪肉都是人为宰杀得来的。

事实上，死亡离我们并不遥远，晚间新闻每天都在报道因各种冲突造成的人员伤亡，广播也在不断更新在交通事故中丧生的人数。不幸的是，我们并不在意，在我们眼中，它们仅仅只是无关紧要的数字。20 世纪以前，“早亡”在美国相当普遍，各地都有死于食物中毒和传染病的人。祖父母那一代人常会回忆起那些因患猩红热、麻疹或百日咳而被隔离的邻居。如今，即使得了这些病，也可以通过抗生素迅速康复。疫苗的出现更使美国的青少年几乎永久摆脱了天花、白喉和小儿麻痹症等疾病的威胁；美国的婴儿死亡率大大降低，以波士顿为例，当今婴儿的死亡率仅为 5‰，这一数字在 17 世纪却高达 300‰。

正因为死亡乃平常之事，所以历史上美国人虽感到恐惧，但还是会选择坦然面对。如果说 21 世纪的美国人“在精神上而非宗教上”无忧无虑，那么早期殖民者则可能会因死亡是毁灭之门而深感苦恼。那个时候，即使生活已经相当艰辛，大人们还是会常常提醒孩子生命短暂。清教徒牧师科顿·马瑟（Cotton Mather）直言不讳地说：“去墓地看看吧，孩子们，那里的墓穴尺寸同你们一样，是的，你们这一刻还在玩耍，下一刻可能就会不在人世。”17 世纪的学校教科书中有这样的警示语——“不见得每个人都能长大成人”。教 T 字母时，书中会写：“T——T 是光阴（Time），无情催人老。”1620 年，到达普利茅斯岩（Plymouth Rock）[1] 的 102 名清教徒中有一半都没有熬过第一个冬天。几年后情况虽有所改观，但从我们今天的视角看来，仍很不乐观。

正因为死亡稀松平常，人们也就不再大惊小怪。清教徒有一个习俗，他们会将逝者的尸体停放在厨房长达一周，供家人和邻居瞻仰遗容。有些地方还会发手套，邀请他人参加葬礼，牧师也常会收到这样的邀请手套。安德鲁·艾略特（Andrew Eliot）是波士顿著名的旧北教堂的一名牧师，在他 32 年的牧师生涯中，共收到手套近 3000 双，也就是说，每周约 2 双。

人们不仅纪念死亡，而且还用一些自制的物品提醒大家生命极其脆弱。参加葬礼的人有时会收到指环，它们不同于聚会上回赠的小礼物；这些指环通常由黄金制成，上面镶嵌有头骨、棺材或骷髅图案。送“死亡面具”在 170 年前也是非常流行的殡葬习俗，人们将石膏或蜜蜡均匀、仔细地拍在遗体的面部，拓下死者五官的轮廓，等石膏或蜜蜡变硬，像一层面具时，再小心翼翼地揭下来，之后再用泥巴从这个面具转拓下面部特征，做成模具。相机出现后，很多

---

[1] 普利茅斯岩又称“移民石”，上面刻着“1620”的字样。据传是第一批欧洲移民涉过浅滩，踏上美洲大陆的第一块“石头”。现位于普利茅斯小镇。

家庭都会与逝去的亲人特别是婴儿合影。在我们今天看来，留下亲人死后的照片似乎难以想象，但这足以说明，与历史上其他文化对死亡的描述相比，死亡离我们当今的文化已越来越远。疫苗的出现，汽车工艺、医疗技术、科技水平质的飞跃，公共暴力事件的减少，食品和生产安全的提升使美国人比以往更健康，也更长寿，但死亡并没有离我们而去。死神只是放慢了脚步，我们今天对死亡如此轻描淡写，以至于让人感觉生命永恒，这不是一个好的征兆。

在这样一个代际隔离越来越凸显的时代，我们花费大量精力、时间、金钱使中青年人假装自己可以青春永驻；我们没有教他们正确面对死亡，也没有宽慰那些日渐衰弱的人。近百年来，不少人批判时尚摄影给人带来不切实际的期望，这一批评切中要害。想想那些愚蠢的抗衰老化妆品。美国整形外科医师学会的一份报告显示，2015 年美国人在整容手术上的花费达 135 亿美元，创历史新高。女性占手术总人数的 90%，她们在隆胸、吸脂、隆鼻、眼部上提术和腹部拉皮手术上一掷千金。此类手术的频次增幅已是通胀率的 3 倍。

因为早期力比多的作用，每一代年轻人都很可能认为自己无所不能。但今天，几乎所有人，不分老幼，都有这样的幻想。我们似乎认为，衰老可以被无限期地推迟。身处这样的环境，年轻人不能诚实面对除税收以外的另一个不可逃避的事实——死亡，他们对长大和变老极为恐惧，也就不足为奇了。

击败父亲

从小学到大学二年级，我练习摔跤数千小时，和同龄人进行过数百场比赛，其中几十场至今记忆犹新。然而，最艰难的比赛并没有发生在健身房或训练室，而是在家中的客厅里。爸爸是我的摔跤教练，每周至少有三四次，我们会把家具推到墙边，在客厅地板上练习摔跤。有时，我们也另立规矩，在不同深浅的湖里练习。日复一日，年复一年，爸爸总是赢家。每一次就在我认为快要锁定胜局的时候，他总会设法控制我的肩膀或脖子，一举取胜。他个子高，速度快，经验丰富，曾是好几位州冠军的教练，还指导过一个州冠军赛队，我怎么比得过他？他绝不是那种为保护对方自尊心而让其轻易获胜的人。

随着时光的流逝，我的进步越来越大，在一整年的比赛中，没有人打败我。在家里和爸爸比赛时成绩也越来越接近。我长高了，力量和敏捷度都在迅速提升。爸爸教会我一些重要的技巧，并在经济并不宽裕的情况下送我到精英营参加训练。

一天天，随着力量的增加，我已经可以通过狠狠地单臂扼颈击打父亲的脖子。我加强训练，不断摸索。一个星期六的早晨，我左手紧抓右手腕，用力推向他的后脑勺，父亲瞬间面朝地倒下了，我赢了。好过瘾啊！学生击败了大师，这场比赛成了我生命中非常重要的转折点，它是真正的成人礼，那一年我16岁。

但很快，一种前所未有的恐惧向我袭来：这**太可怕了**，这意味着我的父亲——我的养育者、保护者——已经开始走下坡路。我赢了，不仅仅是因为我从12岁长到了16岁，也因为他41岁了，已不再是当年的37岁。

虽然父母可以通过营养品、药物和体育锻炼延长寿命，但不可能永远陪在我们身边，撑起保护的大伞。我很幸运，在自己弱小无力的时候，有父母陪在身边，长大以后又有击败父亲的痛苦经历，让我能够在 10 多岁的时候就清醒地意识到，父亲和我们所有人总要面对身体的衰退。

我担心许多即将成年的孩子和幼稚的成年人都看不清这样的事实，因为没有人想去了解这些。我们的圈子太小，没有人迫使我们思考如此严肃的话题。但无疑，给孩子过度保护，让他们过一种未经审察的生活有害无益。

有准备地离开人世

如何才能唤醒沉睡中的美国年轻人？泰迪·罗斯福魅力非凡，意志坚定，在自己认定的方向上从不退缩，在死亡面前也毫无惧色。美西战争中，他带领部队冲锋陷阵。鲜为人知的是，在 1912 年的总统初选活动中，一位来自密尔沃基愤愤不平的理发店老板举枪射向罗斯福，子弹经过他胸前口袋里折叠的演说稿，进入胸腔。罗斯福坚持完成了 90 分钟强有力的演说后才被送入医院，他对现场目睹枪击事件的人群说："我刚挨了一枪，但这绝不足以杀死一头公鹿。"

罗斯福在他的《自传》中讲述了第一次捕杀大猎物的情形，但他并不建议业余人士做类似的尝试。他说自己视力不佳，不是一个神射手，几次都差之毫厘，错失目标，其中就包括一头猛冲上前的大象。他说，原因在于，缺乏经验的新手看到猎物的第一眼会异常紧张。罗斯福写道："任何一个初猎者都会格外**兴奋**、**紧张**，因此新手不该尝试捕获危险的大动物。这种极度紧张、兴奋的感觉完全不同于怯懦。"想象一下，第一次去动物园，第一次看牙医，第一次开车，第一次吻一个人，那是多么紧张刺激的感觉。罗斯福说他第一次对公众讲话、第一次上战场都有那种感觉。他说，要克服它，只有一种办法——习惯。“这个时候需要的不是勇气，而是克制和冷静，必须通过实践和反复的克制练习培养良好的习惯。”

女儿亚历克丝在帮助捕杀车库里的一只尖牙负鼠的时候，体验到了这种“初猎者的紧张和兴奋”。通常我们会拿工具吓走或赶跑闯入车库的小动物，但这只负鼠的确可恶，它偷吃东西、袭击我们的宠物，随意筑巢，车库被它弄得又脏又臭。必须除掉它。一天晚上，去车库给猫咪添水和猫粮的女儿亚历克丝突然大叫起来，原来有只负鼠在角落里冲她高声尖叫。她抡起铁锹四处追赶，这只啮齿家伙最后终于被拍死在地。这次经历让孩子学会了灭鼠，虽然杀死一只动物心里总有些不舒服，但已经不得不做出这样的选择。后来，我们又重新粉刷了车库。

杀死一只动物和杀死一个人不可相提并论。每位军人都有自己的杀人理由。几十年来，美国军方一直在强调，4 年的参军经历有机会换来大学奖学金。参军，上大学——这在过去乃至现在看起来都非常划算。“9・11”事件后，很多士兵被派往海外。但无论和平年代还是战争期间，每位军人，不论男女，都会意识到，陆军、海军、空军、海岸警卫队或海军陆战队队员的职责是为国拼杀，甚至要献出宝贵的生命。虽然死亡二字并不会时刻浮现于军人的脑际，但它并未走远。在部队，哪怕你只是补给员或厨师，一旦接到命令，就必须拿起武器，随时准备战斗。

死亡的迫近促使我们严肃思考并回答有关生命、意义、友谊、安全和人生要务的问题，我们的孩子不该在面临死亡的威胁时才去思考这些问题，成长过程中应该有人和他们分享相关经历。严肃慎重的思考会让我们发现，现在的自己很可能不是理想中的自己。我们往往会说："多亏了神的眷顾。"这体现了人的谦逊和对神的慈悲的依赖。对死亡的思考让我们看到永恒律法的正义与个人私欲间的巨大鸿沟；对永恒和未知的思考让我们心生畏惧，我们中的有些人开始害怕死后的未知。正视这种心理与其说需要勇气，不如说需要谦逊。

认识到人总有一天要告别人世，就可以做相应准备，**体面地离开**。"为什么智者走得很平静，而愚者走得很痛苦？"西塞罗问道，"智慧的灵魂能更加敏锐清晰地看到，死亡只是向着更美好的世界出发，而愚者却无法看清自己的去向，不是吗？"

希腊悲剧之父埃斯库罗斯在《阿伽门农》的副歌中写道，"学习之人必定要受苦"，"这违背我们的意愿，但智慧来自痛苦的恩典"。我和梅丽莎努力让孩子们明白，苦难是高尚的，任何值得付出的事业都要经历痛苦。生死同理。《圣经·诗篇》第 90 篇说："我们一生的年日是七十岁，若是强壮可到八十岁；其中所矜夸的不过是**劳苦愁烦**，转眼成空，我们便如飞而去。"换句话说，没有千篇一律的幸福，要享受生活的美好就要极度真诚地面对自己的缺点与不足。医学伦理学家韦斯利·史密斯（Wesley Smith）说："死亡不是终结，是生命的必经阶段，虽有些艰难，但其他阶段不也如此吗？"

我们的目标是要培养在逆境中保持谦逊、冷静、克制的年轻人。1832 年，霍乱在全世界爆发，从 6 月到 11 月，3000 多名美国人陆续死于这种疾病，潮湿的首都华盛顿成为重灾区。美国第 7 任总统安德鲁·杰克逊（Andrew Jackson）的第一届任期即将结束，65 岁的安德鲁身体状况欠佳，家人劝他回到距纳什维尔不远的家中休息。但直到霍乱席卷华盛顿一个月后，他才同意离开工作岗位和这座城市。出发前，他写信给家人说："既然深知人终有一别，就应有心理准备，只有这样，面对死亡的时候才不会惊慌，才能平静地说，'这是主的旨意'。”杰克逊并不是十分虔诚的信徒，但却表现出今天在我们的公众身上难觅踪迹的基督徒极为推崇的斯多葛主义精神。

我们有药物和其他手段可以消除痛苦，为什么还要选择去承受它？因为痛苦永远无法真正避免。如果对其有了正确的认识，痛苦不仅可以忍受，还能使人高尚高贵。罗德·德雷尔（Rod Dreher）是一名记者，因工作原因和妻子辗转几个城市，最后回到路易斯安那。他在一篇文章中用感人至深的笔触写到了40岁的妹妹露丝死于癌症的故事。看到诊断结果后，露丝对三个女儿说，不要怪罪上帝，要视她的痛苦为上帝的恩典。的确，她的痛苦和死亡激励身边更多人，特别是德雷尔，投身于慈善，同情他人的苦难。

露丝去世后，德雷尔试着和父亲和好。他写道：“妹妹和父亲都不怨天尤人，他们都是斯多葛主义者。”2015年，遭受病痛折磨的老人离开人世。从此，德雷尔开始思考“痛苦这一神秘的礼物”。文章中他说：“在父亲看来，如果不能每天出去**做事**，就是一种耻辱，父亲去世约两周前，我听到他对一些来看望他的人说，他希望身体能很快恢复，能再开上三轮车，去看几年前种下的那些松树。”“病危期间，父亲握住我的手说，他要在医院病床上锻炼手臂，抓紧恢复体力，我在想，**这是在开玩笑吗**？但他是当真的。”

“他已经80高龄，”德雷尔继续写道，“生命的最后10年吃了不少苦。然而，他却像虔诚的斯多葛主义者那样默默承受着，或许南方文化比基督文化更具坚忍的一面。但他有所不知的是，对我们来说，他并不是一个没有用的人，他给了我们侍奉他的机会。”这是多么深刻的领悟，受苦的人在被服侍中谦卑地服务着他人。

要让孩子能正视死亡，从中有所获益，就必须帮助他们逃离贫乏的同伴文化，扩大交友圈。痛苦为我们敲响了警钟，让人变得耐心、谦卑；痛苦也让我们甘于忘记自我，愿为更有意义的事情付出时间与精力。

性的三个目的

我本想绕开性的话题，不是因为想对其相关理论和实践探讨保持沉默，而是因为不想挑起文化领域的唇枪舌剑。美国遭遇了前所未有的成年危机，如果我们对“何谓成熟的成年人”缺乏正确的认识和理解，对美国青少年存在的问题视而不见，漠不关心，就不可能重建日益没落的成年文化。正因如此，我才不愿从一开始就鲁莽地触碰多有争议的话题，但最后我的结论是，要深入思考有关自然、生命和成年的问题，就逃不开对性的公开讨论。

美国著名教育家、评论家门肯（H. L. Mencken）说：“我觉得，如果小说或其他书籍能够准确描述从拉手开始，最后到哺乳的人类繁殖过程，让年轻人看到它有多无聊，我们的世界就会越来越好。”他的话语虽诙谐讽刺，但观点并没有错。我们没有提供足够的信息，让孩子们看到“性有着明确的**目的**”。我和妻子告诉孩子们，在西方传统中，性有三个主要目的，这几乎不存在任何争议。要让他们清楚，是三个，不是两个或八个，或我们想象中的其他任何一个数字。

第一，从人类学或犹太基督教的观点来看，性一直被视为一种圣约或重新立约的仪式。从根本上讲，两个肉体的合二为一意味着，他们开始结为独特关系，一种完全不同于其他交往的关系。他们亲密无间，对彼此的了解远胜过对朋友和他人的了解，这也正是传统上新婚之夜失去童贞的意义所在，也能够解释“性可以用以恢复关系”

的说法。“补救性性爱”通常只被当作电影里的笑话，但事实上，它的确是非常重要的和解方式，不同于普通的握手言和。它使两个人的关系得以修复，肉体和情感上更加亲密。

性的第二个目的是生育，第三个目的是享受。

一切性行为几乎都可以归为这三种目的。然而，在色情泛滥的当今社会，年轻人并没有严肃思考性的目的和**意义**。坦率地说，性绝非小事。和孩子们聊天的过程中，不应谈性色变，一定要让他们知道，只为享乐的性行为愚蠢而危险。任何一个对性生活略有思考的人都会告诉你，性不仅仅是为享乐。然而，年轻人却认为享乐是性的唯一目的，我们或坐视孩子纵欲无度，或禁止他们与异性亲密交往，除了简单提醒性会传播疾病外，并不会给他们其他正确引导，这极为不利。研究表明，那些通过性来寻求短暂享乐的人最后都会痛苦不堪。（而且这很可能形成恶性循环，通过性来填补空虚的人会更加沮丧、空虚。）与流行文化宣扬的恰恰相反，能严肃对待性的前两个目的的人，也往往最能享受性生活带来的乐趣。

一夫一妻制和个人幸福密切相关。虽然难以具体验证其因果关系，但大量研究发现，一夫一妻制让人更有安全感和幸福感。当然，我们是在讨论一种特定的幸福，“跟着感觉走”的享乐主义行为不在其列。马克·雷格纳鲁斯（Mark Regnerus）和社会学家杰里米·尤克尔（Jeremy Uecker）通过研究年轻人的性行为，在他们的著作《美国人的婚前性行为》（*Premarital Sex in America*）中指出，总体上，一夫一妻制更容易给人幸福感，滥交则会造成孤僻和抑郁，女性尤为如此。

17 岁的孩子和他们的同龄人不大可能展开这样的讨论。相反，他们需要一些能够信任的长者，倾听他们的心声，帮他们答疑解惑。

感受生命的诞生

生育和死亡不是未成年人常常聊起的话题，但相关准备工作显然应该提上青少年的日程。了解人生的起点和终点需要智慧，也需要有一定人生阅历的人给予中肯建议。生死非同小可，生的喜悦和死的悲痛都让人永生难忘。经历生死让我们得以见证超越个人、难以完全被我们理解的更为重要的东西。生命的诞生给人最美好的希望，但眼睁睁地看着一个生命消逝则会让人陷入深深的恐惧。我们可以参与创造一个生命，但它的节奏和终止完全不在我们的控制范围内。

生命的诞生早已不再神秘，但仍不乏离奇之事。1726年，一位名为玛丽·托夫特（Mary Toft）的英国妇女在她生活的戈德尔明镇引起轰动。她告诉当地医生，她流产产下了各种动物的肢体，一名助产士证实了托夫特的说法。邻近小城的外科医生约翰·霍华德（John Howard）起初将信将疑，但他最后证实托夫特再次流产。他说，他是托夫特的助产士，亲眼看到她产下了“三条虎斑色的猫腿……一只兔子腿，还有猫的肚子，里面有三条鳗鱼的脊椎骨”。霍华德将消息迅速传开。不久之后，传到了英国国王乔治一世的耳里。于是他派私人医生纳撒内尔·圣安德烈（Nathanael St. Andre）和威尔士亲王的大臣塞缪尔·莫利纽克斯（Samuel Molyneux）调查此事。托夫特解释说，她特别喜欢兔子，却一只也抓不到，一天晚上，她幻想有一只兔子伏在腿上，第二天就产下了死兔子。令人震惊的是，她还当着王室官员的面，又产下了一些兔子的腿和躯干。从那以后，人们深信不疑。

后来，远近闻名的托夫特被带到伦敦，一举一动都开始受到众人的关注。奇怪的是，她再也没有产下兔子。很多人怀疑她以前撒谎，一些医生也说她欺骗了大家，甚至有医生威胁说要彻底检查她的子宫。无计可施的托夫特只好坦白说，她在周围没人的时候将猫和兔子的腿塞进了子宫颈，这样做只是为出名，也许可以借此从国王那里得到一笔可观的养老金。托夫特因诈骗被短期监禁，但并未被正式起诉。书中没有透露托夫特在公众视线外有过怎样不可告人的行为，但两位医生——霍华德和圣安德烈此后再也没有行医。

托夫特的故事是女儿科丽讲给我的，她说这是她在马德琳·伦格尔（Madeleine L'Engle）的奇幻故事书里读到的。为什么一个15岁的孩子会被这个故事深深吸引，一连六七天都不舍得放下？部分原因在于，托夫特的故事很离奇，甚至有些荒诞；另一个原因是，她刚刚帮助产下了一群小牛（下一章会有详细介绍）。让她感到困惑的是，有关性、受孕、妊娠、生殖的一部分问题会有临床讨论，而其他部分则被蒙上厚厚的面纱。为什么在正式场合，生殖的部分内容得到认可，其他一些东西却并不被承认？为什么在这个问题上，人们对人和动物的讨论有所区别？不同历史时期它们呈现出怎样的差异，原因何在？对我们来说，生命的诞生已不再神秘，但伦格尔讲述的托夫特的故事告诉我们，真相远非如此。

刚结婚的时候，一想到生孩子我就会异常焦虑，说起来有些让人尴尬。后来，梅丽莎和我聊了很多有关生儿育女的问题，也说起了我们各自对“完整人生”的理解。然而，一想到可能在产房里昏倒，那种迎接新生命诞生的喜悦和幸福便荡然无存。一想到幽闭恐惧症，很快就感觉心慌气短。

一天，梅丽莎威胁说：“你要敢在我生孩子的时候晕过去，我就……”语气中有些取笑我的意思。我问她：“如果我真的紧张，头晕恶心，有一个地方可以去躲躲，难道不好吗？我希望有什么办法能帮助我克服恐惧，最好能径直上前去按‘重置键’。”

汤姆和泰瑞是我们研究生时候的朋友，年龄比我们稍大一些。我和梅丽莎考虑要孩子的时候，他们已经怀了第二个小孩。一天晚上，大家一起出来吃比萨，梅丽莎说我应该提前进产房看看孩子出生的过程，以免将来真在产房晕倒。她当然是开玩笑的，但大家都知道我是一个凡事都很较真的人。还没吃完比萨，开朗的泰瑞就大叫道：“我有个好主意：我生这个孩子的时候，你可以来产房看看，我是当真的！就这么定了，一个新生命的诞生是多么美好的一件事！”当时她已经怀孕近6个月。

什么？“呃……这应该很容易。”我想。但还是感觉怪怪的，我看了看妻子。看别人生孩子就是我和她聊过的不用承担任何风险的一种试验，如果感到头晕目眩，恶心紧张，可以随时离开。毕竟，要生的不是**我的**孩子。但是……我们真的要认真考虑泰瑞的提议吗？

汤姆目瞪口呆，梅丽莎笑得前仰后合，事实上，我们所有人都觉得很好笑。汤姆的妻子邀请两位朋友去产房看她生孩子，而且这一想法并没有来得及和丈夫商量。后来，我把汤姆拉到一边，告诉他，如果他有任何顾虑，我们会打消这个念头。汤姆说：“我知道这有些不可思议，我是说，这让我很吃惊，不过我们再考虑一下，或许你们可以去产房。”

三个月后，看着我们四个人手挽着手来到产房，产科的两个护士十分意外（我用了一种温和的表述）。一阵尴尬的笑声和低语后，我们六个人（医生几乎就没出现）经历了一个美好的夜晚。太神奇了。几次深蹲后，我感觉恢复了镇定，我想**我准备好了**。果然，我没有在产房晕倒。我们的几个孩子出生的时候，我也同样表现“优异”。那次经历一直为朋友们所津津乐道，汤姆和泰瑞的孩子今年已经是17岁的小伙子了，但我们从未在他面前提起过这些。

我并不是在建议大家一定要效仿我们，但如果有机会，一定要看看分娩的过程。想想看，分娩曾经就是在集体中进行的，至少在妇女群体中是这样。今天越来越多的母亲开始选择传统的助产士为她们在家或诊所接生，这绝非偶然。如今我们的妇产和儿科知识已相当丰富，但一些医生对妊娠全程监测，似乎是在对待一种疾病。事实上，生命的诞生是一个非常自然的过程。

不可否认，分娩过程可能存在风险或意外。大多数人都希望在有专业医师、有先进药品和技术的洁净环境中生下孩子，这完全可以理解。但并发症其实很少见，拥有救治产妇和婴儿的能力和从一开始就将妊娠当作疾病来对待有着本质上的区别。

将人的出生和日常生活相割裂，既不自然也不健康。生命的诞生和死亡，是我们完整人生的一部分。分娩生产是身体的自然功能，无需借助于任何设计和精巧装置。人的降生与死亡一样，都在迫使我们思考一些有关人的基本问题。它提醒我们，生活高于个人。正如所罗门王在《圣经·传道书》1:4中所讲的那样，我们都是一场永无止境的艰苦旅行的参与者。“一代过去，一代又来，地却永远长存。”

很多男男女女使你的诞生成为可能，他们姓甚名谁你可能并不知晓，但你就排在这个队伍中间。你的出现也将造就无数生命，他们也可能永远不会知道你的名字。见证生命的诞生使我们有幸在一个宝贵的瞬间触碰到我们的历史和未来。

成年人的逃离之道

人生来就应该从一个阶段发展过渡到下一个阶段，我们的人生不应永久停留在青少年期，借用当前很火爆的一部情景喜剧的剧名就是，我们不该“发展受阻”（“arrested development”，那部同名喜剧讲述了一个长期功能失调的家庭）。人活着就要了解周围的世界，赎回我们的时间。正因如此，才应该让每一天都有意义。成年人需要时不时地停下来思考，需要从喧嚣焦虑中“逃离”出来。因此，年轻人应学会逃离之道，同时也应在同伴之外寻求长者的建议和帮助。

在我们清醒的时候，大脑可以不断做出预测，它能解决难题，判断理解。大脑所做的工作无外乎分析与综合，要么把一件事分成部分来理解，也就是做出分析；要么把多件事放在一起，以理解部分对整体的意义，也就是做出整合或综合。总的来说，现代工作的专业化分工与极为丰富的物质生活，使人迷失于看似永无止境的一个个事件和不断加快的社会节奏中，注意力不断被分散。我们一生似乎都在做分析或身陷各种碎片中，没有综合、没有停顿、没有安宁、没有完整性。

逃离让我们有机会停下来思考。

听听音乐吧，可以选择不同的聆听方式。很多人是被动地听，视其为背景音乐或一种消遣；另一些人（最明显的是职业音乐人）则作为技术专家，全身心地投入其中。

音乐的魅力和音乐散发出的自由气息只有在整体中才能得到切身体会。（这并不是否认某些受过专业训练的听众的特殊乐趣，他们可以将音乐拆分开。但拆分音乐的最终目的是合成音乐，使其更有意义。音乐和阅读、写作以及生活中任何一件值得努力的事情一样，都需要专注和投入。）作曲家埃利奥特·施瓦茨（Elliott Schwartz）在《音乐：倾听的方式》（*Music:Ways of Listening*）中感叹道，我们的听力技能“因为20世纪人的淡漠而逐渐减退”，也就是说，我们习惯了心不在焉。施瓦茨建议紧跟音乐节奏，形成音乐“记忆”。他解释说，音乐中会有作曲家设计的“音乐地标”，即使听者有些三心二意，也能够迅速辨别歌曲中的不同部分。“如果我们能全神贯注地倾听一首新曲子，像一个火星人一样兴趣浓厚，那就太棒了。但这种理想状态并不存在。每个听者都会因偏见、个人经历和记忆而对一首曲子有所过滤。”换句话说，我们不断**综合**知识、经验和记忆，将听到的内容织进更大的花毯中。

除非离开人世，或像许多人一样在手机或电脑屏幕前渐渐枯萎，否则你的灵魂一定渴望揭开生命中无穷无尽的奥妙，这是一种非常积极的追求。对一个真正活着的人来说，他的大脑始终是活跃的。我家周围的一所小学墙壁上有作家埃伦·帕尔（Ellen Parr）的一句话：“无聊的解药是好奇心，而好奇心却无药可解。”这是家庭教育的关键，如果实施得当就能唤醒孩子，看到他们的生机与活力。好奇心使人强大、坚韧。

只要真正活着，就不可能无聊。无聊是一种罪。我和梅丽莎不允许孩子们感到无聊，在家里不能说“好无聊”这样的话，我无法想象一个人会感到无聊。当然，如果一次封闭式会议拖沓冗长，毫无进展，也许短时间内我会产生幽闭恐惧症，但我会马上想到罗本岛。关押曼德拉18年之久的罗本岛是南非开普敦附近的一座监狱。威廉·埃内斯特·亨利（William Ernest Henley）1875年发表的著名诗歌《不可征服》（“Invictus”）帮助曼德拉在狱中始终保持了清醒：

走出笼罩着我的夜深，
黑暗像贯穿两极的井，
我感谢不知何方的神
赐予我不可征服的魂灵。
陷入猛然扼喉的境地
我未曾畏缩或嚎啕。
挨受时运的恫吓打击
头上血淋漓，也不折腰。
除却此处愤怒与泪波，
恐怖的暗影亦挥不去，
更有经年累月的威迫，
发现，必发现，我无畏惧。
无论前路的门多么狭窄，
无论所受惩罚如何难罄，
我终是我命运的主宰；
我终是我灵魂的首领。

不同于一些有关传统教育的糟糕电影，强调背诵的父母会帮助孩子养成受益终身的良好习惯。

沉闷的时候，我也会想起参议院同事约翰·麦凯恩（John McCain）的故事，他曾被关押在越南的河内希尔顿战俘营长达5年。比起麦凯恩在战俘营日复一日、年复一年与世隔绝的日子，在令人窒息的会议室待一个小时又算得了什么？麦凯恩和相邻牢房的囚犯创造了他们自己的交流方式，这种类似摩斯密码的语言在大家一天天的敲击过程中渐渐完善。他们用这种语言分享年轻时候听过的故事、歌曲和诗歌。我问他用多久设计出了这种交流方式，他说："谁会在乎战俘们在做什么？在那里还能做什么？我们有的是时间。"最后，他们在墙上秘密凿出一个洞，从此就可以直接对话而不用敲击墙体了。麦凯恩颇有感触地说："我永远不会忘记当年敲击交流的场景，那些战友比我坚强、优秀得多，我从他们那里学到了领导才能，汲取了鼓舞他人的力量。我们相互支持。"

每个人都有逃离之道，但一些选择对健康更为有益。竞赛、比拼是我们许多人本能的需求，因而运动也有一定的治疗作用。不顺心的时候我会选择运动，让自己从不同的角度看问题，有时我这个摔跤选手疲惫不堪的时候也会打打篮球，虽然球技一塌糊涂，但一场球赛下来，感觉思路会更清晰。

烟酒是另一种逃离工具，但如果烟酒已无助于我们的思考、反省、对话和感情联络，就应及时放弃，不应过度依赖而受其控制。就餐——参加宴会，而非仅仅出于能量补充而进食——也是一种逃离。

睡眠是很好的逃离方式，历史上那些最高效的人往往深谙睡眠之道。大家都知道，温斯顿·丘吉尔是一位异常勤奋、不知疲倦的领导人，他总是工作到深夜，特别是在第二次世界大战期间。丘吉尔的体力能快速恢复完全得益于他的小睡习惯，这位伟大的政治家曾批评一位美国人作息过于呆板，他的美国同事每天早上 8 点准时到办公桌，傍晚离开，中间只休息很短的时间。丘吉尔说，这是他看到的"最完美的短命处方"，他劝诱这位同事向他学习，"下午必须腾出时间休息，午餐和晚餐之间一定要给自己留出时间，脱掉外衣，上床去，我一直都是这样做的"。对很多按时按点上班的人来说，可能很难做到，但丘吉尔不是朝九晚五的上班族，他常常需要绞尽脑汁地做方案写计划。他批评说："不要以为白天休息就会影响工作，没有想象力的人才会有如此愚蠢之见。如果能打个盹，再回到工作岗位上，就能精力充沛地完成更多任务。"

"被当下所绑架"让我们无暇思考历史与未来。我们要挣脱出来，暂时停下脚步，开始思考，开始整合。

性是一种逃离。

精神崇拜是一种逃离。

诗歌和音乐也是一种逃离。

讲故事是兼具反思与综合的最佳逃离之道。为什么讲述古老的故事洋溢着美妙的意趣？为什么倾听他人的故事，或像亚里士多德解释的那样，在剧院观看悲伤或复仇的故事，使我们的情感得以宣泄，是一件幸事？为什么人们会怀旧？一些故事的讲述似乎是大脑的本能，另一些是一种习惯，还有一些是习得的行为，这种行为往往能将我们从眼前解放出来。

卢梭将人和躺在阳台上晒太阳的狗作类比。狗不具备人的记忆和预测能力，这使它比人类幸运，但也是它不及人类的地方。狗享受着温暖的阳光，没有昨天的负担，也不必为明日的烦恼伤神，这一刻无比美妙。它能感觉到的只有阳光和满足，任何东西也带不走这一刻的快乐。当然，如果此刻它正经受着痛苦，同样也无法逃脱，因为它只能生活在此时此刻。

人类完全不同。我们不仅活在此时此刻，还活在对过去的记忆和对未来的憧憬里。沐浴着暖暖的阳光，我们却很难像狗一样快乐，因为人不会满足于眼前，即使这种温暖是我们所渴望的，也仍然会有遗憾，甚至失落和懊悔。过去许多痛苦的经历仍时刻浮现于眼前，充满变数的未来也让我们彷徨焦虑。生命短暂，我们听到的是时间滴滴答答流逝的声音。但如果你悲观地看待这个世界，相形之下，缺乏历史意识的狗反而更占优势：也就是说，对你来说，做条狗是更好的选择。当然，这样你也就不会记得曾经的美好，不会展望明日的辉煌。悲观者总有挥之不去的，对未来可能遭受苦难的无尽忧虑。

不管你喜不喜欢，是不是悲观主义者，都应该有这样的认识：人类远比狗强大。无论是否做出主动选择，我们都不会忘记过去。因此，如果能重燃希望或回忆起过去的好时光，就能让自己从此刻中逃离出来。正如曼德拉和麦凯恩那样，我们具有坚韧的精神力量，能够克服重重困难。

这种清醒的认识，对时间的觉知，对昨日的美好与苦痛的记忆，以及对未来喜乐忧愁的预测，并非与生俱来。它是一种习惯。一个自律、成熟的成年人能在顺境中活在当下，在逆境时充满希望、回首过往。这种日益习得的技能是一个人成年的重要标志。

青少年对这种习惯较为陌生，同龄人和他们一样不甚了了，因此很难对他们有所助益。培养这一习惯，首先需要智慧的传递，需要从那些见过世面、经验丰富的人那里汲取营养。

看今朝，更要忆往昔、展未来

从怀上我们的第一个孩子开始，我和梅丽莎就开始勤奋阅读。除此之外，我们还观察和询问其他父母，了解有关婴儿睡眠、饮食、发展阶段的知识，以及育儿过程中可能遇到的各种困难，学习如何促进孩子智力发展，发掘运动天赋。

3年前，我们最大的孩子进入青春期，但我和梅丽莎对青春期孩子的教育都了解不多，没有任何经验，身边的朋友也爱莫能助。

于是，我们开始编写一份大孩子的指导清单，出人意料的是，它和我们对小童的要求在很多方面是一致的，希望这份清单可以帮助家长激励10多岁的青春期子女关注更为持久的东西：

● 发现孩子的优点。表扬正确的行为要比纠正错误容易得多，也更为有效。

● 给孩子一些边际报酬。如果你正在喂小宝宝西兰花和苹果酱，可以给他一块糖果，作为对吃蔬菜的奖励，同样的原则也适用于10多岁的孩子。

● 和孩子谈论**未来他们想成为怎样的人**。不要总抓着他们的错误不放，要告诉并向他们示范正确的言行举止。告诉孩子，他们会成功，但这并不意味着在每件事上都要争第一，而是要培养良好的性格，如果孩子**意志坚定**并付诸努力，成功指日可待。

● 鼓励孩子向家里的客人和餐桌上的其他人提出尖锐的问题。孩子们应该懂得大人和孩子有界限，但也该时不时地给他们机会，允许他们问一些有难度、较复杂的问题。当然，这一切都要事先征得客人同意。

● 和孩子一起唱歌。

● 重新考虑辅助轮和救生衣的使用。不要总给孩子用救生设备，而是和他们一起下水。放手，抓住；再放手，时间久一些，再抓住他们，这样多次重复。然后庆祝孩子们的生存能力，很快他们就能学会游泳。我们用同样的方法教会了很多孩子开车。

● 帮助孩子认识到父母身边权威人士的价值。

●减少“直升机”式养育法，增加“隐形无人机”式培养策略。这并不是说要监视孩子（但的确需要这样去做，要让他们知道你的目的是帮助他们，你有权这么做，而且有明确的计划）。不要盘旋于孩子头顶，随时准备解决他们遇到的任何一个问题，而是要有组织有计划，切实了解孩子遇到了哪种问题。

●和孩子一起诵读诗歌。

●尽量和孩子共进晚餐。

●和孩子一起想象并谈论未来。不管他们3岁还是13岁，观察比他们大2岁或5岁的人，讨论这些人面临的复杂选择或各类问题，开始与孩子一起设身处地地思考这些问题。不要揭晓答案，鼓励他们预测和判断各种可能的解决方案。

●和家人在一起时，“戒掉电子产品”（是，这意味着孩子们入睡后，你也不能上网追剧）。没有了手机、平板电脑等的打扰，一家人才会坐在一起聊天、吃饭，一起成长。

●给孩子自主选择的机会。即使他们并不喜欢蔬菜，但给予他们选择豆角或菠菜的自由会让他们更有尊严，实际上，这也会帮助他们喜欢上自己选择的蔬菜。

●一起散步时讲故事给孩子听。无论是和4岁的宝贝在小区周围散步，还是和14岁的大孩子一起爬山，都可以带本书大声朗读，或带有声书在便携式扬声器上播放。分享故事可以让我们和孩子的心贴得更近。

●让孩子从你的身上看到如何做一个感恩的人。记得感谢那些辛勤劳动的人，记得向服务周到的店员表达谢意，孩子们会看在眼里，学习你的善良，效仿你表达感激之情。

●不要只关注孩子的某一次错误，关注他们的习惯。

第五章

坦然接受劳动之痛

> 那就让我们行动起来吧，
> 准备迎接命运的挑战，
> 积极努力，不断追求，
> 学会劳动，也学会等待！
>
> ——亨利·华兹华斯·朗费罗[1]

我的奶奶埃尔达·萨斯身高只有1.5米，体重从未超过90斤，但她是真正意义上的巨人。她的6个姐妹说得对，除非发出极具感染力的哈哈大笑，其他时候很少听到她提高嗓门，但这丝毫不影响她在家族中的威信和地位。小时候，每次几代人在农场聚会的时候，我都想知道，这位身材矮小的老太太是如何不费吹灰之力掌控全局

---

[1] 亨利·华兹华斯·朗费罗（Henry Wadsworth Longfellow，1807—1882）是19世纪美国最伟大的浪漫主义诗人之一。1839年出版第一部诗集《夜吟》，其中包括著名的《夜的赞歌》、《生命颂》、《群星之光》等音韵优美的抒情诗。1841年出版诗集《歌谣及其他》，其中有故事诗《铠甲骷髅》、《金星号遇难》，也有叙事中含有简朴哲理的《乡村铁匠》、《向更高处攀登》等。

的。我们知道，能做到这一点的大多数人都争强好胜，那她的独特之处又在哪里呢？

后来，听亲戚朋友讲起她年轻时钢铁般坚强意志的故事后，才知道为什么大家都说她是一个处变不惊的人。奶奶出生于内布拉斯加州迪勒镇的一个二代移民家庭，有 8 个兄弟姐妹。奶奶家境贫寒，经济大萧条时期在家里的农场工作，那个时候，迪勒镇的很多人都有这样的经历。20 世纪 30 年代，在她工作的家庭农场，她认识了爷爷，一个当时受雇于我外曾祖父的农场男孩。他们 1941 年完婚，当年爷爷 22 岁，奶奶 21 岁（顺便提一句，经常有人嘲笑中西部人缺乏创意，值得注意的是，我爷爷名叫埃尔默，奶奶埃尔达的两个兄弟有一个也叫埃尔默，她有个姐姐也嫁给了一个叫埃尔默的人，三妹则和一个叫德尔默的人结了婚。所以家庭聚会通常也就变成了埃尔默和德尔默四大家人对阵其他人的热闹场面）。

奶奶租来的第一套房子没有自来水，家里的田地就在镇北的商业大道旁，他们打算在那儿经营农场，种玉米和菜豆。就在他们安定下来，要大干一番时，二战爆发了，爷爷要到欧洲服役，在那里一待就是 3 年多，其间在德国和伦格尔兰各待过一段时间，并在伦格尔兰一个工业小镇担任过战时“镇长”。那时奶奶刚生了第一个孩子，我伯伯罗杰。

爷爷去欧洲后，奶奶别无选择，只能经营他们刚刚租来的农场，但她对农场经营并不精通。虽然奶奶在农场长大，但从没有开过拖拉机，眼看秋天到了，必须有人下地。于是，她想出了一个“一心二用”的方法：把孩子的摇篮挂在笨重的老约翰迪尔牌拖拉机上，开始自学收割。

一个 22 岁的小个子女人不仅要喂奶，带孩子，还要秋天收割，春天播种，并要向当地社区转达从丈夫信中得来的作战最新消息。但在奶奶自己看来，这并没有什么了不起。“那只是必须要做的事情罢了。”她说。奶奶并没有把她的故事主动讲给我，如果没有缠着爷爷奶奶讲述打仗作战的故事，我可能永远都不会知道她有多能干。我记得，以前常坐在他们那辆破旧的雪佛兰后座上去观看体育比赛，在我的纠缠下，两位深沉坚韧的德国老人讲起了大萧条时期的窘境以及随后而来的战争；讲起了摧毁谷仓的龙卷风，在仅有三室的农场家中住着一家三代 13 口人，有时还会有子女新婚住进他们的爱人，还有新生的孩子；也讲起过爷爷战争中的职责，讲起他横渡大西洋时在船上遇到的那些人；还有在新泽西检查站目击的枪击事件；讲起爸爸 8 岁时在 15 号高速公路上被甩出车外的故事。一路上，我还听说了奶奶在农场艰苦摸索的故事，听说了她改装的带有挎斗的拖拉机。

奶奶改装拖拉机、挂上婴儿摇篮的做法虽然新颖大胆，但让我更难忘的是两位老人的平静和泰然。10 多岁的我对爷爷奶奶惊人的毅力和实干能力崇拜得五体投地，然而在他们看来，这没什么大惊小怪的。他们感觉这一切平平常常，为什么我喜欢一次次去听这些故事？在他们这代人的眼中，这没什么了不起；有活儿需要干，那就去干，不等也不靠，就是这样。这不禁让我想起奥威尔《动物庄园》（*Animal Farm*）中那个拳师发出的“我会更加努力工作”的誓言和决心。爷爷奶奶这一代人大多都有这样脚踏实地、实事求是的态度。今天和这些年迈的老人谈到工作和使命的时候，依然能感受到他们不怕苦不怕累、勤勉坚韧的实干精神。

劳动并非不可或缺的美德

小时候，每个暑假的早晨，妈妈都会在厨房台面上留一份详细的家务清单，我们完成她留的任务以后，才能去打棒球、骑自行车或游泳。上大学后，我所有的朋友，无论家庭经济状况如何，几乎都在成长的过程中参加过真正的劳动。很多人在零售店、快餐店、邮局或当地办事机构做过体力活，我自己则来到田间地头，经受了风吹日晒。这些朋友来自全国各地，他们和我一样，小时候就常常和家人一起干活，所以 20 世纪 90 年代初，刚刚成年的我以为，劳动是美国人成长和成熟的必备条件。虽说不是每个人都像奶奶埃尔达一样坚忍不拔（我们兄弟姐妹希望将来也能成为她那样的人），但我始终认为，这是成长道路上不可或缺的宝贵经历。我想，所有年轻人，无论他们身在何方，心中都会有这样的榜样，因此，为下一代传承劳动的美德似乎不可避免。

但后来我痛苦地发现，“劳动美德不可或缺”这一假设并不成立；但如果不能传承生产劳动对人类繁荣至关重要的思想，就无法理解美国和美国人的诞生。年轻人必须懂得，生产比消费更令人愉快满足，优秀的成年人能够**在工作中获得自由**，而不会想方设法来**摆脱工作**。这也是本章的写作目的。

2009 年末，出任米德兰大学校长的那一天我仍以为，所有孩子在十几岁的时候都参加过一些有意义的劳动，但这一认识正是在那里被击得粉碎。那一年我 37 岁，学校董事会聘用我，不是因为我有锦囊妙计，懂得如何教育 18—22 岁的年轻人，而是因为我专门帮助问题公司摆脱债务困境、“扭转乾坤”。这所文理学院在财务和招生方面都遇到了大麻烦，新生人数创100年来最低纪录。我的任务是帮助学校解决财政赤字、摆脱飞涨的债务、增加生源、激励教职工的工作热情。

最初，我的工作职责和学生以及他们的心理健康毫无关系。然而，来到这里我才发现，除了要处理这个危机中的学校所面临的“大局”问题，还必须对其学生工作采取有效改革。30多岁做校长好像是年轻了些，第一年我常被学生和老师误认为是在校生，学校的两位客座教授还曾问我，是否后悔在米德兰大学读本科。不管怎么说，我认为自己年龄不算大，但我很快发现，现在的大学生和自己当年18岁迈入大学校园的时候已经完全不同。

我和我的团队来到米德兰大学的时候，学校已经连续4个月拖欠工资，这意味着一些家庭会还不起房贷。拯救米德兰大学刻不容缓。然而，财务问题可能并不是学校存在的最大问题。更让人震惊的是，很多新生几乎没有参加过任何体力劳动，甚至连最基本的、从19世纪60年代一直延续到几年前的，很多内布拉斯加的孩子都经历过的农场劳动也没有。我这才了解到，在我离开大学后的这20年里，青少年的生活已彻底改变。奶奶埃尔达的童年和这些孩子的经历与理解已相去甚远。

公正地说，米德兰大学有很多优秀教职工，也有不少让人愉快的学生，但我在校园里遇到的许多大一新生都没有责任感，一副唯我独尊的样子。一天，有个学生来我的办公室静坐示威，说不解决他的课程问题，就不会离开。原来，教务长没有在接下来的学期安排他需要的一门课，这让他大为沮丧。显然，大学校长通常不会亲自解决排课问题。学生斩钉截铁，表示他不会离开。我很清楚教务长负责这一工作，而且她做得很好，但我意识到，这或许是一个育人的好机会，可以和他好好聊一聊。他说："你要搞清楚，我是交了学费的，也就是说，我付你工资，你要为我工作。"

呃……不，不是这样。我的工作确实包括为他服务，但周五晚上给他洗车或买比萨并不在我的职责范围内。我耐心解释说，米德兰是为很多人而存在的，这个大学不仅仅只有一项目标。董事会聘用我，我要为他们服务，但我作为整个大学的校长，要依赖我的团队，并给予他们管理的自由与权力，而且教务长是对的，这门课每两年排一次。我还温和地告诉这名学生，他的学费是靠奖学金支付的。事实上，他应该感谢那些慷慨的捐赠者；即使学费由他个人承担，这所大学也仍是一个分工明确、多人密切合作才得以运转的机构。他仅仅是将自己放在了消费者的角度来理解这个大家共同生活、学习的地方，而并没有看到其他人的努力，他没有像一个成熟的年轻人那样思考、讲话或采取行动。

在我担任校长的5年时间里，我们每年都会对学生的大学经历开展调查，学生的反馈有时让我痛心到夜不能寐。他们不尊重劳动，对生产和消费的区别缺乏亲身体验。更让人沮丧的是，学生普遍缺乏责任意识。调查中他们说，最喜欢的活动是睡觉、逃课和聚会。一些人提到，某门课程取消是他们4年中最幸福的记忆。我也喜欢中西部的暴风雪，但更喜欢学生待在校园，师生一起欣赏校园美景，或一起滑雪、骑雪地摩托——而不是选择逃课。调查中，学生说在阅读、学习、老师的训练和实习指导中**感受不到自由**。

真正有过劳动经历的人，会以不同的眼光看待工作；如果对自己和他人的劳动稍有思考，就会问：商品究竟从何而来，是谁在服务我们，产自其他地方的货物是怎样来到我们身边的？当辛勤工作融入你的血液，你会对他人心生感激。有人生产了这些商品，通过配送系统，让烤面包机、运动鞋和图书出现在这里。一个人如果从未真正劳动过，就很难看到生产和消费的区别。调查中我们了解到，很多学生走进大学校门前，没有参加过任何有意义的劳动。

这样说可能有失客观，但总体来讲，“千禧一代”纪律意识淡薄，娇生惯养，自以为是，不够独立，公共角色与私人生活缺乏界限。正如《纽约时报》一篇关于职场“千禧一代”的文章所言：年轻员工认为他们“理所应得，在社交平台上过度分享信息，他们鲁莽、直接，近乎不服从领导”，这让管理者大伤脑筋。

我记得，在一场演讲中，我简要评论了“延迟享乐”的优点，演讲结束后，一位年轻女士问：“呃，那该怎么做？是要我们变得虚假，不真实吗？”不，当然不是。不可否认，我们都会自私，都有只愿享受、不愿面对和承担责任的时候。或者正如上一章所言，都有逃避思考的时候。但成长就意味着，明天的我应该不同于今天的我，明天的我才是我要追求的理想状态。希望年轻人能够拥抱本书第一章所描述的奥古斯丁的认识——不是我们渴望或垂涎的一切都是我们真正想得到的。健康的人可以承认他们有不健康的渴望，追求成熟并不是要变得“虚假”；在我们的个性和品格形成的过程中，模仿我们所欣赏的某种行为或品德并非虚假或虚伪。如今，我还是会自私自利，缺乏耐心，但努力改变、追求高尚的德行一定不是虚假或错误的。我想超越今天的我，我的目标是，就从现在开始更好地塑造未来的我。

“长时间地工作，压力重重，坏橘子味……但我抓住了机会”

学生的成长危机不仅仅体现在缺乏自我约束，可以说，他们甚至不理解什么是自我约束，为什么自我约束是必要的，以及自我约束的集体缺失为何会令人担忧。他们不知道，而且我们也并没有告诉他们，一个会思考、有道德的成年人必须工作，日复一日的工作，直到我们离开这个世界。

在米德兰大学，我们曾经聘用过一位精明能干的年轻女孩负责与公众互动，这项工作对我们至关重要。她沉着、聪明、富有感召力，能够很好地沟通，帮助捐赠者和新生了解学校的宗旨、使命，以及我们为何需要这些资源和支持。但让人不解的是，她经常迟到早退，而且很少事先告知同事或上司，显然，她并不关心或并不理解她的行为会影响他人的工作。正因如此，她错失了很多机会，周围同事和领导也终于忍无可忍，最后，我不得不介入处理。我和部门负责人邀请她来办公室，首先肯定了她的工作潜力，但同时也告诉她，因为工作缺乏负责意识，我们打算对她做出解聘处理。女孩突然号啕大哭起来，恳求保住这份工作。她说，已经认识到了自己的错误，并承诺以后在工作中一定改正。也许明知不该如此，但我们还是决定再给她一次机会，我想，通过这番苦口婆心的教导，她一定能吸取教训。

大约一周后的一个下午，部门负责人惊讶地发现，她在收拾东西准备回家，当时才下午 2 点半，他上前拦住女孩说：“我们不是刚刚谈过吗？”“哦，是，但今天例外，我最喜欢的普拉提老师今天下午 6 点的课调到 3 点了。”她不以为然地回答。

“什么？我不明白。上周你不是承诺要努力工作、认真负责，和大家保持沟通吗？”负责人质问道。

“嗯，是，但没有说可以错过普拉提课呀！”

这简直难以置信，我们面面相觑，哑口无言。让她离开岗位是有些可惜，但对我们来说，更多的是不解，“为什么她认为我们一定会容忍她的错误？”她也有朋友，她的朋友如何看待她的随心所欲？

类似的事情也曾引起广泛关注并迅速发酵。2016 年，25 岁的塔利亚·简（Talia Jane）在点评网站耶普（Yelp）旗下的外卖服务公司“24 小时餐饮”（Eat 24）里担任客服人员，她给上司的上司的上司，也就是耶普公司首席执行官杰里米·斯托普尔曼（Jeremy Stoppelman）写了一封很长的投诉信，一时引起轰动。在大公司，新员工的投诉信一般不会被老板看到，更不用说引起轰动了。但简在社交媒体平台上发布的这封信很快引起上万人的关注。简说，在耶普总部所在地旧金山，她的薪水很难维持正常生活：

> 从做这份工作的第一天起到现在，我从没进过超市，不是因为懒。搬家过来的时候，我带来一袋 9 斤的大米，在家里，一日三餐基本都是米饭（包括我写这封信时吃的），我进不起超市。公司 8 楼冰箱里塞满了面包，但他们不允许带回家吃，现在面包对我来说都是一种奢侈品。

她说，80% 的收入都花在了房租上。“这不是很有讽刺意味吗？耶普花 3 亿美元收购了食品订购与递送公司‘24 小时餐饮’，但他的员工却吃不起饭？”

29 岁的斯蒂芬妮·威廉姆斯（Stefanie Williams）是洛杉矶的一名编剧，她对简的态度感到愤怒，并很快戳穿了她的谎言。威廉姆斯将简的困境归咎于决策失误，她说：“简当初公开接受公司承诺的薪水，选择独自在旧金山湾区居住，不找室友拼租，看看她在社交平台上分享的照片，就知道她有没有撒谎。”果然，照片中能够看到她在炫耀一瓶波本威士忌，还有各种纸杯蛋糕、丰盛的菜肴（看不到有白米饭）。威廉姆斯说：“她的痛苦和窘迫完全是规划不当和高估自己而一手酿成的，她没有感受过真正的痛苦。想想一个 35 岁的人因为经济衰退而丢了工作，是一种怎样的滋味。那才是痛苦。”

威廉姆斯将简的悲惨遭遇和她的奋斗经历相对比。威廉姆斯梦想成为一名电视剧作家，但她知道，像她这样缺乏经验的新手很难得到这份众人垂涎的工作。于是，她从服务员做起，这当然不是她的梦想，但却是实现梦想的重要手段。她认为简根本不值得同情或宽容。

> 长时间地工作，压力重重，很多时候感觉身上有种酸啤酒、坏橘子的味道。错过了平安夜、圣诞节，不能陪在家人身边过新年，但我抓住了机会。大约一年以后，我能自食其力养活自己了；经过几年的打拼，收入越来越高，我终于拥有了今天的优越生活。
>
> 所有这一切都不是在餐厅工作的第一个月里赚到的，而是投入大量时间、精力，做出牺牲，放低身段换来的。渐渐我懂得自己想要什么，该如何努力。尽管这份又脏又累的工作让我有时怀疑起自己的价值，但我保持谦和、心

存感激，竭尽全力做好本职工作。我成功了，我的成功要归功于这种品质。

读到威廉姆斯的文字，相信全美的父母都会大松一口气，说："要为她的父母点赞，我们需要更多这样的父母。"听到简很快要被公司解雇的消息，很多家长应该也不会表示反对。

本·富兰克林的工作观

威廉姆斯是我们的开国元勋希望看到的美国青年，如果有太多像简一样的年轻人，他们一定会对这个国家的存续感到恐慌。长期以来，美国人对待工作的态度不同于他国，但这种差异正在逐渐消失。我们的先辈对生产、创造有着本能的喜爱，他们厌恶被动享乐。

19世纪30年代中期，英国人弗朗西斯·格伦德（Francis Grund）说："地球上很可能没有一个国家的人像美国人一样，从工作和勤奋中获得如此多的乐趣。""对他们来说，积极工作是幸福的源泉，是这个伟大国家的基石，更重要的是，不工作他们会难受。"从历史上看，美国人**需要**不停地工作，不停地生产。今天，如果想顺利度过具有相当破坏力的经济动荡期，就必须找回我们的生产热情。

本杰明·富兰克林极力推崇勤勉、进取。他的《穷人理查德年鉴》（*Poor Richard's Almanack*）使他获得了财富和很高的知名度，这是一本汇集了道德规劝和忠告的箴言集。书中的警句朴素直白，但我们的年轻人并没有细细思量过，也没有和引导他们的成年人针对这一话题进行过交流。富兰克林借理查德之口说,“勤奋毋需盼望”,“靠空想生活的人会饿死”,“手艺在手，房产不愁”,“有使命感的人不愁钱财不愁名”。

从富兰克林的《穷人理查德年鉴》中，我们能够清晰地看到早期清教徒热爱劳动的优良品德，这种美德可总结为：游手好闲是孕育恶魔的温床。清教徒工作态度的核心就是使徒保罗所告诫的“勿浪费时间”，我们应尽力“赎回时间”。清教主义是一种**积极的、意图性很强的**信仰，它强调罪孽、恩典和感激。清教徒的与众不同还在于，他们会非常严肃清醒地思考感恩二字。他们强调，工作不是为拯救自己，而是在回应我们的所得。对他们来说，“赎回时间”意味着在日常生活中要心怀敬畏——目的不是为获得救赎，而是出于对已获救赎的衷心感激。

我们生来就是要热爱工作。清教牧师理查德·巴克斯特（Richard Baxter）警告世人：“好逸恶劳与退步落后没有两样，不行善就是在作恶。”他解释说，面对工作，“一动不动，置之不理”和躲闪逃避一样危险。

从 17 世纪末到 19 世纪末，清教徒热爱劳动的美德，以及后来“北方佬的独创精神”和“不屈不挠的个人主义”共同塑造了美国人的身份认同；我们从 13 个殖民地变成横跨整个大陆的统一国家，并最终战胜蓄奴史。辛勤工作是美国人的共同经历，它几乎已经成为一种神圣的试金石，所有美国人，不分地域、种族、性别、教派，都开始推崇它、信任它。**美国人信仰工作**，认为工作没有贵贱之分，轻重之分,只有有用和无用之别。如果一个人从事的工作有益于邻人，它就是有用而高贵的。或者说，正如巴克斯特在一次著名的布道中对他的信徒宣讲的那样：“所重视的……不是工作的外在，而是工作者的内心。”心怀感恩的成年人希望自己能高效生产，做一个对社会有用的人。

本杰明·富兰克林将清教徒的工作伦理引入俗世，同时也传播了信徒珍惜光阴的虔诚。他一生脚踏实地，冷静务实，努力回报社会，从不为欧洲精英的思想所左右，也不会被他们引领的时尚潮流所禁锢。富兰克林是世界上第一位提倡经济自助的领袖，他与世人分享了追求和积累财富的建议与技巧。他敏锐地发现，把追逐利益的世俗热情同清教徒坚持不懈的毅力及应对实际困难的务实精神相结合能够创造可贵的机遇。1748年，富兰克林写道，“记住，时间就是金钱”，“假如一个人凭借自己的劳动一天能挣10先令，那么，如果他这一天外出或有半天闲逛，即使这其间只花出去了6便士，也不能认为这就是他全部的耗费；其实他花掉，或者说白白扔掉了另外5个先令”。以《新教伦理与资本主义精神》（*Protestant Work Ethic and the Spirit of Capitalism*）一书而闻名的德国社会学家马克斯·韦伯，将富兰克林的忠告描述为一种“贪婪的哲学”，他说这种哲学建立在“个人有责任不断积累增加财富，这本身就是一种目的”的基础之上，“这里所宣扬的不仅仅是一种在俗世出人头地的手段，更是一种特别的道德规范”。韦伯评论道，美国人对效率和成就的痴迷使整个国家拥有一种强烈的生产欲望，无论这种欲望出于世俗的财富积累，还是感谢神恩的神圣职责。

“娱乐”二字在早期美国人的心目中并不占据任何地位，无论他们是否信奉宗教。牧师理查德·巴克斯特在布道会上说，“懒惰就是掠夺上帝”，懒惰也是在掠夺我们自己。对此，清教徒和富兰克林深信不疑。美国的孩子都学过这样一句格言：“勤奋之人必侍立于君王面前。”

我们的祖先对娱乐始终保持着警惕与怀疑。但进入20世纪初，工业革命创造了不可想象的财富，推动了生产力的巨大发展，中产阶级随之不断壮大。他们不再需要辛勤劳作来维持生计。娱乐活动开始为社会广泛接受，即使如此，大多数美国人似乎对生产性活动仍有着与生俱来的偏爱。著名社会学家大卫·里斯曼（David Riesman）解释了美国人在物质生活相当富裕以后，仍能保持祖辈留下的勤奋劳动美德的原因。他说，在欧洲，特别是英国，贵族与工人之间界限分明，在那里富人迫使穷人与中产阶级为他们劳动，这一事实却常常被劳动者所忽略。相比之下，在美国，很多人对工作有一种发自内心的、宗教般的情感和责任感；他们认为工作是高尚的，而非仅为达到某一目的所采取的手段；他们自认为是独立的，是中产阶级，而不是从精英绅士那里谋求生计的穷苦人。因此在美国，贫富之间是有差距，但在辛苦劳作的穷人和好逸恶劳、不值得同情救助的穷人之间则存在一条更深的文化鸿沟。美国人认为，他们对未来充满信心，肩负着共和国的繁荣发展大任，他们并不视自己为国家发展实验中的零部件。尽管如此，越来越强大的机器和工业化生产所创造的财富意外地带来了新的巨大挑战——“曾是额外福利的娱乐活动，现在可能将工作本身推向意识和意义的边缘”。很多作家担心，一场“反清教徒的革命”呼之欲出。20世纪前半叶，心怀国家昌盛大业的有识之士基本预测到了60年代可能出现的恶果。

物质的极大丰富和规模经济虽带来众多实惠，但也助长了拜金主义和懒散颓废的坏习气，使工作更加零散、机械化，甚至失去意义。从根本上讲，工业生活不同于邻里熟识的农业劳动。卡尔·马克思对“劳动异化”的担忧无疑是正确的——当人们不再为熟悉的邻人编织他们珍视的手工制品，而是为遥远、陌生的消费者生产日用品时，劳动者就会慢慢失去某些内在的优秀品质。后工业时代的“知识经济”或许会使一些人在工作中找回满足感，学会思考，但随着工厂的崛起和劳动分工的进一步细化，多数人更像是巨型机器上的小齿轮，只需机械转动，不再做任何思考。“**做**”与“**思**”的分离越来越普遍。

马修·克劳福德（Matthew Crawford）在2009年出版的巨著《灵魂工艺》（*Shop Class as Soulcraft*）中以动人的笔触记录了这一切，他认为不再给孩子们教授一门“手艺”——也就是在职业学校或社区大学习得的技能——使人变得更消极被动、缺乏独立性，找不到手工劳动的满足感。“普通人曾经自己手工制作的东西，现在都要去市场上购买，以前出现问题的生活用品或工具，人们会动手去修，现在却随手扔进垃圾筐、买新的或找维修人员帮忙，但专业人员往往会因小零件出现故障而换掉整个组件。”强大的全球生产体系大幅降低了商品价格，人们也因此养成“用后即丢”的坏习惯。

“放松”比“娱乐”更恰当

当人们意识到自己的劳动成果和劳动过程得不到重视的时候，便开始产生“为周末而工作”的情绪，这也不难理解。虽然这种焦虑和逃避情绪，从某种程度上说是人之常情，但放任自己，不再努力改变现状，或因此认为“再也找不回工作的意义了”则要另当别论。如果真心爱孩子，就不该让他们远离劳动，而要教他们努力工作，对将来要应对的困难和挫折有所准备。

让下一代脱离劳动的决定，在老一辈美国人看来，无异于一场破坏性的革命。爱因斯坦在给儿子汉斯的信中写道：“工作是唯一能充实生命的东西。”菲茨杰拉德也在信中告诉女儿斯科蒂：“任何美好的东西都是辛苦换来的。”他解释说，“因此，小时候没有让你成为温室里的花朵，是有意为之。”爱迪生告诉身边的青少年，他所做的“任何一件有意义的事都不是一时兴起，任何发明也都不是偶然所得……而是辛勤劳动的结果”。泰迪·罗斯福勉励查塔努加市的铁路工人说，“你们的工作很辛苦，但我会因此同情你们吗？不，一点也不”，因为我们在工作中获得活着的意义。“我不同情任何一个努力工作的人，我钦佩他，他会在工作中成就自己。”罗斯福同情、鄙视那些懒汉，他认为，享乐在前、工作在后的工人不是一个合格的美国人。

马修·克劳福德和罗斯福有着同样的担心：“如果现代人的人格建立在被动消费的基础上，那势必会影响我们的政治文化。”当然也一定会削弱美国人勤奋工作的愿望和能力，蚕食我们实现更大共同目标的热情。从亚里士多德到托马斯·杰斐逊，很多思想家都曾深入思考劳动与工作铸就的“共和国的美德”。他们担心，一些工作会让人目光短浅、冷漠狭隘，导致对共和国的大众事业漠不关心。他们不仅讨论哪些工作可以创造物质财富，也讨论哪些工作有益于“积累真正的财富，培养良好的品德，获取最大幸福”。我们的历史常给农业蒙上一层浪漫的色彩，因为它能培养多面手，满足我们的基本所需，塑造持之以恒、尽心尽责的品格（因为牲畜需要日复一日的照管和喂养）。克劳福德指出：“以多数人为传播对象而进行的大规模信息生产和传播活动，以及大众行为日益趋同的现象，可能腐蚀美国人敏锐的判断力和独立精神。”

热爱劳动的传统美德可以在《圣经·创世记》中追溯到其源头——

上帝根据自己的形象创造了人类的祖先亚当，并让他看守、耕种伊甸园。他要完成的不是某种机械动作，而是“思与做”密切结合的辛勤劳动，他的第一个任务是给动物分类和命名。被逐出伊甸园后，亚当和夏娃知道，从此他们的劳动将受到诅咒：农业耕种和怀胎生育都将痛苦不堪——田地里将野草丛生，婴儿出生的美好也将被疼痛和恐惧所取代。无奈的是，现在的我们“必汗流满面才得糊口”。尽管遭到可怕的诅咒，但真正阻碍我们的并不是劳动本身，而是让劳动艰辛和不易的荆棘。工作本身仍是一种祝福——它能让我们填饱肚子，有栖身之所，也让我们学会创造，能够保护深爱之人。即使受到诅咒，《圣经·箴言》中也仍在颂扬“诸般勤劳都有益处”。所罗门说：“在他劳碌中喜乐，这乃是神的恩赐。”

工作是诗歌。托马斯·阿奎那（Thomas Aquinas）坚持认为，即使最卑微的工作也不仅仅只是一种生存的手段；工作是高尚的，是我们的灵魂所依。他在《神学大全》（*Summa Theologica*）中写道：“好好生活就是好好工作，充满活力。”出色的工作会让这个世界更加美好。苏格兰哲学家、历史学家、散文家托马斯·卡莱尔（Thomas Carlyle）极力宣扬主导了 19 世纪美国的劳动美德，他强有力地指出：“一个人的道德、智慧、耐心、毅力、忠诚、方法、洞察力、独创性、活力，总而言之，一个人所具备的所有力量，都体现在其工作中……生产！生产！即使你所生产的只是一个产品中最小、最不起眼的零部件，也请以神的名义，生产它吧！”电视节目《干尽苦差事》（*Dirty Jobs*）的制片人兼主持人迈克·罗（Mike Rowe）赞同卡莱尔的观点，他认为只要有正确的态度和良好的精神状态，任何工作都不卑微。

热爱劳动和工作的传统不仅可以追溯到早期基督教的布道会上，同时也能在希腊哲学中寻得蛛丝马迹。亚里士多德在他的《形而上学》

（*Metaphysics*）中发明了 energaea 一词来定义我们的身份，energaea 的意思是“行动”，同时也有“现实、实际”的意思。不采取行动，就无法充分发挥人的潜能。美国人引用最多的谚语是“工作并不丢脸”。希腊诗人赫西俄德（Hesiod）写道，“不工作才丢脸”，“去工作，你们富足的时候，那些抛弃工作的人自然会羡慕你们。工作铸就辉煌和名望，无论一个人运气如何，工作都是他最好的选择……”生而为人，就要创造，要服务，要行动，要做事，要生活。

美国人虽有热爱劳动的传统，但生活中并不否认平衡的重要性。他们清醒地意识到，平衡来自对服务邻人、服务社会的生产活动所蕴含的道德意味的深刻领会。我们希望，今天的孩子空闲的时候，能去帮助邻居老奶奶扫雪铲雪，而不是在电脑前一部部地刷剧。一个世纪前，门肯和其他修正主义者指出，清教徒有一种“挥之不去的恐惧，总是怕某个地方的某个人会活得很幸福”。这是他们造成的一种刻板印象。清教徒也喜欢放松，但在他们看来，“放松”不同于“娱乐”，因为娱乐试图占据生活的中心，而“放松”则是一种能够让人精神抖擞、身心很快得到恢复，**从而更好地投入生产与创造的活动**，“放松”使一个人可以继续服务邻里。

长期以来，美国人认定，劳动和工作是一个人成熟、成年的重要标志。有责任、有担当才会换来美好的生活，这是祖母埃尔达这一代人坚定不移的信念。尽管他们的父母没有罗斯福或弗雷德里克·道格拉斯（Frederick Douglass）[1] 那样雄辩的口才和极富感染力

[1] 弗雷德里克·道格拉斯（1817—1895），19 世纪美国废奴运动的领袖，是杰出的演说家、作家、人道主义者和政治活动家。

的语言，但在养育子女的过程中却有意传承、培养了劳动的美德。可见，老一辈美国人并不反对娱乐、玩乐，但在他们眼中，没有辛勤的劳动和付出就不可能有闲暇娱乐，也不可能有完整的身心。他们分享的人生故事，教导培育的劳动美德是弥足珍贵的德育教育。至今我还记得，中学时候和妹妹在湖边散步时，我们常会讨论如何自学种植，如何像瘦小的奶奶一样坚忍不拔。10岁那年在爷爷的车里听他们讲过去那些故事的时候，我的内心就已经播下劳动的种子。我想要——不——我**需要**，养成辛勤劳动的习惯。

凌晨4：30的闹钟

2016年夏天，特推上开始流行分享自己做过的前7份工作。各行各业的人积极响应，列出了他们的工作清单："装配线工人、洗碗工、卡车司机、编辑、智囊团研究员、作家、教授"。"汉堡王收银员、馅饼店服务员、档案管理员、股票经纪推销员、银行经理、信贷主管、首席财务官"（这位网民还补充说，"对一个移民来说，已经相当不错了"）。一位教授分享了他的职业历程："汉堡店店员、银行出纳员、废品站工人、文具店店员、法学院讲师、律师、副教授"。另一位："保姆、邮递员、邮件处理员、接待员、冰激凌小贩、审稿人、研究员"。一位深受爱戴的教育工作者写道："送奶工、杂货店店员、唱片店推销员、翻唱乐队的成员、圣诞老人、影像店店员、幼儿园老师"。

大家的分享让我兴奋不已，妻子梅丽莎说我当时近乎疯狂，但我就是一个"首份工作"执念者。我打电话问朋友，也问参加面试的求职者、观看体育赛事的内布拉斯加老乡，甚至陌生的路人——你的第一份工作是什么？你完成的第一件有难度的事情是什么？你做过最辛苦的工作是什么？

为什么我要重复问这些？有两个原因。首先，当被问到“如何，以及何时、何地开始具备认真工作的品质时”，我遇到的每一个有趣的美国人都给出了很有意思的反思性答案。其次，让人欣慰的是，很多人说工作不仅仅是一项能够带来薪水的劳动任务，我们要工作，更重要的原因在于，人生来就是**劳动者**、**创造者**。的确，我们的工作和生活是对神的**召唤**做出的积极回应。我们将工作或广义上的劳动称为“天职”（vocation），它含义更广，不仅限于领取薪水的劳动，还包括养育子女、照料病人或帮助年迈的老人过马路等。“Vocation”（天职）一词来源于拉丁文“vox”，意思是“voice”（声音）——如同一种召唤。一个人对工作的理解和他的工作态度也是其个人品德的最佳体现。

我的前 7 份工作：

- 豆田除草
- 推销柠檬汽水
- 体育场卖饮料
- 玉米去雄
- 代销自行车
- 选株（又是玉米）
- 救生员（游泳课）

像我这样在世界粮仓里长大的人都有过在田间工作的经历。农业技术的改善在创造了丰裕充足的物质财富的同时，也使农业劳动者数量骤减。世界各地来自农业社区的人似乎都有着童年参加农业劳动、帮助家人收割耕种的经历。我第一次去田里除草的那一年只有7岁，任务是拔掉大豆田里的杂草和其他谷物，今天这些工作几乎都可以通过喷洒农药完成，但20世纪七八十年代就只能靠手和锄头了。除草，在我看来，是一项非常有成就感的工作，从高速路上远远就可以看到每天的劳动成果。除过草的地方和没有除草的地方一眼就能分得清，因为大豆低矮，杂草和其他谷物通常都高过它们。父母也能欣慰地亲眼看到一个7岁的孩子独立完成的工作。

后来，我又跟着家人一起为玉米去雄，我记得，这是每个内布拉斯加人几乎都会参加的重要活动。每年夏天，十几二十岁出头的年轻人都会早早来到公园或运动场上集合，等待大巴车送我们到玉米地劳动。玉米既有雌花（穗部），也有雄花（顶部，会播撒花粉），玉米去雄就是在玉米生长到一定时期时去掉其顶部雄穗，将雄穗所消耗的养分、水分转供雌穗生长发育，以防止自花授粉或同一品种的传粉，保证杂交育种，这对生产优质玉米种子至关重要（种子用于下一年的种植，当时对我们来说十分珍贵，所以不会用于人畜食用）。现在已大多使用机器设备为玉米去雄，但仍然需要孩子在玉米行里拔去机器漏掉的雄穗。

早上5点钟的时候，即使是在大夏天，田里也会潮湿寒冷，因为前一夜地里灌溉了冰冷的地下水。在中心喷头附近，特别是有些坑洼的地方，冷水会淹没田地，没到脚踝以上的位置，所以跌滑、裤腿湿透是常有的事。早上我们会穿运动衫，套上厚重的塑料袋做成的雨披，开始一天的劳动。上午10点，随着温度渐渐逼近38℃，我们捂着厚厚的塑料雨披，潮湿的运动衫常会散发出一股发霉的味道，所以很多男孩都会脱掉运动衫，光着上身。但问题是，穿过一行行的玉米时，尖尖的叶片会像纸张一样，每隔五六秒就划到身体。胸脯、脖子、脸颊都会被划破，每天晚上回家的时候，身上都会留下大片难看的划痕。去年夏天，十几岁的女儿参加完这项劳动回来后，特地给和她同行的几位朋友设计了 T 恤衫，背后写着："这不是青春痘，是玉米划痕。"

几乎所有少年"去穗员"都会说，"这是我做过最苦的活"。虽然辛苦，这份工作给一个 13 岁的孩子带来的报酬却相当丰厚，最低工资加上全勤奖励是一笔不小的收入。下午两三点回家的时候，每个人都已经筋疲力尽，我记得我们身上的泥巴都结成了块，妈妈让我们先在屋外用水管冲掉泥水，再进屋洗澡。好几次我一进家门就倒头大睡，一直睡到凌晨 4：30 被闹钟吵醒。

闹钟上的红色数字深深印刻在我的脑海中，想想都有些害怕，但从那时起，我发现，勤奋的人通常后半夜就开始工作了。小时候常听祖父说："午夜前一小时的睡眠抵得上午夜后两小时。"这当然没有科学根据，但他的意思是，人应该早起工作，这样累了一天，就可以早些上床休息。要工作在前，玩乐在后；减少玩乐时间，才能提早休息，第二天正常工作。超级碗（Super Bowl）冠军教练乔恩·格鲁登（Jon Gruden）是一个不折不扣的工作狂，他的朋友都知道，通常他会凌晨 3：17 起床。他说，一次比赛失利后，他决定投入更多工作时间，此后便将闹钟永久地调整到了 3：11，也因此得来"3：11"的绰号。

25 岁那年，我终于领悟到祖父是对的，尽管天不亮就爬起来异常痛苦，但早起工作带来的成就感和满足感远胜过挥霍光阴。于是我下定决心，将起床时间从早晨 7：30 调整到了凌晨 4：00 或

4∶30，这一作息我一直坚持至今。小时候早上4点多起来去玉米地劳动的经历，让我对劳动的价值有了最初的深刻感受，现在早起的生活习惯和那段经历密不可分。

去牧场劳动体验

因为担心孩子会丢掉辛勤劳动的文化，2016年3月，我们送女儿科丽到霍尔特县的一个养牛场待了一个月，那里距离我们住的地方约4小时的车程。科丽当时14岁，渴望能亲身体验劳动。值得庆幸的是，我的几个孩子都有探索世界的强烈好奇心，也能从他们身上看到一个孩子非常可贵的对劳动、双手和劳动者的尊重。

尽管如此，我们还是有些担心。我们的孩子有幸在一个自由、富足的国家长大，从不用为衣食担忧，但富足也恰恰给他们带来自以为是、唯我独尊的坏习气。小说家弗兰纳里·奥康纳（Flannery O'Connor）半个世纪前就写道："今天的我们都会像吸入空气一样，吸入虚无主义。"这种潮流就是我们畅游其中的大海。今天，病态的文化让人几近窒息，因此我们决定为孩子创造真实劳动的机会，培养他们坚韧的品格。奥康纳也曾建议，如果一种不利的文化向我们压来，一定要用同样的力量予以反击，作为父母，这是我们应有的态度和选择。

这就意味着要适当摆脱同伴文化的不良影响。卢梭在《爱弥儿》中提出，要谨慎保护孩子的欲望和情感。但坦率地讲，这是一项几乎不可能完成的任务。除非彻底脱离社会，让孩子在荒野中求生，否则很难保护他们不受名人引领的流行文化、世俗主义、消费主义、超常性欲等的影响。当今，很多美国人似乎都在设法逃避责任，想想米德兰年轻的女职工和她的普拉提课。美国青少年听到的大多都是如何争取权利，关于要承担的责任却少有耳闻。当父母为他们安排了较为繁重或艰巨的任务，也就是说，他们会比自己的朋友辛苦一些的时候，孩子们一开始会感觉不公平或认为父母反复无常。

泰迪·罗斯福的劝诫仍回响在我的耳边，我希望我们的年轻人也能记住——“这个世界上只有经历痛苦、努力和困难得来的东西才值得拥有”。抚养孩子的过程中，我们也想方设法让他们认识到责任二字的分量和价值。渐渐的，孩子们也开始明白，父母不希望他们在溺爱、娇惯和纵容中长大，他们的独立和坚强才是我们最想看到的结果。

一定要让孩子**学会受苦**。有人会说这有些铁石心肠，不够爱孩子。但事实恰恰相反。道理很简单，如果我们对子女没有任何期待，让他们饭来张口，衣来伸手，就不可能看到孩子们成为自由、独立、自尊的成年人。他们生活的世界充满艰险、挑战，所以不提出严肃要求的家长才是真正不负责任、铁石心肠的家长。正因如此，我们需要投入更多时间和精力，创造更多机会，让他们承受痛苦，认识到责任的重要性，奠定他们性格和品德发展的重要基础。

2015 年的一天，我和教会的另一名成员聊天的时候，谈起了孩子的教育问题。他是我们州各大牧场的高级奶牛营养顾问。那时，我第一次萌发出这样的想法，是否可以通过他的牵线搭桥，让孩子去一个牧场体验一段时间。内布拉斯加州牛肉产业发达，在美国一直享有“牛肉之州”的称号，这里的很多牧场都要确保肉牛能在 4 个月里增重 360 多斤，这可是一件相当了不起的事。如果牛的体重增加低于这一数字，我们享用的鲜美牛排可就不是现在的价格了。一旦肉牛无法有效增重，牧场主就会请来专家。这位顾问朋友被我们戏称为“牛粪专家”，因为他可以通过观察牛的粪便，判断主人的喂养情况。他向我们详细解释了小牛从断奶到进入牧场的过程，他说这段时间叫育肥期。一头成牛被送到饲育场增肥前重 810 多斤，理想状态下，到屠宰的时候，牛的重量应达到 1180 斤上下。

我想，去牧场劳动很可能会成为女儿成长中很特别的一段经历。她为牧场主提供了免费劳动，更重要的是，她自己也能在真实的劳动过程中得到锻炼。没多久，牛粪专家朋友就帮我们联系到一位愿意接纳女儿的牧场主，但因为地处偏远，而且那里雇用了十多个 20 岁出头的年轻小伙子，最终我们决定再找其他机会。我希望能给科丽联系到一个家庭牧场，很快，我们的愿望就实现了，他帮我们找到一家家庭经营的小牧场，那里生活着老牧场主和他的妻子，三个成年的子女，还有一个出生不久的小孙子。

3 月的一天，天气阴冷，我们开车送女儿去牧场。她很紧张，但看得出对即将到来的生活充满期待。我们除了告诉她要勤快、多请教主人、不要牢骚满腹外，并没有给她任何其他建议。在内布拉斯加，3 月是产犊季节，也是牧场主一年中最忙的时节，我想这也是女儿能够学到东西的最佳时机。

忙完一天的工作，她会发消息给我，分享她的劳动成果。她发来的很多信息很有趣，我也会选一些在自己的推特账号上发布，信息中她反复提到，产犊又脏又湿又臭。

给一只失去双亲的小牛喂了满满一瓶奶（我的牛仔裤上全都是它鼻子里流出的粘液和鼻涕）。

他们说这里60%的牛要人工受精。“干干净净的公牛”要开始执行任务了。

今天我们检查确认一些奶牛已经怀孕——梅根把手塞进了它们的直肠，哎呀呀！

梅根是牧场主的女儿，她并没有直接把手塞进母牛的屁股，事实上，她戴了一只齐肩的一次性手套。女儿说，梅根让她也戴一只，她会教女儿，然后由她来操作。一切突如其来，但科丽别无选择，必须接受任务。

清除粪便成了科丽日复一日的重要工作，这是她事先没有料到的。但这项工作必不可少，因为在一天 24 小时的时间里，进食是肉牛的首要任务，比睡觉还重要。看到她那天发来的消息，我立刻想起我和妻子迎来第一个孩子，给她喂奶时的痛苦。我们曾开玩笑说，每次到要喂奶的时候，似乎都能听到约翰尼·卡什（Johnny Cash）[1]在《福尔森监狱蓝调》中唱到的那列火车，似乎能“听到它缓缓驶来，在转弯处鸣响汽笛”。妻子梅丽莎疲惫不堪，但她还是会轻唱道：

我被关进了福尔森监狱，岁月慢慢往前拖，
火车依旧鸣着汽笛，在前往圣安东尼的路上。

[1] 约翰尼·卡什（1932—2003）是美国乡村音乐创作歌手，多次获得格莱美奖，给美国近代乡村、流行、摇滚与民谣界带来重要影响。其作品常包含悲伤、精神忧患和救赎的主题。

这种像火车行驶一样日复一日的工作对于 14 岁的女儿来说是一种馈赠。几周后，她又能回到家，享受到母亲的悉心照料了。

> 今天我不打电话了，要给母牛做检查，要喂“肥肥”，我得先睡会儿……顺便说一下，爸爸，“肥肥”就是很快要被屠宰的那头牛。

> 刷新个人纪录！我的四轮车上载了四条狗。四条！

> 学会开手动拖拉机已经两周了，今天我驾驶了1979年的F-150。你来看我的时候，我一定要开给你看，我都快等不及了。

现在已经没有人学习驾驶手动变速车了。我在 13 岁那年学会了开手动挡的车子，我和妻子一直在讨论要不要买一辆旧车，供女儿学习。事实证明，这个想法是多余的。那个寡言少语的牧场主帮了大忙，他给女儿提供了车子，孩子自己摸索出如何踩离合器、给车加油。我兴奋不已——经验是最好的老师，农场空间大，完全不用担心安全问题。

> 这4天过得太刺激了，以后恐怕再也不会有比这更刺激的经历了……昨晚母牛产下了死胎。很难过——但我可以把用奶瓶喂养的小牛贡献出去。我喂养的孤儿回到了刚刚失去宝宝的牛妈妈身边。

> 我们得用喂食管，让宝宝保持温暖/干燥（要给她喂食!）母牛已经掌握了决窍。

> 今天我们阉割了公牛。到目前为止已阉割50头，但只见到99颗睾丸……太诡异了。

> 我的一天：学会了盘绕带刺的铁丝，倒四轮拖车，运送两头牛去屠宰厂。

> 我对留在屠宰厂里的牛说："我的任务完成了，现在轮到你们喂我们了。"

一个月过去了，我的牧场推文吸引了越来越多的关注。数百人开始转发，不久，记者也注意到了。办公室电话不断响起，《华尔街日报》还对女儿科丽的这次成长经历做了专题报道。

这个故事发生在激烈的总统初选季，我曾批评两大政党的总统竞选人缺乏诚信，这些评论很快登上全国多家媒体头条，在我的家乡也引来不少争议。但女儿科丽在牧场劳动的消息传出后，人们的评论不再关注政治。在接下来的几个月里，我在内布拉斯加遇到的几乎每一个人都想和我谈谈女儿的牧场经历。

家长也想知道如何让孩子受受苦，这有些出乎我的意料，同时也让人倍感欣慰。很多家长都想听听我的建议——如何通过类似的经历警醒孩子。不可否认，我们的社会存在种种问题，但如何让孩子爱上劳动，几乎成为大多数家长最为关心的问题。

在之前举行的数十场公众活动中，家长都倾诉了同样的焦虑，这让我相信，我们迫切需要开展一场民众广泛参与的大对话，讨论如何帮助美国的年轻一代继承发扬热爱劳动的美德与传统。父母都希望自己的孩子能不畏艰难，积极进取，勇于探索；他们希望年轻人有好奇心和服务意识，面对艰苦的工作，能够迎难而上。

制作物美价廉的鞋子

许多美国年轻人都成绩优异，当然，我在这里不是想暗示，这一代年轻人中间找不出勤奋的学生，但我发现，虽然相当一部分学生非常勤奋，但他们对脚踏实地、辛勤付出的意义并没有深刻的认识，这正是我们要展开讨论，打造一种共同文化的真正原因。临近退休的耶鲁大学教授威廉·德雷谢维奇（William Deresiewicz）在2014年出版的《优秀的绵羊》（*Excellent Sheep*）一书中写道，美国精英学校的学生“聪明、能干、努力，同时也很焦虑、胆怯、迷茫”。他说，许多学生的简历看上去光彩夺目，但他们“几乎没什么求知欲和好奇心，也不清楚自己奋斗的意义是什么，这些生活优越的孩子温顺地朝着同一个方向行进，虽然能漂亮地完成手头任务，却并不清楚完成这些任务的目的和意义何在”。注意，德雷谢维奇提到的学生都是我们百里挑一的“精英”，他们是哈佛大学、耶鲁大学、斯坦福大学和达特茅斯学院的本科生，很可能会在未来成为某一领域，甚至这个国家的领导者。

《纽约时报》专栏作家大卫·布鲁克斯（David Brooks）谈到了类似的成功文化，他说，许多高中生和大学生都在马不停蹄地丰富自己的经历和“才能”，但目的仅仅是申请一流的大学或求得理想的职位。这远远不够。在我们帮助孩子挖掘潜能，创造机会，帮他们丰富阅历，从而脱颖而出顺利进入心仪大学的过程中，很多人可能都将注意力放在了“简历”上，忽视了能够让孩子受益终身的品德培养。

阅读德雷谢维奇和布鲁克斯对“简历教育”的批判，让我不禁想到一些在劳动中成才的孩子。他们出于种种原因，只能依靠自己的双手和艰苦奋斗，但他们的成功也恰恰归功于个人不懈的努力与争取。在米德兰大学工作期间，我们有幸聘到一位坚韧独立的年轻女孩黑莉。黑莉从小家境贫寒，小时候就开始在父亲的机械加工店里帮忙，她的简历估计不会引起任何顶尖大学招生老师的注意。然而，她拥有在任何环境下都能成才的优秀品质——积极进取、持之以恒。从她那辆皮卡车的里程数上，就能看出她有多努力——行驶里程近73万公里，车上不少地方还缠有铁丝网和强力胶带。黑莉并没有因为车子破旧而感到任何尴尬，她给那辆老福特车取名为“杰里”，并邀请朋友们到农场看她给车换机油。大学期间，为负担学费，她打了两份工。虽然知道她很忙，但我和妻子还是请她调整时间，偶尔帮我们照看一下孩子，或即使在我们不需要找人带孩子的时候，也能来陪陪他们。之所以做出这样的决定，是因为黑莉这样的年轻人能给几个孩子起到很好的榜样作用。（但我们提出，她不能用那辆锈迹斑斑的老破车带孩子出去玩，所以要外出的时候黑莉总会借我们的车，自然我们也是乐于借给她的。）

一生当中，我们有三分之一的时间，也就是除去睡觉，约一半的时间都在工作，这就要求我们一定要教孩子认识到工作的**目的**和意义。然而，我们的文化却给这样的努力设置了各种障碍。《华尔街日报》刊登了我转发的女儿科丽从农场发来的信息，不久很多律师联系我，说让14岁的孩子在牧场工作很可能违反了劳动法。请注意，这里我并不想讨论政策（至于原因参见本书附记），也并不赞成废除童工法。我们比任何人都关心女儿的安全、**长远**健康和幸福，正因如此，才没有愚蠢地决定让她远离劳动，而是送她去牧场体验。我和妻子，还有同牛打了几十年交道的老牧场主和他已经成年的儿女，都没有料到我们的行为可能会触犯任何劳工部的法令和规定。但稍做了解，就会发现，一些联邦法律和目前大家已经习以为常的做法的确使我们很难帮孩子养成良好的劳动习惯，获得未来工作所需的初级技能。实际上，我们的法律尽可能地阻止15—17岁的孩子参加劳动，如将轮班时间限制在4小时之内，或规定青少年每周连续工作不得超过3天。政府认为，学校教育——也唯有学校教育——才是培养青少年的最佳途径，这些善意的规定让有意通过劳动培养孩子坚韧自律品格的家长进退维谷。

要真正帮助我们的孩子，就要在全社会重建劳动文化，让孩子们体会到，相比好吃懒做，劳动和工作会让一个人更满足，更快乐。

有一件发生在马丁·路德身上的故事我们很多人都很熟悉，它是对劳动和天职的最好诠释。宗教改革运动期间，有人跟路德说，他刚刚加入基督教，想知道应该如何侍奉神。显然，他认为应该辞掉工作，做一名牧师、修道士或传教士。

路德问他：“你现在从事什么工作？”

“我是一个鞋匠，我做鞋子。”那人回答。

路德说：“那就制作物美价廉的鞋子，以荣耀上帝。”

电影《肖申克的救赎》(*The Shawshank Redemption*)中有这样一个精彩片段：一些囚犯可以自愿报名，为当地一家生产汽车牌照的工厂翻修屋顶，通知他们的时候，监狱长说需要十来个人，没想到报名参加的却有一百多人。

屋顶铺好了，一天的辛勤工作终于结束，作为奖励，每个人都领到一杯啤酒。正如摩根·弗里曼(Morgan Freeman)饰演的角色在一段引人深思的画外音中说到的那样："我们坐在屋顶，喝着啤酒，阳光照耀着我们，感觉终于是自由人了。见鬼，我们本可以给自己家修屋顶的。我们是万物之主。"

世界各个角落的劳动者应该都有这样的感觉。我希望通过我们的努力，能让孩子们不用待在监狱，就能早早感受到劳动带给人的快乐和自由。想想看，一天的辛劳之后，能看到自己完成的工作，感受到阳光的温暖，还有比这更美好的感觉吗？

如何做一个小劳动者

——好的计划是成功的开始

许多父母都想让孩子爱上劳动，却很难为他们找到理想的劳动机会。相比以往，今天家里能提供的劳动机会少之又少，一些劳动即使孩子能参与，家长也会发现，教孩子如何完成比自己动手耗时得多。

简言之：作为父母，为孩子传承劳动的美德不是一件容易的事。

我和妻子意识到，必须做好孩子们的劳动和奖励计划。做计划很花时间，而且计划一项劳动会让人感觉很虚假，孩子们也可能因此产生逆反心理，但决心已定，我们会解决这些问题。事实上，几个孩子也明白，计划的目的就是要磨炼他们的意志。只要父母真正花时间，花心思，孩子们会明白，父母是出于爱才费此苦心的。

对我们来说，关键是要让孩子们意识到为他们准备的劳动——从两岁就开始，一直到青少年时期——并不是劳动。我们完成得不错，孩子们渐渐有了这样的认识——劳动是服务家庭、邻里或锻炼个人自控力的“天职”。我们尽力让劳动成为孩子们的日常所需，方法是：

- 从小开始。每天早上让两岁的孩子拿来爸爸妈妈的袜子，这种简单劳动会帮助孩子们养成良好习惯，从而在后期慢慢过渡到更复杂的劳动任务。
- 逐渐接触“成人”的工作。我们会让 12 岁的孩子帮我们订票，15 岁的女儿现在已经可以帮我们承担一部分财务工作。提早做，他们才不会在将来处理类似问题时茫然无措。
- 看看家里雇人做的哪些事可以由孩子来承担，例如剪草（大哥给我们送来一台乘坐式旧割草机时，我真是哭笑不得，我是有意让孩子们用手推式剪草机的）。
- 照顾婴幼儿。让孩子学会换尿布。
- 找到共同的体育锻炼项目——孩子 1 岁的时候，推着婴儿车慢跑；5 岁时他们骑车，你跑步；8 岁时大家一起跑，直到你跟不上他们为止。（我现在已经赶不上几个孩子了，虽然双腿酸疼……但和孩子们一起跑步是一种不可多得的享受。)

● 建一个宠物墓地。

● 制订时间表，定期拜访年长的亲戚（或其他你认识的老年人），不要只安排在假期。帮他们做家务，或把他们记过的旧日记或养老院纪念册里的东西念给孩子听。

● 旅行途中如果遇到麻烦或购买的产品需要退回，不要急于解决问题，让孩子们谈谈他们的想法，提出解决方案。生活中出现的各种问题都可以抛给孩子们，让他们思考如何解决，锻炼他们的积极性。

● 经常带孩子去你工作的地方。

● 带他们去别人工作的地方。

● 参观工厂。

● 像对待工作一样认真教孩子从小学习游泳。要有步骤有方法，我记得，在当地一个游泳池，我把一岁多的孩子从水中轻轻推到一个入口处，两个女儿还没有学会“狗刨”，但在爸爸的推力下，她们又爬又跳，最后爬上了游泳池边的活动梯。我们把这一学习过程称为“劳动任务”，她们渐渐开始喜欢上游泳学习中的每一次进步，并为自己完成的“劳动任务”感到自豪。

● 在机场问遇到的老年人他们最早参加过哪些劳动。

● 如果附近有教堂，问问管理人员，你的孩子是否可以在葬礼结束后帮忙递送三明治。

● 做志愿者，定期帮助不幸的人。(我们的二女儿加入了一个名为“马赛克”的志愿者组织，他们每周四上午都会为智障人士朗读。)

● 将一年中的某次假期定为家庭服务日。我有一些朋友每年感恩节都会在收容所和那些不幸的人们一起度过，有人甚至说，在那里吃的火鸡是他一年中吃过最美味的火鸡。

如果不用担心孩子们说我太苛刻，我想我还会加上“急行军”，但说实话，他们的确喜欢这种活动。

让10多岁，甚至更小的孩子接触以上劳动的关键在于，作为家长，我们应该非常清楚给孩子们设计这些劳动、督促他们热爱劳动的原因，同时也应共同努力，并在他们取得小小进步后真心、诚恳地给予**表扬认可**。

要让孩子们爱上劳动，欣然接受劳动者的身份，就要让他们早早开始，越早越好！

第六章

拒绝过度消费

不满于今日已所拥有者，也不会对明日所得心怀感激。

——苏格拉底

辛勤劳动创造财富，拥有财富才能有更多消遣。这看起来美好又圆满，然而几代人以后，人们只知消遣，却忘记了使消遣成为可能的辛勤劳动和优秀品质。

相比其他国家，美国的年轻人对必需品这一概念的理解更加笼统，他们会问“为什么要辛勤劳动，为什么必须多生产、少消费”。美国是世界上最富有的国家，孩子们的生活少有节制。其结果是，“欲求”往往成为“需求”。当孩子身边的朋友都拥有最新款的智能手机或游戏机的时候，他们无疑会视其为必需品，“既然他们都有，为什么我就不该拥有？”

真正的必需品是人们赖以生存、学习，帮助我们充实人生的物品，可我们却无可救药地让孩子忽略了需求与欲求的本质区别。帮他们认识到两者完全不同，对家长来说不是一件容易的事。总体上说，在这方面我们没有给子女应有的指导。

这一章是要提醒家长，应帮助孩子明确需求与欲求的界限（朋友**拥有**手机，并不意味着你也**需要**它），自身给孩子们树立榜样（手机、电视、车子如果能正常使用就不去购买新品），并互相交流，讨论如何抵制广告和诱导我们盲目跟风的流行文化。我们要重新审视美国人珍视的核心品质——自我克制与延迟满足（deferred gratification）[1]，这种品质是我们每个人拥有美好未来的保证。

我们怕孩子安于现状，经不起风雨；我们担心，过多的物质享受会让一个民族身材走样、不思进取。这种忧虑由来已久。自创业以来，在没有饥荒与战争的年代，长辈们就担心年轻一代会丢掉勤奋坚毅的品质。斯巴达人建立了一种完整的文化，确保他们的公民——尤其是在战场上保家卫国的年轻人，会在身体与心理上强过物质条件更为优越的邻国。这种文化对我们的孩子来说陌生而遥远，因为在他们学会说话以前，流行文化就已经发出了“无限获取”这一极具诱惑力的信息。要让孩子们远离“富贵病”，远离将消费视为主要任务或“工作”的错误观念，就要心平气和地让他们明白，节制是真实的，可以做到的，它对我们大有裨益。

物质换不来幸福

美国企业研究院主席亚瑟·布鲁克斯（Arthur Brooks）是一位不折不扣的传奇人物。他起初是一名号手，后来成为第一位由管弦

[1] 延迟满足是指一种甘愿为更有价值的长远结果而放弃即时满足的抉择取向，体现了在等待中展现的自我控制能力。

音乐家转型的著名经济学家，现在又转而研究幸福科学。在过去的10年中，布鲁克斯就“幸福的要素”开展过数千项研究，并将研究结果凝练成一些口诀警句，帮助我们向孩子更好地解释消费并非通向幸福之路。

我们都该读一读布鲁克斯的文章，克利夫笔记（Cliffs Notes）[1]对布鲁克斯研究成果的概括是：事实证明，我们的幸福一半和遗传有关，一半来自有幸远离可怕事件，如战争、饥荒与传染病。基因起很重要的作用，但在我们能掌控的部分，布鲁克斯将四个关键因素纳入他所说的“幸福包”。出人意料的是，这其中并没有物质这一项。布鲁克斯提到的“幸福包”主要包括：

- **信仰**：你有信仰吗？你怎样理解死亡与苦难？
- **家庭**：你的家庭成员相亲相爱吗？你会把他们的幸福视为自己的幸福吗？
- **人际关系**：穷困潦倒时，会有朋友与你患难与共吗？人生得意时，会有朋友与你一起欢笑吗？
- **工作**：这也许是最根本的。出门上班时，你认为会有人从你的工作中真正受益吗？你打的电话有意义吗？不要问自己“它好玩吗，或薪水高吗？”而是问“我的工作重要吗？”

[1] 克利夫笔记是1958年开始出版的文学作品导读系列丛书，导读内容涵盖作者生平与背景、情节梗概、人物列表、概要与评论、人物分析、问题讨论、文章主题、参考目录等，是一种为节省学生们的时间而编写的学科知识纲要。

政治学家查尔斯·默里研究了“哪些成就可以让人在进入晚年后对人生感到满足而无憾”。他的结论是：“人们发现，这些成就有以下共性：首先，满足来自重要的东西；其次，满足来自努力，投入了精力和时间，持之以恒；最后是责任心，能对结果负起某种程度的责任。”

什么样的成就符合以上三大标准呢？像布鲁克斯一样，默里认为，家庭、工作、良好的人际关系与信仰会带来最大幸福。默里强调古老的拉丁词语“vocation”（职业）的重要性，其原意为他人的“callings”（召唤），这种召唤超越了个人喜好。他所讲的“职业”和“召唤”就是布鲁克斯提到的“有意义的工作”。这不仅仅指有偿工作，不仅仅限于生产或制造供他人消费的**产品**。它含义更广，形式更多样，甚至包括建立美满的婚姻或幸福的家庭。做有益于他人之事，不管是喂孩子吃饭、在餐厅刷碗，还是护理病人、教音乐课，你都可能因此而感到幸福（这对我们来说是一个非常好的消息，因为这意味着，很多人能够掌控自己的幸福）。

显然，某些因素并没有出现在以上两位学者的研究成果中，他们并未提及高收入或物质财富。数据也表明，最不幸福的人是没有从事有意义工作的中奖者和财富继承者。那么，我们是否在正确引导即将成年的孩子，或为他们树立了**良好的榜样**？是否帮他们认识到，大部分电视电影节目都具有误导性，消费不足以让人快乐？

格雷琴·鲁宾（Gretchen Rubin）是畅销书《提升自我》（*Better than Before*）及《幸福计划》（*The Happiness Project*）的作者，她没有和布鲁克斯、默里得出完全相同的结论。她认为，金钱能够为我们提供物质基础，给我们安全感和掌控力。但即便如此，她也强调重要的人际关系与工作对收获幸福的关键作用。她还指出，习惯与自制力决定了我们能否与爱人、子女、邻里建立并巩固良好的关系。

布鲁克斯引用亚里士多德的观点说：给我们满足与自信的不是物质财富，而是自力更生的能力。自给自足使我们感受到个人价值的实现。布鲁克斯说，“深层的真相”是，“工作成就品格，给予我们尊严的是工作而非金钱”，我们是在“用自身才华服务他人”的过程中而非消费中，实现了“人生的价值，升华了灵魂”。

囚禁于消费牢笼的“千禧一代”

圣母大学社会学家克里斯蒂安·史密斯专注于信念态度研究，特别是 18—23 岁年轻人的道德信念。他和同事广泛开展调查，并与他所谓的“新兴成年人”进行了大量面对面的访谈。经过分析，他们得出一个令人沮丧的结果：1995 年后出生的“Z 一代”年轻人和出生于 1980 年到 1995 年的“千禧一代”大都是盲目的物质至上主义者，而且“深陷消费牢笼”。

65% 的调查对象表示，购物让他们很快乐。尽管史密斯在访谈中设计了一些问题，似乎在鼓励有深度的回答，帮助受访者深入思考，追寻精神、集体和人生经历的意义，但这些年轻人却反复提及物质乐趣。超过一半的调查对象表示，“幸福可以用物质来衡量，而且购物越多越幸福，购物本身可以给他们特殊的满足感”。对那些从未有过生产劳动经历的年轻人来说，类似狩猎的购物活动或许已经取代他们与生俱来的对探索与冒险的向往和追求。

史密斯在《迷失于过渡期》（*Lost in Transition*：*The Dark Side of Emerging Adulthood*）中进行的访谈与其定量研究所得结果一样令

人懊恼，他的团队本希望受访者能对过度消费的危险、一味获取的空虚给予反思，能谈到在消费至上的社会中追求内在价值与精神生活的痛苦与煎熬；或许他们还期待有人能文学或诗意地谈到生命更深层的东西，至少提及共同经历与物质消费同等重要。但调查中的年轻人“确信”金钱会带来幸福，对我们这些担心下一代会漫不经心、愚昧无知的人来说，史密斯的调查没有给我们丝毫安慰。

史密斯团队究竟听到了什么？受访者偶尔会提到，一次性用具的大量使用会破坏环境，不利于可持续发展。但几乎在所有访谈中，即使那些对“用完即丢”持否定态度的受访者，也并未对消费至上的观念提出批评，他们说：“想要什么，买就行了。”完全不考虑买到的物品是否真正喜欢，或者说这种欲望是否健康；他们的结论是：“不管买什么，能让我开心就行”和“我有什么资格评判他人”。

那延迟满足呢？自我克制呢？这些在年轻人的头脑中似乎并不存在。

一个学生的回答让我感到尤其难过。当问到我们的时代是不是过度执着于占有和获取时，他满脸轻松地说：“嗯，这就是资本主义啊。”我认可资本主义，但不应将高效的经济生产、分配同人生、意义混为一谈。

罗宾·威廉姆斯（Robin Williams）在电影《死亡诗社》（*Dead Poets Society*）中扮演的教师说过这样的话：我们学习诗歌不只是为了得高分、拿毕业证、找工作、赚钱或满足于物质需求，“我们读诗、写诗，是因为我们是人，而人是富有情感的动物。没错，医学、法律、商业、机械等都可以成为高尚的职业，让我们安稳地过一辈子，但诗歌、美好、浪漫、爱才是生命的**意义所在**”。

让人难过的是，史密斯的受访者显然没有提到以上任何一点。

很多人竟然把消费当作“一种生活方式”，他们说“这是美国发展的结果，消费是这个国家的核心，是生存的必需”。

什么？消费是**生存的必需**？

不，不是这样，远非如此。严格准确地讲，人类的确需要一些必需品才能生存下来，如氧气、水、食物、房子、睡眠、伴侣。但“获取物质财富”不在其列，花大量时间上网消费就更不在其中了。

正确认识必需品

我们的问题在哪里？

我的爷爷奶奶外公外婆来自克雷布斯、萨斯、拉克和邓克劳家族，他们幼时都经历了大萧条时期，听到“活着就是为了消费”，一定会双眉紧皱。母亲常常讲起外曾祖父母节俭生活的故事，说每次花钱他们都很谨慎，她的爷爷会记录每周花钱的次数，将塑料袋扎线剪成三段，以方便将剩饭剩菜分成小份，更好地利用冰箱空间；他们会用尽最后一点肥皂；考虑距离和油价后再去加油；一年中的大多数时间都洗凉水澡；退休后虽然从农场搬到了城市，但依旧坚持自己种瓜种菜；诸如此类。回忆大萧条时期的窘境未免有些幼稚，但令人震惊的是，当今美国30%的成年人信用不良，这已是不争的事实。这一现象不会凭空发生，它与当下的美国文化有着千丝万缕的关系，和人们抛弃前人节制消费的传统息息相关。

我和妻子努力告诉孩子，“**需求**”与“**欲求**”截然不同，虽然他们未必能够完全领会。一次在塔吉特商场经过玩具区的时候，5岁的儿子看到了他喜欢的玩具，非要不可地跟我说，“我**需要**它”。我告诉他，这和“需要”没有关系。再怎么哭泣也不会改变这一事实——离开那个玩具，他一样会活下去。因此，我和妻子商量，如果孩子分不清“欲求”与“需求”，他们的要求就一定得不到满足。

无论好坏，美国都是消费者的天堂。步行或开车几分钟，就能从住处到超市，那里能买到 24 种品牌的面包，26 种火腿，31 种芥末，超过 40 种蛋黄酱，以及来自各大洲的生菜。用不了几分钟，就能把原料带回家，制作出世界上最美味的三明治。两个世纪以前，国王都难以享受到的美味，现在只用点开手机应用，就能通过人工智能与无人机送餐无缝衔接的服务送到我们手上。这是现代全球经济、安全的商品供应链和便捷的物流创造的时代奇迹，也是自由贸易与相对优势带给我们的惊喜。

在这样的环境中，一些人很容易混淆欲求与需求、便利品与必需品的区别。史密斯和他的研究小组发现，年轻人可能不仅忽视了**欲求**与**需求**的区别，更可悲的是，他们可能从一开始就不知道二者有别。

1850 年，全球有 10 亿人，几乎全部生活极度贫困。一个世纪后的 1950 年，发生了惊人的变化，当时全球总人口约 25 亿，只有 75% 仍处于极度贫困（人口统计学家根据通货膨胀调整后，按 2015 年美元计算，将日均消费低于 1.9 美元定义为极度贫困）。不到 70 年后的今天，全世界 70 多亿人口中，极度贫困人口已不到 10%。超过 7% 的人（几乎 60% 的美国人）当今日均消费在 50 美元以上，一个世纪前没有人预测到如此突飞猛进的发展。

这些财富从何而来？为什么近几十年才成为可能？要让孩子们消除优越感，懂得感恩，就要重温“必需”一词的真正含义。遗憾的是，富足让我们忽略了对孩子的正确教育。要帮助年轻一代健康成长，走向成熟，就应该为他们补习最基础的历史知识。

战胜物质匮乏

人类文明史，很大程度上讲，也是人类学习战胜物质匮乏、满足生存所需、努力延长寿命的过程。在人类历史长河中，很长一段时间里，人们艰苦劳作，勉强度日，物质匮乏是基本现状。因此，战胜物质匮乏一直都是人类奋斗的主要愿景。

几万年前，我们的祖先饥寒交迫，一场恶劣的天气就可能夺取人们的生命。他们勉强度日，也就是说，只是努力存活下来。当时人们的生活正如托马斯·霍布斯（Thomas Hobbes）形容的那样：艰苦、原始、短命。

1.1 万年前，农业改变了历史。美索不达米亚（今天的伊拉克）人学会了耕种和收获粮食。在新月沃地[1]，特别是郁郁葱葱的底格里斯河和幼发拉底河流域，我们的祖先发现了植物的生长周期，很快，他们不需要再为填饱肚子而远近迁徙。因为想要占有尚未成熟的粮食，渐渐产生了私有财产的概念，人们开始有了地盘意识，并希望花更多时间和精力种植“自己的”粮食。迁徙越来越少，很多人开始盖房子，定居下来。

曾经不停迁徙的人们变成了农民，他们种植的粮食不仅能满足

[1] 新月沃地是广义上的古代农业摇篮地区，指西亚、北非地区两河流域及附近成片的肥沃土地。

家族所需，还开始出现盈余，于是，人们搭建仓库，修建市场。随着农业效率的提升，节省出来的人手开始学习木工、灌溉等新知识。劳动分工的出现使需要多人参与的大建设项目成为可能，人口密度进一步增加。盈余的农产品需要在商业中心进行交易，城市应运而生。有了固定的住所，宗教团体开始建造永久性宗教场所。在不同历史时期，中东的乌尔、巴比伦、耶利哥，墨西哥的特诺奇提特兰，秘鲁的库斯科等新兴城市都出现了宗教寺庙，它们不仅是礼拜的场所，还是交易的市场和市政中心。宗教集会地、市场、永久性住房成为宝贵财富，需于投入更多人力、物力加强保护，于是有了城墙。

宗教也推动了法治的发展。大约 6000 年以前，字母表的出现使宗教、法治能够得以明晰和永久留存。随着各城邦商人间的交易越来越频繁，专制统治与征服战争成为不得不防的一大隐患，因此人们结为联盟，共同抗击海盗和入侵者。西方文明最早在希腊出现萌芽。

公元 476 年，西罗马帝国灭亡，近千年的黑暗中世纪来临，经济增长在这一时期几乎完全停滞。在此之后，欧洲各帝国征服和殖民新世界的征程拉开序幕，他们在全球范围内搜刮金、银、香料与其他财富，并把它们运往欧洲，各个首都城市积累起大量财富。重商主义是那个时代的主导经济思想，在重商主义的影响下，各国通过与他国的贸易努力积累货币财富，即卖出多于买入。因此这一时期也并不鼓励消费。从与殖民地的贸易中获取的丰厚利润大大推动了帝国经济的增长，最重要的是，经济收益促进了新兴制造业的蓬勃发展。对熟练劳动力的迫切需要和农业生产的创新与发展，加速了各个首都城市的贸易增长。

举例来说，1500 年，伦敦仅 5 万人口。随着农业生产对农村劳动力需求的减少和市场对城市发展的推动，到 1800 年，伦敦人口激增至 100 万，这在以前是难以想象的。随着城市的扩张，英国的主要燃料木材变得稀少昂贵，经济压力迫使人们疯狂甚至破坏性地寻求更廉价、充足的替代品。于是新燃料——煤，出现了。

它的出现开启了截然不同的经济画面，美国的孩子应该了解这个时代，不仅仅因为我们应对过去充满好奇，更因为这个时代在创造了用之不竭的大量物质财富的同时，也为我们今天所面临的严峻挑战埋下了伏笔。

从农场到工厂到更高速的发展

工业革命是人类历史上至关重要的一个分界线。工业革命以前，人类预期寿命约 30 岁，如今已增至 80 岁。男性平均身高几百年都不曾变化，在那之后增加了 15 厘米，达到约 1.7 米。工业革命催生了蒸汽机、活塞式发动机、抽水机和铁路，自来水和卫生设施也得以快速普及。

工业革命前，虽然自文艺复兴以来，佛罗伦萨和荷兰等交易中心高端劳动力的专业分工有一定的发展，但绝大多数人仍然是通才，他们自己生产大部分粮食，衣物以及家里的房子也都出自自己勤劳的双手。工业革命以后，无论结果好坏，很多人的劳动都越来越专业化。

变化的速度之快前所未有。在上万年的狩猎采集时代以后，人类每一个新时代都比前一个时代短得多。农业时代短于狩猎采集时代，工业时代更是短于农业时代。工业革命彻底改变了人类的物质世界，但工业革命催生的工厂时代，与长达 1 万年之久的农业时代相比，只有短短150年。我们正步入计算机技术推动的全球化经济，这将使此前所有变化相形见绌。人类的步伐越来越快——从迁徙者到村民、市民，再到郊区通勤族，最后到全球远程工作者，我们的步子越来越大。

17世纪，一些欧洲人移民到美国新伦格尔兰与中大西洋地区，他们无论如何也想不到美国会成为全球经济强国，他们的后代会如此富裕。早期移民并没有太大的经济抱负，但他们是善于解决问题的创业者，为后世美国人树立了道德典范。18世纪早期，很多人的生活变得富有，但这些节俭的创业者能够严格区分生产工具的投入和个人物质享乐。出人意料的是，到18世纪50年代中期，也就是移民者到来仅仅一个世纪后，马萨诸塞州普利茅斯小镇超过一半的家庭拥有了纺车，三分之一的家庭有了织布机。

殖民地经济的持续增长让许多革命者欢呼雀跃，但也有一些建国先贤对以银行家和金融家为代表的金融崛起深感忧虑。他们担心，物质财富和更细更专的劳动分工会影响年轻人，阻碍父母为子女传承热爱劳动的优良品德。宪法早已为这个国家的政治生活确立了框架，但很多与国家命运息息相关的重要文化和经济变革尚未到来。以亚历山大·汉密尔顿与乔治·华盛顿为首的联邦主义者，希望将美国建设成繁荣的商业共和国，有统一的货币，各州商品可以在纳税人资助的道路与运河上自由流通，高额关税可以保护国内新兴产业免受外国竞争者的冲击。以托马斯·杰斐逊与詹姆斯·麦迪逊为代表的民主共和党人则希望，美国成长为强大的农业共和国，有正直的农民和工匠，卓越的州政府，以及权力受到严格限制的中央政府。

汉密尔顿虽然没能亲眼见证，但他的愿景变成了现实。杰斐逊和麦迪逊精心设计的地方主义共和政府被迅猛的商业大潮所淹没。

幅员辽阔的美国，经济引擎高速运转，农业共和国的设计显然跟不上它的脚步。19 世纪三四十年代，美国的市场革命为缺衣少食的时代画上了永久的句号。从全球角度看，食不果腹、衣不蔽体，以及因歉收和严寒而失去生命的时代已经一去不复返。当时，很多美国人有了高效的生产技术和满满的谷仓，这一切足以抵御自然灾害。

和过去几十年的伦敦一样，工业革命带来乡村勤俭传统的式微和城市消费观念的兴起。生产力的跨越式发展，以及因此诞生的繁荣新世界，不仅改变了美国人的工作方式，也深刻影响了他们的消费观念。

时尚来到美国

世界范围内的每一次重大变化——科技创新、市场扩张——都是双刃剑。19 世纪的美国人走上了致富之路，但劳动分工越来越细化，工作渐渐脱离家庭和人们生长生活的社区；经济周期性的繁荣与萧条摧毁了成千上万农民的生活，造成巨大破坏，也引发政治动荡。安德鲁·杰克逊的追随者，正如此前杰斐逊的支持者一样，对经济从相互熟识的农户间的交易到大型制造业驱动的统一市场的经济转型感到不安。我们今天正在经历的全球化带来的市场动荡，从多个方面看它都与南北战争前的市场动荡大相径庭，但当时人们对地方控制力削弱的感受与当今众多美国人对全球化和后工业经济转型的感受相差无几。自由市场总是扰乱文化、重塑文化。

物质财富的激增带来查尔斯·塞勒斯（Charles Sellers）在其《市场革命》（*The Market Revolution*）一书中提到的“商品拜物主义”

风尚。古老的攀比风与不断滋长的“消费主义”相遇，到1830年，伊利诺伊州“许多家族的长者倍感压力……一个个家庭和社区抛弃了鹿皮裤、土布、鹿皮靴，改穿手织大衣、印花布裙、布鞋”。每个人都觉得他们“需要”最新的商品和服饰，和今天一样，时尚潮流的主要引领者依旧是年轻人。伊利诺伊州州长托马斯·福特（Thomas Ford）当时评论道：“年轻的女子不再光脚来到教堂，她们着装华丽，跨着骏马，还有男性追求者陪伴左右。”

家庭手工缝制的衣服已经落伍。上了年纪的人对这种摆阔式消费极为反感，他们抱怨不迭，议论纷纷。州长讲述说，“纺车和织布机被冷落一边，年轻人的所有收入都用来购买新潮服装”。老一辈农业共和党人谴责“奢侈”有失道德，但整个社会的奢靡之风已难以抵挡。一位英国游客说，美国女性渴望购置最新款的“服饰，不仅仅是因为它们流行、漂亮，更因为她们厌恶以前卑微的社会地位”。在此之前，农民会为购买更多劳动工具而节制消费，现在为了妻子和女儿能够像波士顿女人一样时尚新潮，有时他们会欠下一屁股债，甚至冒着失去抵押品的风险。

社会学家托尔斯坦·凡勃伦（Thorstein Veblen）在他1899年出版的著作《有闲阶级论》（*The Theory of the Leisure Class*）里，将这种行为称为“炫耀性消费”。但这一概念背后的不安全感自古有之，哪里有财富，哪里就会有炫耀财富的有钱人。财富象征着权力和地位——**“欲求”**最终战胜**“需求”**。

19世纪，美国大众的炫耀性消费与大众治理并行，因为共和国的主宰者是每一个美国公民。很多人提出，自由市场成就了美国的繁荣，但也会腐蚀其中产阶级的进取精神。杰斐逊曾警示说，过多的闲暇与炫耀性消费会破坏公益精神、自给自足、自我牺牲以及责任担当等共和国的美德。一家报社犀利地指出，奢侈是“共和国的祸根”。孟德斯鸠《论法的精神》与《罗马盛衰原因论》深刻影响了美国的开国元勋，这位伟大的法国启蒙思想家认为，共和国的美德“简言之，就是对共和国的热爱……对国家的热爱能培育纯洁的道德……人们越不去满足个人私欲，就越能关注自己的天性”。孟德斯鸠甚至说，对民主共和国的热爱要求人们必须爱节俭。

换句话说，富裕的共和国容易滋生丑恶。

信息化时代的焦虑

今天，我们很富有，非常富有。虽然美国人的财富不断积累，闲暇时间日益增多，但我们并没有像50多年前那么快乐，这着实令人沮丧。

政治学家弗朗西斯·福山（Francis Fukuyama）在其发表于《大西洋月刊》的文章《大断裂》（后出版同名书籍）中对这种现象做出了解释。知识社会带来更多自由与平等，在消费、教育、就业、社交等方方面面，人类拥有了更多选择。当信息获取更自由、内容更庞大时，繁琐臃肿的工具就会让位于更小更灵活的新技术。计算能力不再是与麻省理工学院的超大型主机相连的大公司才拥有的专属品，今天的计算机小到完全可以塞入随身口袋里。手机越来越普及，固定电话逐渐退出市场。要得到股票经纪人的建议，只要有无线网，几分钟内就可以收到回复。有了手机，就可以预定飞往世界任何一个地方的航班，可以购买私家车，预订客房，也可以通过自己最喜欢的广播电视网收看节目。从一定意义上讲，知识经济使个人更加强大，我们不再过度依赖政府和大公司，这是好消息。

但物质财富虽已史无前例地丰富，我们却并没有比以前更快乐。福山还在书中提到，知识经济并不是随 20 世纪 90 年代早期互联网的发展兴起的，而是出现于 20 世纪 60 年代。它的推进导致重工业与制造业走向衰落，也使许多已经衰败萧条的工业社区更加没落。永久性工作越来越少，消费越来越容易，物价持续走低。工作环境越来越封闭，需要多人参与的大项目数量锐减，大多数人更专注于个人所得。所有这些进步带来了更大的房子，也带来了更深的孤独。事实证明，再多的物质财富也无法治愈孤独。

“对机构和制度的信任与信心在过去 40 年里急速滑坡……社交本质开始改变。尽管没有证据表明人们之间的联系越来越少，但人际交往似乎已不像以前那样长久、专注，交际圈也明显变小。”需求是发明之母，同处困境是团结人类的契机，但当我们在很短时间内满足了需求、走出了困境，另一种意想不到的挑战却又接踵而来：需要多人共同参与的大型劳动或工作逐渐退出历史舞台，曾经友好的人际关系越来越飘摇。我们的年轻人正是在这样的环境中成长的。

温饱问题解决后产生了两个截然相反的结果：物质财富让我们更自由、更独立，与此同时，我们的内心却更孤独、更隔绝。福山并不是第一个观察到这种现象的人。一直以来，美国人的思想中都有一种斯多葛派的怀疑精神，目光长远的美国人担心，安逸的物质享受会夺走青少年的活力。

这种忧虑在二战结束后美国经济迅速腾飞阶段尤为突出。大卫·里斯曼的《孤独的人群》(*The Lonely Crowd*)、约翰·肯尼思·加尔布雷思（John Kenneth Galbraith）的《富足的社会》(*The Affluent Society*)、莱特·米尔斯（Wright Mills）的《白领》(*White Collar*)、保罗·古德曼的《荒谬地成长》、万斯·帕卡德（Vance Packard）的《废物制造商》（*The Waste Makers*），都对美国人丢弃勤俭节约、丢弃延迟满足——曾经构筑了我们共同的经历和优良品质的传统——敲响了警钟。（说来有趣，我们 13 岁和 15 岁的女儿几乎从不会自发地聚在一起歌唱弹琴……但如果某个晚上我们一脸严肃地说，"今晚不许看电视"，她们才会像变魔术一样，围着钢琴，弹着吉他或拉着小提琴，在不到两个小时的时间里，创作出自己的音乐。这个时候，她们是在生产而不是在消费，这一结果我们大人孩子都满意。）

批判消费主义会破坏文化的评论家对资本主义秩序也多有怀疑，其中一些人是真正的社会主义者。但我们并不需要转向社会主义才会对整个社会无限膨胀的消费欲望忧心忡忡。每一个真正关注社会、关心下一代的人都应回答这样的问题：如果我们专注于商品销售而非生产，会得到怎样的结果？如果最聪明的人都醉心于刺激需求，而非满足或限制需求，结果会怎样？当我们最有才华的诗人都投身于广告写作，结果会怎样？如果人们只消费不储蓄，会怎样？我们会变成一个一切都要分期付款的国家吗？

忧患者历来蔑视生意人，认为他们利用心理学知识和宣传技巧刺激了美国人的消费欲望。他们对广告商打出的"疯狂的消费是爱国者的责任"这样的宣传语深恶痛绝。帕卡德谴责商人宣扬"强迫性消费"。20 世纪 50 年代中期的市场顾问用蛊惑性的语言赞美消费，为我们先前看到的将消费视为理所应当的"千禧一代"的出现埋下伏笔："我们拥有超强的生产力……这要求我们将消费上升为一种生活方式，要让购物和商品消费成为习惯，要在消费中寻找精神上的满足和自我实现。"随后，宣传方式发生了转折性变化。"我们要以更快的速度消费、消耗、磨损、更换与丢弃。"这距战争期间的限额配给仅 10 年时间，大萧条也刚刚过去 20 年，不得不说美国人对待商业行为深刻的态度转变令人震惊。

经过狩猎采集时代、农业时代、工业时代，我们已经完全进入人类历史上的第四个经济时代。这个时代让人困惑，我们甚至难以为它定名，有时我们称其为信息经济，知识经济，或信息技术经济。福山将其简称为“后工业”经济——这恰好是另一种证明，我们的确不知该如何命名，只好称其为“上一个经济后的”经济。“大断裂”一词是对这一新型、数字化，并迅速引发混乱的二战后经济的最好描述，当时美国国际商用机器公司 IBM 开始在商业计算领域取得突破性进展；20 世纪 60 年代，随着去工业化进程的开始，经济开始腾飞；八九十年代随着私人电脑与因特网的发展达到新的高度；今天，后工业经济已经随移动通信网络的铺展过渡到了更高层次。商业书籍常常用“令人眩晕”一词来描述这一经济的发展速度，但自动化和人工智能的广泛使用所呈现的新的经济面貌已远非“令人眩晕”可以形容。

经济的高速增长使未来充满变数，让人期待，也更让人恐慌。全球化与自由市场总体来说造福了人类，同时却也给成千上万的个体带来严重破坏，二者之间的冲突显而易见。在经济、文化快速变革的时代，民主变得不堪一击，我们的恐惧和对失败的愤怒会被简单粗暴善走捷径的人恶意利用。

瞬息万变的数字经济需要人们更坚韧、更灵活，即将成年的一代如果缺乏对物质“需要”的清醒认识，就难以炼就这样的品质。如果青少年对历史一无所知，认为从 iPhone 5 升级到 iPhone 6 会让人更幸福，我想，将来他们可能会有大麻烦。

斯多葛哲学：美国人的一剂良药

即将成年的这一代人可能并不知道，我们的衣柜比许多早期美国定居者的住宅都要大，他们可能很难想象，今天的普通住房面积至少是 1950 年居民住房的 3 倍大。相比过去和世界上很多国家，我们的孩子总是有太多需求，太多欲望，太富有，对未来要应对的严峻挑战没有足够的心理准备。虽然解决了温饱，越来越多的欲望取代了基本需求，但这并没有让我们更快乐，当然，也没有让我们更强大。相反，它让年轻人变成了物欲膨胀，认为一切唾手可得的一代人；更有甚者，在年龄更小的孩子看来，数字产品也在他们的基本需求清单里。

巴克斯特，杰斐逊，罗斯福，或波兹曼都可能会有这样的疑问：正在成长的这一代人是否一味贪图安逸享受，难以胜任国家建设的重任？优秀的美国人要能吃苦耐劳，我们相信，美国需要坚忍不拔的个人和家庭。家庭，作为社会最基本的组成单位，要得以生存，就必须能应对艰难的日子。杰克逊时期的先辈们是正确的，他们说，奢侈是“共和国的祸根”；泰迪·罗斯福推崇的“艰苦奋斗”精神激励了无数美国人。21 世纪的生活早已不再艰辛，让人费解的是，我们的大部分压力恰恰来自物质盈余而非物质匮乏。这个时代，人们更容易奢靡纵欲，娇惯子女，而受到娇惯的孩子不可能有坚强的体魄和优秀的品质，只有挫折和挑战才能成就强者。

斯多葛哲学是娇惯者的一剂良药。我们对斯多葛人的认识通常都来自漫画，图画中很可能是一个一脸严肃、对周围的世界漠不关心的老人。青少年可能熟悉韦氏词典对“斯多葛人”的定义：“对快乐或痛苦表现冷淡的人；不容易兴奋激动或沮丧的人。”用“冷淡”来解释斯多葛人在我看来有失准确；事实上，斯多葛人足够强大专注，因此不会受到短期变化的影响。面对压力，斯多葛人能从容大度，泰然处之——他们内心安宁，处变不惊。

瑞安·霍利迪（Ryan Holiday）和斯蒂芬·汉塞尔曼（Stephen Hanselman）的畅销书《每日斯多葛》（*The Daily Stoic*）的出版使斯多葛哲学再度风行美国。兼具实用价值和人生智慧的这一哲学可一直追溯到苏格拉底。塞浦路斯岛人芝诺（Zeno）于公元前 300 年左右在雅典创立了这一学派，因在雅典集会广场的廊苑（希腊文 stoa，英文 stoic）聚众讲学而被称为“斯多葛派”（Stoics）。斯多葛哲学影响了罗马人，尤其是罗马皇帝马尔库斯·奥勒留（Marcus Aurelius），他的《沉思录》（*Meditations*）影响深远。斯多葛哲学的信奉者不会深究认识论与本体论，他们认为，只有通过身体和精神上的训练、自我克制和良好的习惯，才能实现自我提升。人们常说“人如其食”，斯多葛哲学信奉“人如其思”。坏的念头带来坏的行为，同样，好的念头才会带来好的行为与品格。

老一辈斯多葛人相信经历比财富更重要。斯多葛人不在意时尚，他们专注于思想的力量，不会徒劳地追求光鲜的外表。他们说，健康和财富本身不是**商品**，是人的自然追求。关键是，我们需要培养“与自然和谐相处”的习惯与技能。唯有如此，才会过上幸福、理性、健康的生活。

哲学家爱比克泰德（Epictetus）[1] 出身奴隶，后获得自由，他在

[1] 爱比克泰德（约 55—约 135），古罗马著名斯多葛派哲学家。被认为是继苏格拉底后对西方伦理道德学说的发展做出最大贡献的哲学家，是希腊哲学思想之大成者。

著名的《手册》（*Enchiridion*）一书中写道：“有些事我们能掌控，有些却不能。我们能控制自己的认识、欲望、厌恶情绪……我们的每一种行为；但不能控制身体的衰老、财产、名誉、职务……这些并非我们个人能控制的结果。如果一个人为**追名逐利**而活着，就会放纵欲望、痛苦焦虑、思绪混乱，也会指责神灵与他人。想要得到自己无法掌控的东西势必会遭遇不幸与失望。”

他传达给我们的信息是：我们可以控制自己的欲望。这就需要我们改变生活方式，重塑我们的兴趣与热情。不同于常规思维的是，他告诉我们,对物质利益的追求不会带来幸福,反而会使人悲伤、失望。

斯多葛人也会有嫉妒、恐惧、愤怒、贪婪等负面情绪，但他们对一切都能泰然处之。现代心理学中有很多斯多葛哲学两千年前就已参透的内容——生活中有些事非人力所能控制。事实上，很多事我们都无能为力，我们甚至无法完全控制自己的身体——它最终还是会死去。**但我们可以控制**自己的判断和对事件的反应，无论结果是好是坏。“正念”一词可以说是对斯多葛哲学的一种新注解。

斋戒的宗教戒律不在我们的讨论范围之内，但值得注意的是，许多文化都有在一段时间内禁止吃喝（或性或其他享乐）的传统，其目的是要人们集中精力、思考永恒，同时也是为克制肉体，激发人对面包等日用品的感激之情。流行文化甚至也会推崇返璞归真：

> 饱餐后就不要再贪食，好吗……
> 不要把错误都归咎于他人，好吗
> 回归当下，回归宁静，好吗……

摇滚女王艾拉尼丝·莫里塞特（Alanis Morissette）在这首《谢

谢你》中大声疾呼，试图唤起人们对沉默、幻灭、脆弱与恶果的关注。她敦促人们重新认识过度用药，提醒世人贫穷并非世界末日。歌曲的高潮部分唱道：“如果这一刻，我得到的太多，远超我所能掌控，我愿让这一切付诸东流。”

接受不舒适的生活

要成为更有用的人，就要学会做减法——从不必要的消费中解脱出来。如果我们的女儿早上想帮弟弟出门，就必须自己首先收拾停当，或要学会减少自己“必要的”准备时间。

卢梭希望自然人不受责任、家庭和其他人际关系的束缚，他的很多观点我并不认同，但有一点他是正确的：幸福之人不愿受时尚潮流的约束。跟风可能是人类的天性，但并不值得鼓励。卢梭“高贵的野蛮人”有时值得我们学习。他说：“野蛮人静观内在，而社会人惶惶求之于外。”卢梭笔下的“全人”能够决定自己的生活方式和生活目的，而社会人只能在攀比中迷失方向。

卢梭作品中的爱弥儿刚一出生，就开始接受教育，“在会说话、能理解前就已经开始学习”。卢梭想要教给我们的核心课程是，要摆脱人为的约束、偏见和社会压力。他希望人能遵从自然，不受无常文化的束缚。富裕社会的人们认为，热水这种奢侈品是生活的必需，日常起居离不开它。爱弥儿则不同，从出生的那一天起，他就被放入不同温度的水盆中洗澡。“习惯了不同的水温……就能接受各种温度。”（我在国外生活的半年里，很少能洗到热水澡，回国后发现自己的需求更少了，而且每次洗热水澡心中都会有满满的感激。）

在另一章节中，卢梭教育爱弥儿要学会适应艰苦的生活。他写道：“首先要适应十分简陋的床铺，这样，其他床铺才不会让你感到难受。总的来说，艰苦的生活一旦成为习惯，会让人产生强烈的满足感。相反，舒适的生活却会让人越来越失落。”如果一个孩子很坚强，其消费有所选择，那么，这个孩子的愿望就很容易得到满足。“娇生惯养的人离开自己舒适柔软的大床会感觉浑身不自在，但习惯在木板上睡觉的人，在哪都可以安然入睡。”卢梭教导爱弥儿，要从艰苦的经历中总结经验。他警告孩子不要在屋内打球，以免砸碎窗户。爱弥儿不听劝告，果然被说中。卢梭冷静地说，如果他“撞碎了自己卧室的窗户，就让他遭受日夜侵袭的寒风，没有人会照看他，只有这样，他才会真正吸取教训”。

年轻人要知道，幸福充实的生活并非不需要物质，但真正美好的生活却不会**依赖**物质。成熟的人至少应该能想到贫困清苦的生活是什么样子，想象如何在这种条件下寻求幸福；另外，也要能时不时地踏出家门，亲身感受并不富裕的生活。我有一些朋友偶尔会去露营，他们说，倒不是因为对露营情有独钟，而是因为每次露营回来都会对家更加依恋。

我们一家人围坐在餐桌旁吃晚饭的时候，每个人都会感谢上天的保佑。我不想让孩子花很多时间去感激无关紧要的东西，如新发售的电子游戏。应该感谢上天让我们有住所，有健康的身体、安全的旅行，能不受暴力伤害。但要让这些祈祷真正有意义，就要让他们经历艰苦挫折。要知道在这个破碎的世界上，暴力、贫困、疾病无处不在。

想让孩子们拥有高尚的品质，不俗的气质，就要教他们不受社会不良风气的影响，能去追求更简朴也更有意义的东西；要教他们爱同龄人，但要告诉他们不必过分在意同伴对时尚和潮流的意见与态度。我们的大女儿喜好跑步，我们给她买了质量很好的鞋子，保护她正在发育的骨骼，但她平常穿的很多衣服都是从慈善组织或二手商店里买到的。我们相信，当一个人不为物质所累，能从生活中提取到最重要的东西，并能从中感受到快乐，学会感恩时，他才是一个真正充满活力的人。这种生活让人学会追求生产带来的满足感，而不会沉溺于令人麻木不仁、焦躁不安的消费狂潮中。

如果未经审视的人生不值得度过，那么麻木颓废、物欲横流的人生同样不值得度过。妻子经常引用撒切尔夫人的话教育孩子：除非是在讨论飞行这种我们并不具备的能力，否则不要说“不能”。不要说你做不到这个，做不到那个，或者说“床不舒服，无法入睡”。要下决心成为能做这个，能做那个，在任何环境下都能快速入睡，睁开眼又能精力充沛，对自己的身体和心灵心存感激的人。

本章无意于大力宣扬斯多葛哲学或节俭主义，而是想要告诉人们，在物质极为充裕的今天，如果简朴的生活不被视为一种美德，我们的精神世界注定会危机重重。在今天这样一个消费至上的时代，很多人都会告诉你，最大数量地消费最好的东西，购置最新产品，才会让人心满意足。然而真正的成年人会谦恭而谨慎地问一些前圣先贤曾经颇有洞见的重要问题，他们会重新审视美国人的优秀传统：自我克制与延迟满足。

从某种程度上讲，在幸福公式中，“已经满足的需要”是分子，“所有需要”是分母。投入更多精力去填补分子，可以让我们获得一时的幸福。但警惕并防止分母变大，并在真实和基本的需求得到满足时养成感恩的习惯，才是获取幸福的长久之计。

培养勤于思考、心存感激的青少年，是每个家庭面临的挑战，但也是全社会的共同追求。如果我们做出错误的选择——选择不去讨论，也不再关注财富和无限膨胀的欲望可能带来的风险，这个国家就可能失去它视若珍宝的美德。

要做一个成年人，特别是一个完整意义上的人，仅成为市场营销者眼中的消费者是远远不够的，我们要有视野，有远见。要想成为一个成熟、独立、自信的成年人，最好的方法就是返璞归真，远离流行文化。你浸淫其中的文化可能是健康的。但如果不走出去，不接触其他文化，又如何知道它是否真的健康？

本章简要回顾了人类克服物质匮乏、创造文明史的过程，理解这一历史大有裨益。要知道，富裕的物质生活是近几十年来才有的新现象；也要理解，为什么我们的祖先，即使没有豪华的衣柜、宽敞的储藏室，也能幸福地生活。但要真正体会“**需求**”与“**欲求**”的区别，最好能亲身感受勉强维持生计的艰辛，要获得这种感受，就要走出以自我为中心的小圈子，拥抱更广阔的世界。

能帮我们实现这一目的的莫过于旅行，正如下一章要讲到的，我们必须广游四方，轻装上路。

如何拒绝过度消费

——写日志、列清单

要拒绝过度消费，例如少吃垃圾食品，首先就要对自己的行为有清醒的认识。

先迈出一小步：记录自己一个月内（或任何一个时间段内）每天消费的垃圾食品。即使尚未下定决心减少垃圾食品的摄入量，这种诚实的做法也常常有助于积极改变你的行为。我们一般都会假装自己的习惯并没有那么糟。要全面记录自己的生活，或许还应该找一位伙伴来监督，这会让我们更坦诚，也更有助于端正态度。第二步是设定具体目标，如下个月每周最多吃3份甜点。第三步就是要有坚定的意志。

这一策略适用于很多你想要改变的行为，如：

- 玩电子游戏
- 购买奢侈品
- 酗酒
- 看电视
- 对配偶和孩子发脾气、不耐心

或许也有一些应该坚持的好习惯，如：

- 早上6点起床
- 每周工作五天
- 晚上10点前睡觉
- 在重要工作上花更多时间
- 每个月读一本书
- 在喜欢的志愿者活动上投入更多时间

在记录时间或行动方面，并没有特殊技巧可言。重点在于，在这个月，或你所设定的两周或其他时间段内，你能够诚实**记录**

每一件事。我的方法是在每个地方放索引卡和笔——车里、床边、桌上、浴室、公文包、体育馆的更衣室等。我的书桌上有个小盒子，我会把做过记录并写有日期的索引卡收进盒子里。每周我都会对盒子里的索引卡进行一次分类统计，并给自己发一份“行动纪实”邮件，比如写这周吃了6份甜点，工作了2天（但我的计划是工作5天，只吃3份甜点）。

妻子和好友都知道我有记日志、写时间表的习惯，他们可能会要求翻看，这对我的改变帮助很大，我甚至不需要采取第二步行动——设定具体目标。

第七章

轻装旅行

远行并经历痛苦的人，日后才能苦中作乐。

——荷马

演员塞维·蔡斯（Chevy Chase）在电影《欧洲假期》（*European Vacation*）中笑着大喊道：孩子们，快看呀！大本钟！议会大厦！快走！

马克·吐温在《傻子旅行记》（*Innocents Abroad*）里取笑了这种恼人的游客和所谓的“观光旅游”，每个人都步履匆匆，没有人停下来用心感受。他嘲笑这种普遍存在的、“寻宝游戏”般的游客心态，“去过的地方，看过的景点，一半都忘记了；少有人会揣摩欣赏，他们只想看一眼就走，赶去下一个地方！”旅行途中很多人会说，还有一个景点，还有一个宝盒要打开。如果抓紧时间，还能在太阳落山前再逛一处纪念碑，再来一张自拍照。

当然，还有另一种旅行，它让我们跳出早已熟悉的模式，从全新的视角看待自己和他人的生活，这种旅行更能充盈内心，丰富我们的精神世界。它就像是一种艰苦的劳动，一种实实在在的挑战；旅行能够让我们远离熟悉的环境、习俗、语言、食物，来到另一个多彩的世界；旅行更如博览群书，能够唤起我们了解他人和另一种文化的好奇，激发同理心；旅行也让我们为自己身为美国人而更加自豪。

出国旅行花费大，不是人人都能负担得起。但欣慰的是，称心如意的旅行不一定需要大把的金钱，也不一定要去离家很远的地方。旅行的目标是**探索**，所以强烈的好奇心、足够的时间、少许交通费和一个井井有条的背包才是关键。与下文中提及的某些作家一样，下面我要介绍的几个朋友一开始手头并不宽裕，但都实现了低成本旅行，练就了乐观坚韧的品质。

黑水蛭，新视野

从我 7 岁那年起，父亲几乎每年夏天都带我去小镇的西边钓鱼，有时沿着普拉特河，有时直奔卡多夫小溪，有时会选择爷爷家附近的橡树溪。但最让人难以忘怀的，还是明尼苏达北边的水蛭湖。我们要坐 9 个小时的车才能到那里，小时候被奶奶挂在拖拉机上的罗杰叔叔在那里有间小屋。水蛭湖坐落于美丽的齐佩瓦国家森林公园，是明尼苏达一万多个湖泊中的第三大湖，因湖中满是水蛭[1]而得名。当那些蠕虫般大小的水蛭向我们游来的时候，我们心里既兴奋又恐惧。所以无需弗兰阿姨提醒，游完泳后我们一定会上上下下反复检查，以免水蛭钻进泳衣。想想扁虱[2]，水蛭可比它们大得多！

[1] 水蛭又名蚂蟥，是一种吸血环节动物。蚂蟥的头部有吸盘，并有麻醉作用，一旦附着在皮肤，不容易被察觉。蚂蟥吸血量相当大，叮人吸血后容易引起感染。

[2] 扁虱又名蜱虫，是一种体形极小的节肢动物寄生物，以吸食血液为生，会给人和动物造成极大伤害。

我在明尼苏达的那段日子充满了欢声笑语。当时还没有手机，家里也没装电视，晚上大多时候只能打牌下棋，收听广播里的棒球比赛，听奶奶讲大萧条时候的故事；如果有电视，就不会听到那些故事了。广播节目《奥普里大剧院》中虽没有约翰尼·卡什的深情演唱，但他的歌声似乎总萦绕在耳边。去水蛭湖钓鱼的经历我一辈子都不会忘记，我记得在罗杰叔叔的刺激下，我们一头扎进水中，黎明时分的湖水清澈冰冷，直刺心脏；我还记得在那里我意外收获了一条大鱼，那条大眼鱼是我 20 岁以前钓到的个头最大的鱼，从此它也成了我向朋友们炫耀的资本；还有船上那无休无止的讨论——如果没有鱼上钩，理论上应该在同一个地方守多久？（之所以说“理论上”，因为爷爷仍纹丝不动）在那里我有了第一次飞艇冲浪的经历；还征得大人同意，步行到一个小村的杂货店买到了冰激凌。不过印象最深的还是父亲和叔叔异常兴奋地聊起各种各样的鱼。我记得有几次我们捕到的鱼让人眼花缭乱，至少在那个年龄的我看来，可以称得上“不计其数”，但父亲却说“不，不，和我们在加拿大捕到的鱼相比，简直就是小巫见大巫”。

一提起那段时光，40 多岁的父亲和叔叔似乎又回到了年少时期。20 世纪 60 年代末的每个春天，父亲和 3 个朋友都会迫不及待地查看期末考试安排，最晚结束考试的人往往会被毫不留情地奚落一番。几个小伙子提前约定时间，先考完的 3 个人会带一些生活用品，开一辆老旧的淡蓝色雪佛兰敞篷车，在考场大楼外无所事事地等待最后一个朋友。等他前脚刚走出大厅，车就开动了，害得那人只好一路狂奔，慌忙跳上后座。

父亲一行 4 人从内布拉斯加的弗里蒙特出发，沿 77 号高速公路一路向前，穿过南北达科他，来到位于明尼苏达和加拿大马尼托巴省交界处的一片湖泊，然后把车丢在那里，带着包出发。他们的包里只有睡袋、一盒火柴、一个启瓶器，还有一些应急的大豆罐头，所以补充营养就只能靠捕捞大眼鱼和鳟鱼了。在为期一周的旅行中，他们划着独木舟一路探险，行进路线绕成了一个长达 177 公里的圆环。

傍晚，他们会找到两个紧挨着的小岛，一个用于休息，另一个用于保存捕到的鱼，这样做也是为有效防止熊的侵袭。在扎营的岛上，他们把锅和盆系在绳子上，绕成圈，一旦有熊游上岸，就能听到“警报”。

这些故事对我有着特殊的吸引力。4 个来自内布拉斯加的小镇男孩几乎没带什么吃的东西，就勇敢闯入北边的大森林，想想看，没有电，也没有几十年后才出现的 GPS 和手机，取暖只能靠营火，夜里也只能借月光照明。但那个物资极度匮乏的旅行周给他们留下了难以磨灭的印象和美好回忆。一天，他们竟意外找到一窝鸭蛋，父亲描述说，那些在营火上散发出迷人香味的鸭蛋是他吃过最棒的早餐。当然，除了类似的惊喜，也有格外惊悚的景象。一次，父亲看到一辆撞上桥墩的轿车，车里的两名男子都已死去，父亲说，从两个人黯淡的肤色可以推断，那辆车已经出事很久了。

父亲和几个朋友选择去遥远的加拿大荒野中旅行，他们在从未有人垂钓过的水域捕捞到数量惊人的美味。和他们当年的旅行相比，我们在明尼苏达的乡村小屋中度过的一个星期，虽然让人怀念，却少了几分神秘和刺激。父亲给我讲的一些旅行故事可能有修饰过的痕迹，但无一例外它们都传递了某种永恒的东西：这些男孩所继承和生活的美国乡村世界是美好的，但这个世界已经在那里，它是别人创造的，是一个需要被接受而不是被发现的世界。他们既没有创造这个世界，也没有做出选择。要想完全拥有它，就必须主动探索，主动做出选择。在生活的菜单上，你需要多个选项。没有成年人陪伴的加拿大荒野之行为他们提供了另一种选择和全新体验，所以返回家乡弗里蒙特后，他们会主动选择生活在这里，甚至会爱上这里的生活方式。这才是他们早期冒险的核心：学习用新的视角看待自己身处的世界。

毫无疑问，他们需要一些捕鱼、划船、生火、防熊、避免食物中毒的技能，但30年后再回顾这些经历，他们发现，旅行给予他们的不是某一种具体技能，因为技能可以通过学习来掌握，最最重要的是，他们独自完成了旅行。他们不是别人旅途中的游客，他们是主角、规划者、决策者和风险评估者。

旅行与旅游

大约从20世纪中叶开始，我们忘记了如何旅行。第二次世界大战后，经济蓬勃发展，我们今天所熟悉的商业旅游也因此迅速流行开来。很多人具备了旅行的经济实力，却往往忽略了旅行的实质。历史学家丹尼尔·布尔斯廷（Daniel Boorstin）当时写道："除了旅游景点，游客对他们到过的国家几乎一无所知。他们看到的不是这个国家鲜活的文化，而是专门为迎合游客而收集起来或进行过防腐处理的东西，也可能是经过特殊加工的人工制品，或某种标本。"

以前不是这样。爱德华·吉本（Edward Gibbon）是18世纪英国议会议员，也是撰写了《罗马帝国衰亡史》（*The History of the Decline and Fall of the Roman Empire*）的历史学家。在做这些工作以前，他还有过一份非常有意思的职业——旅行顾问。当时壮游（Grand Tour）[1] 受到热捧，很多年轻富有的旅行者会花几个月，甚至几年的时间，游历全欧洲主要首都城市。他们除了想知道去巴黎、日内瓦或罗马需要带些什么外，也期待自己的旅行能有意外收获。吉本的建议对任何一个希望养成良好探险习惯的人来说，都有借鉴意义。

> 理想的旅行离不开积极主动的心态、不屈不挠的精神和不知疲倦的身体；要能适应各类交通工具，对道路不畅、气候恶劣或旅馆管理不善能一笑了之；要有浓厚的好奇心，珍惜光阴，厌倦安逸，不惧艰险；无论白天黑夜，都能勇敢地跋山涉水、下矿井，不被他人的旅行体验所误导……最后，还要有一种近于恶习的品质——不挑剔任何环境，既能享受奢华的宫殿，也能安身于简陋的小屋，自然融入各种环境与氛围，做到既能悦己，也能悦人。

和具备以上品质的人结伴旅行岂不美哉。坦白地说，这些品质也适用于理想的人生伴侣——终身的旅行伙伴：体力充沛，精神愉悦，永葆好奇，无所畏惧，勇于挑战，随遇而安，轻松一笑，能悦己悦人，而且总是如此。这样的旅伴是任何一个旅行者的首选搭档！

尽管吉本时代的旅行专属于极少数富人，但他的旅行建议并不仅仅针对富裕的欧洲贵族子女。在这个联系日益紧密的更加民主化

[1] 壮游是 16 世纪后流行于欧洲的一种旅行形式。贵族子弟在完成学业之后，会到巴黎、罗马、威尼斯、佛罗伦萨等城市进行一次文化旅行。现在这种风气依然盛行，不过壮游地区已扩展到全世界。

的世界，更多人可以低成本地到各地旅行。对任何收入水平的人来说，旅行都是成长的重要组成部分，因此应该教所有孩子学会积极地、带有思考地旅行。

正如以**自立自强**为目标的人文教育曾被错误地认为只是富人才配拥有的奢侈品一样，过去人们也曾认为，目标明确的旅行独属于精英阶层。但如果18世纪的富人判断是正确的——旅行对成长中的年轻贵族极为有益，我们就该认识到旅行对即将成年的美国青少年同样有益。

不过孩子们首先要注意，我们所说的旅行并非消费型旅游。第一次去其他州的大型游乐园会给每个人留下特殊的回忆。每年有数百万人前往西雅图和芝加哥旅行，他们惊叹于从太空针塔与西尔斯大厦上观赏到的风景。邮轮游、随团旅游经久不衰，但除了便捷，它们没有任何意义，游客只要买上票，就能到达景点；观光巴士可以带他们快速游览所有景区。到伦敦，每个人都会去特拉法加广场，和那里的纪念碑与雕像合影，再到白金汉宫观看卫兵换岗；去巴黎，则必去埃菲尔铁塔和凯旋门；在纽约，无论如何都会去参观自由女神像和时代广场。但是……一定要清楚，这类旅游本质上是消费。在墨西哥坎昆海滩游玩一周后，没有哪个游客的生活会发生重大变化（除非意外怀孕或因醉酒、滋事被逮捕）。

我们所要强调的是**主动探索学习**与**被动接受**之间的区别。曾担任国会图书馆馆长的布尔斯廷说，充实的旅行和无聊的旅游有着云泥之别。区别究竟何在？布尔斯廷在哀叹“失落的旅行艺术”时解释说，从根本上讲，旅行者是积极的，他们竭尽全力接触他人、探索世界、体验生活。古英语中的名词“travel”（旅行）和“travail”（艰辛）一词同义，意思是“麻烦”、“工作”、“折磨”。“journey（长途跋涉），

travail（劳动）或后来的 travel（旅行）都是指做一些艰苦、麻烦，但颇有意义之事。虽然艰辛，却值得珍惜。”他还说，“旅行者是一个**主动劳动的人。”**

相比之下，“游客却是消极被动的，他们期望看到有趣的事情发生；他们的目的在于‘观光’”。旅游因成本大幅降低而受到大众青睐，但旅游的想法早已有之。事实上，从罗马帝国的新富阶层开始，就有了旅游的概念。游客是一个“愉快游览的人”，布尔斯廷指出，“tour”（游览）来自拉丁词“tornus”（臂角），而“tornus”又来自一个意为“圆形工具”的希腊词语。罗马上层阶级休假时会来到希腊的几处废墟，然后到达埃及的金字塔，之后再返回。它是一个预先规划好的、预料中的环形旅程。

无论是否用外语交流，是否适应另一个地方的生活节奏，是否品尝另一种食物，成功的旅行都是一种将人带离熟悉环境的劳动——带离舒适区，它给予我们看待世界的新视角，迫使我们重新认识物质需求。如果更少的物质可以让我们更自由，是否还要殚精竭虑地积累更多物质财富？旅行能开阔我们的饮食视野，也能帮助我们了解自己对睡眠环境的要求是否过于苛刻。（上中学以后，我和弟弟有过几次野营的经历，此后我们哥俩便决定要多在户外过夜，即使在家，也要多睡在屋外。1988 年的很多个夜里，我都是这样做的，那一年我偶然了解到月亮的相位，开始懂得在满月和残月的时候，人的睡眠节奏会有所不同。）在没有手机信号的地方，我们对技术也会有不同的认识。那些享受不到杂货店和供应链的人又能依赖怎样的工具？你会发现，一些人对技术的理解和应用与我们完全不同。

孩子从父母那里学会了旅行，他们的旅行经历可能千差万别。有人来自喜欢户外活动的家庭，例如我自己，我和父亲都从长辈那里学会了钓鱼；也有人家底殷实，有经济实力去海外旅行。但相比**旅行方式**，**家庭背景**无足轻重。要让旅行真正有益于子女成长，就一定要让他们离开已经完全适应的舒适区，置身于另一种环境，看到平时看不到的东西。要强迫他们做计划，做决定，反思总结，简言之，就是让他们自己去**发现**。如果孩子对自己即将旅行的地方没有任何想法，在决定旅行目的地时没有任何参与，或旅行结束后没有积极的反思和改变，而是又回到了手机和平板电脑的世界，那么，这样的旅行就毫无意义。

父亲和他的朋友不仅**去了**陌生的地方，更重要的是，他们真正**远离了**习以为常的环境。可以说，他们不仅离开了**自己**熟悉的人造环境，也离开了所有的人造环境。那次旅行让他们第一次对家有了不一样的理解和体会。正如加拿大之行带给父亲和几位朋友的变化一样，每一个步入成年的年轻人也都需要这样“由外而内”的旅行经历。文学家 C. S. 刘易斯（C. S. Lewis）曾描述说：“无知的小孩总想待在贫民窟里玩泥巴，因为他想象不到去海边度假意味着什么，人们所说的与世隔绝的生活和贫瘠的未来也正是如此。”不能离家旅行的少年固然值得同情，但视野狭隘的问题不能仅通过走马观花式的旅游解决。多年后那些旅游景点在我们的记忆中可能早已模糊，但那些带来新视角和让我们切身感受到差异的旅行会激发思考，拓宽视野，带给人意想不到的内在变化。

首次旅行以及由此带来的改变之所以意义非凡，是因为它能促使青少年思考人生，培养良好的生活习惯。如果这一切已经悄然发生，他们就已经在成长的道路上迈出了坚实的步伐。

在旅行中感受差异

我在职业生涯的早期就注意到，那些积极看待旅行的人在复杂的工作中也往往表现不俗。部分原因在于，他们的某些经历能够为团队遇到的类似问题提供新颖的解决思路。例如，我在波士顿咨询集团的一位同事，不久前为瑞典一家消费品公司解决了一项供应链管理方面的技术难题，最近他又为一家美国航空公司提出颇具创意的应对之策，帮助他们准确预测了250个城市，超过200万个飞机零部件的需求情况。有着丰富旅行经历的人往往思维活跃，不受限于某一种思路或策略，也能不惧压力，保持冷静，更高效地解决问题。他们会将眼前的困难与挑战同其他类似经历相比较。这就好像一个掌握两种语言的双语人，其优点不仅仅在于掌握了第二种语言，更在于能够以新的视角看待母语的语法和词汇，以及这种语言的优缺点。

几年前我开始收集旅行达人的故事，并向一些老师和朋友询问他们第一次旅行的情形：第一次独自旅行时你多大？去了哪里？为什么选择这个地方？父母是否同意你的决定？说说你的顿悟时刻。旅行结束后，你眼中的世界还和以前一样吗？旅行改变了你对子女的教育方式吗？旅行是否让你决定鼓励孩子比其他同龄人更早地去探险？

受访的旅行者曾踏足世界各地，他们的目的地千差万别，给我们的建议却惊人地相似，而且往往和最受欢迎的旅行书中的建议不谋而合。为保护他们的隐私，我并未使用真名，但我想，大多数人并不介意我说出他们的名字，因为他们分享的经验也是一种集体的智慧。从他们的经历中，还有我和其他人的旅行中都可以看到这样一些重要主题：战胜独处的恐惧，放弃出于本能的偏见，深入思考，分清主次，敢于打破陈规，能随处安睡等。

1960 年，《伊甸之东》（*East of Eden*）的作者、著名小说家约翰·斯坦贝克（John Steinbeck）在“重新发现美国这片广袤土地”的旅行中对以上建议有了深切体会。因为“已经许久未曾听过美国人说话，没有闻过美国的青草、树木以及下水道的味道，没有见过美国的山丘与流水，也没有看到过美国的颜色和光线了”，斯坦贝克开上定制的房车，带上他的法国鬈毛犬查理，在 3 个月的时间里走遍了美国本土 48 个州，并写下了至今深受广大读者喜爱的半纪实半虚构游记——《横越美国》（*Travels with Charley in Search of America*）。游记生动再现了独自旅行的焦虑，斯坦贝克说：“只身旅行有时让人胆战心惊，因为一路上都会遭人攻击、抢劫或侵害。我承认我这是在毫无意义地不安。但我已经很多年不曾这样一个人了，没有人知道我的名字，没有朋友，没有任何来自家人、友人或同伴的帮助。身处险境让人看不清现实，起初会感觉极度孤独无助——一种很绝望的感觉。”

我的朋友马丁也曾穿越美国，虽然旅行时间较短，但体会与斯坦贝克极为接近。他回忆说：“24 岁那年，我从佐治亚搬到了佛罗里达，于是计划自驾前往加州旅行。”马丁并没有为自己大半个月的旅行预算任何住宿费用，其中 3 个晚上他住在朋友家，其他时候则“睡在车顶上的睡袋里”。可以想象，睡在睁眼就能看到满天繁星的露天停车场或大马路边，刚开始的几个晚上一定很不适应，但很快他也就习惯了。

一天晚上，马丁吓坏了。“那天我行驶在去往洛杉矶的一条公路上，凌晨两点的时候，车里的汽油眼看就要耗尽。路侧一个停车处的路牌上刻有‘加油’字样，而且还附有路线图。我开车前往，发现那里有一栋拖车式活动房，就毫不犹豫地按响了门铃。”两只杜宾犬开始狂吠，一个男人出现在门口，手里握有一把猎枪。马丁说：“我以为他会开枪打死我，抢走车子，但他没有，而是以 20 美元的价格卖给我大约 19 升的汽油，当时市面上 20 美元能买到 70 多升汽油。”但马丁当然没有讨价还价。

对朋友马丁来说，从此再没有哪个夜晚比这晚更加不同寻常。他感恩每一个能安睡的夜晚。长途旅行中，尤其是在异国他乡的时候，可能一连几个星期都没法和家人通话。对马丁来说，这种孤独犹如深渊，但之后他对宗教有了新的领悟。“旅途中，有时一连几个小时都待在车里，几天都见不到一个熟悉的面孔，只有自己头脑中的活动，没有了他人的期望和要求，评判者只有自己。”他这才发现自己比想象中渺小得多，原来头顶的天空这么大，也更清醒地意识到，做到自给自足原来这么难，因为自己甚至无法保证个人生命安全。他说，在此之前，宗教在他看来“只有文化意义”，不会对个人有任何影响。但现在不一样了。他开始每天读《圣经》，做祷告，两种习惯从此深入骨血，他说，独自旅行的那个月里，他“感觉到了神的存在”。

如果有人同行，那么一路上会有人和你谈天说地。不过斯坦贝克认为，独自旅行会有思考相伴，而且这些思考也会越来越深刻成熟。“独处的时候，过去、现在和未来会缓缓流向脑际。从前的回忆，当下的事件，未来的预测会同时显现。”也就是说，孤身旅行会迫使我们走出舒适区，屏蔽各种惧怕孤独的噪音。1989 年的夏天，我独自乘坐火车去高校参观，1992—1993 年又出国留学，那段时光至今还常常浮现在眼前。我记得，就在我苦苦思考要去哪里读大学的时候，火车已经驶进布朗克斯区，然后，想到我可能会去表白求婚的女孩，脑海中不禁浮现出美丽的荷兰乡村画面。

马丁和他的妻子正努力给年幼的女儿种下积极旅行的种子。去不同城市的时候，他们都会让八九岁的女儿先去侦察每日的观光地，这已经成为一种惯例。这位骄傲的父亲告诉我："我们会给女儿一张地铁卡、一部电话和 20 美元，这样的小小旅行见证了孩子的成长变化。没有成年人陪在身边，她的观察更为细致。回宾馆以后，她会把一路的见闻讲给我们听，她变得更自信，更独立了。"独立冒险探索的习惯已经成为这个孩子性格的一部分，她的弟弟妹妹评价说，姐姐很勇敢，他们也想和姐姐一样独自去闯荡。

我的朋友肖恩 18 岁时第一次独自出门旅行，他从家乡费城飞往芝加哥，参观那里的大学。之前他只坐过一次飞机，那还是 10 岁生日时坐的一架老式螺旋桨飞机，在上面就待了半小时。他说："我清楚地记得，我坐火车来到市中心，一会儿在这儿走走，一会儿去那儿望望，这在 1984 年很可能是不明智的。当时我穿着心爱的半开襟拉链衫，留着有层次的中分发型，真是十足的美男子。我在芝加哥河旁的伦道夫街那一站来回踱着步子。"尽管费城也有摩天大楼，但芝加哥的高楼大厦和"假哥特式"建筑看起来却是如此别具一格，这主要是因为"去哪里，要做什么，可以待多久"都由肖恩说了算。

然而，相比城市之间的外在差异，更为显著的却是社会差异。在芝加哥，肖恩不会被"是不是爱尔兰天主教徒"的问题所纠缠。他的两个叔叔，一个是警察，一个是工会职工，他们说去芝加哥简直是"疯了"。肖恩几个上过大学的表亲都"读的是'费城五大'[1] 的

[1] "费城五大"指宾夕法尼亚大学、拉塞尔大学、天普大学、维拉诺瓦大学及圣约瑟夫大学 5 所高校组成的篮球联盟。

一所”，所以当他拿到圣约瑟夫大学的奖学金时，家人以为一切都尘埃落定，由不得他再做什么主意。（后来肖恩获得牛津大学研究生奖学金，两个叔叔对他说，去压迫爱尔兰人的国家读书是不忠诚的。）尽管“父母都觉得我疯了”，但他坚信“芝加哥就是我想去的地方，在那里可以远离家人、远离费城，拥有自己的生活”。肖恩不愿受到家乡的束缚，他有着更大的梦想，希望拥有能够自由思考的空间。

如果从未离开费城，我想肖恩不会做出那样义无反顾的决定。就像汤姆·佩蒂（Tom Petty）在歌曲《紧随梦想》中演唱的那样，肖恩只是“追随梦想”，深信一切皆有可能。他的生活将翻开新的一页：

> 这条道路甚是美好，
> 我在收获属于自己的一切，
> 喔，紧紧抓住梦的手，
> 它永远不会再来。

探险是一门艺术

很多时候，你会惊讶地发现，亲眼看到的地方和书中或网上的描述大不相同，很多地方要置身其中才发现它比图片和文字中呈现的要大得多。没有哪张照片可以完全展现科罗拉多大峡谷的辽阔和尼罗河的雄伟。但地中海的西端实际比我们想象的要小很多——位于西班牙最南部和非洲西北部之间的直布罗陀海峡宽不到 14 公里。因此，20 岁那年乘火车和轮船到地中海周边的港口旅行以后，非洲和欧洲的关系（摩洛哥和西班牙，利比亚和法国，或者说奥古斯丁时代的希波和罗马的关系）从此在我的内心有了新的图解。后来，我也发现，原来大海是一个水平的椭圆形水体。以前总是错误地认为，大海是大西洋东边的一个小海湾。在法国尼斯看到的日落，与在以色列的特拉维夫、意大利的罗马、希腊的雅典或美国的弗里蒙特看到的迥异其趣。来到威尼斯，才发现这里到处都有一股死水的味道，埃塞俄比亚的首都——亚的斯亚贝巴——弥漫着无尽的篝火味儿。如果不亲自到访，你永远不会有这样的感受。

旅行最诱人的地方在于探险，正如景观历史学教授约翰·斯蒂尔戈（John Stilgoe）所言："探险是一门艺术。"这该如何理解呢？是说探险与文学、哲学一样吗？不，探险的意义更加深远。"探险是解放的艺术，它使人不再狭隘。"假如你是一个喜欢散步的盲人，当然你的嗅觉比大多数人更灵敏。现在，想象一下你视力恢复第一次看到了外面的世界。探险给人的正是这样一种感觉。

大学期间，我选修过斯蒂尔戈教授的建筑史课。在他的课上，了解到的不仅仅是建筑或建筑史，而是整个物质世界在时间长河中的流转变迁。他打着领结，一口波士顿口音，在我看来，他是新伦格尔兰教授的典型代表。这位优秀的历史学家、摄影师"粉丝"无数，他的讲座总是座无虚席。尽管他在课程介绍里说，这门课主要讲历史上人类如何建设自己的家园（课上他还会用延时摄影的方式展示一座城市从无到有，再到发展发达的全过程），但他坚持认为，课程的灵魂在于教学生**学会观察**。在 90 分钟的课堂上，随着大屏幕闪过一个个建筑景观，漆黑一片的教室里只听见他时而低声私语，时而激情高亢，300 名学生聚精会神，无不陶醉在他的妙语讲解中。（6 年后，我有幸在纽黑文选到另一位美国杰出建筑史学家文森特·斯库利［Vincent Scully］的类似课程，跟着他学习了整整一学期。两位老师方法不同，所以我建议他们的书最好各读一本。）在那以后，每周我路过30多次的那些建筑突然鲜活了起来，与其他建筑有了天渊之别（同样，每天开着的车子也突然变了，车架的后窗部分让我想起一个多世纪以前的马车设计）。斯蒂尔戈的著作为一个个冰冷无言的物品注入了灵气和生命，使它们以独有的方式向观者敞开心扉，开始倾诉那些不为人知的历史故事。他在《外面世界有魔法》（*Outside Lies Magic*）中写道："历史就在墙面上，只有愿意放下报纸或笔记本电脑的人才会注意到它，思考它。"

斯蒂尔戈鼓励他的学生放慢脚步，"放空大脑"。"放空大脑"的意思是，抛弃对世界已有的认识或假设，不被外表或表象所迷惑。他说，以这种方式探索周围的世界，"首先，可以唤醒年轻人沉睡的韧性，也能使他们拥有走错路再调头回去的愉快意愿，同时学生也能看到，探索需要时间，一个下午是远远不够的，他们会因此明白，每天路过的大街上的很多东西并没有那么简单"。

"重写纸"是一种可将大部分或全部内容都刮去，再另行书写的纸张。斯蒂尔戈说："人类的景观也是如此，敏锐专注的探索者透过阳光，可以在重写纸上看到各种前人留下的痕迹；细心自信的探索者也会察觉到过去几代人留下的各种足迹。"所以，要抬头观察，要留意我们身边那些"无言的倾诉者"。

我的朋友和同事虽没有如此贴切的表达，但他们大都告诉我，一旦对这个世界有了新的发现，就再也不会像以前一样无动于衷。这就像从二维视线转入三维视线。也有点像迈克尔·乔丹在20世纪90年代事业如日中天的时候所讲的那样："我之所以一连几场比赛都能拿五六十分，是因为投篮很简单，我总能看到篮筐，它就像科罗拉多大峡谷一样大，不管怎么投，都不会失手。"

一旦看到差异，新的视野就会永远相随。爱斯基摩人有 50 多个表达雪的词，其中一些是地理原因产生的语言差异，但大多数是生活环境让他们对雪的不同密度和质地了如指掌。只在电视节目里见过雪的休斯敦人看到的仅仅只是“雪”而已，但如果能在阿拉斯加州的朱诺市度过一个冬天，就会对雪有完全不同的认识。看到区别与不同是一种**通过学习获得的习惯**。去另一个大陆旅行，观察那里的新植物，再回到自己的国家，就会发现植物原来如此千差万别；有了游猎的经历，再来到郊区，就会对猫有不一样的认识；买车以后，才会注意到大街上的车子有着不同的品牌和车型。

要学会专注与投入。尽量抛弃走马观花，要放慢脚步，完全置身于到访地。如果旅行的地方有手机信号，你不断查看步数或不停给好友分享的照片点赞评论，那毫无疑问，这次旅行你将一无所获。

20 世纪 60 年代早期，斯坦贝克离开纽约去旅行，试图通过这种方式治愈自己的“焦躁病”。他看到各个地方的城市都大同小异，远不如小镇和乡村的文化多样有趣：“美国的纽约和法国的巴黎、英国的伦敦如出一辙。”洛杉矶、纽约、伦敦、曼谷等许多城市在生活习惯上没什么两样。人们的着装、语言可能不同，也可能生活在不同的气候和地理环境中，但城市仍然是城市。因此，他决定走进美国的乡村，那里的生活因各种农作物和牲畜而多姿多彩。在近 3 个月的时间里，斯坦贝克和查理走了 1.6 万公里，从纽约到缅因州，到俄勒冈，到加利福尼亚，到得克萨斯，又到南方腹地，最后回到东北，他们发现很多闻所未闻的新地方，也对曾经熟悉的一切有了新的发现。斯坦贝克坦言：“我发现我并不了解自己的国家，作为一个书写美国的美国作家，我在用记忆写作，而这些记忆往往是错误的、扭曲的。”他的新发现并不总是令人鼓舞，他说，美国的地区差异正在缩小并慢慢消失，他还注意到，很多地方的饮食已渐渐趋同。斯坦贝克的预言是正确的：美国很快会变成一个扁平的同质化国家。

10年后的1971年，我的朋友马库斯（当时11岁）和斯坦贝克一样，和家人开始了长达3个月的旅程。他的家人花了整整一年的时间，利用夜晚和周末的空闲，改造了一辆旧校车，一家人开着这辆车开始了期待已久的探索之旅。他们横穿加拿大，经温哥华，来到美国西海岸，又穿华盛顿州、俄勒冈、加利福尼亚，进入墨西哥，最后又穿越美国。他说："我在帐篷里连续睡了62个晚上，这次旅行让我看到了不同的生活方式，原来即使在北美，人们的生活也会有不同。"4年后的一个夏天，15岁的马库斯和家人又前往欧洲，再次踏上新的发现之旅。他说，在荷兰露营时听到尼克松总统辞职的消息似乎就发生在昨天；对10多岁的他来说，"从西柏林过查理检查站，进入东德的那一幕，最为震撼"，那次经历他终生难忘，"那是我第一次看到荷枪实弹的士兵在街上巡逻，感觉当时完全被吓傻了"。从此，他决定要积极参与政治。

父母对旅行的热爱深深影响了马库斯对孩子的教育。他在很多国家工作过，已经到过47个国家。他和妻子决定"让孩子每年都去一个新国家"，即使一些目的地他们感觉难以适应。中国、哥伦比亚、越南、阿根廷、俄罗斯、意大利的春假与美国截然不同，但游历过这些地方，孩子们就会有信心到达世界任何一个角落，并知道如何克服交通等多种后勤难题。他的3个孩子后来都在国外学习工作，也都有着强烈的探索世界的好奇和热情，他们知道"世界不是平的——人们的生活方式、看待世界的眼光、价值观、社会组织形式可以千差万别"。

汲取生活的精髓

没有父母陪伴的第一次旅行，是人生中激动人心的重要仪式。丹在冷战时期有过一次为期两个月的西欧之行，也意外到过东欧一些地方。他每天的预算仅 12 美元，两个月里坚持如此。21 岁的丹想在这次旅行中更好地认识自己，他说这段经历让他“挣脱了日常生活的枷锁”。他的父母是加州北部一家条件十分落后的养老院的驻店经理，根据规定，“一些老人可以四处走动，一些只能留在房间”，所以平时他要帮助这些人活动。小时候，他的正式工作是清洁工，他说 :“这份工作很辛苦，因为妈妈几乎有强迫症，每一天，她希望自己看到的任何一个角落都一尘不染。洗碗的活儿也大都归我，学会开车以后，我还常常送病人上医院。”因为经济并不宽裕，他的父亲还打着另外一份工——帮别人修房拆房。丹说，那段时间教会了他自律，也让他没有和一些朋友一样沾上毒瘾，他还回忆说 :“父亲想让我一直在养老院工作，帮着清扫院子，挖水沟。”

丹向往外面的世界，可父亲认为，上学就是在浪费时间。每次看到丹拿起书本，他都会大发雷霆。坐上驶离家乡的火车，20 岁出头的丹没有拒绝内心的呼唤，第一次做出了自己的选择——继续学业。

旅行是一种逃离，对那些生活在极其压抑的家庭中的人来说，尤其如此。几十年来，“追求自由”一直都是各类“成长成年”作品不变的主题。自摇滚乐诞生以来，追寻自由——“如果说还能做什么，那就是离开这个地方”——也一直是这种音乐的歌唱主题。就连对根源的赞颂（想想歌手斯普林斯汀［Springsteen］[1]，还有半数的乡村音乐）起初也都表达了对封闭压抑小镇的怀疑和反抗，正如摇滚明星约翰·梅伦坎普（John Mellencape）[2]所言："即使会在小镇里死去，也必须到过一些大城市。"

马克·吐温的《哈克贝利·费恩历险记》是美国文学史上最伟大的小说，它的主题就是逃离。故事中的哈克逃离了对他拳脚相加的酒鬼父亲，吉姆摆脱了受人奴役的生活。他们坐上临时制作的简陋筏子，沿密西西比河顺流而下，在那里两个人自由自在，不受任何人的束缚——至少短时间内不会。"住在筏子上太棒了！"哈克兴奋地说，

> 整个天空都是我们的。我们躺在那里，仰望满天繁星，讨论它们原本如此，还是碰巧如此。吉姆说，天空原本如此；我说碰巧如此，因为造出那么多的星星要花很长时间。我们抓鱼，聊天，困了就去游泳。

就算只是漂在静静的河上，就算只能仰望星空，那也是自由的。他们逃离了奴役，逃离了父亲的毒打，终于自由了。

旅行使人摆脱条条框框的约束，重新认识大千世界。在另一种文化中待的时间越长，就越能清楚地看到，曾在我们眼中不可替代

---

[1] 布鲁斯·斯普林斯汀（1949—），美国摇滚歌手，词曲创作者，以关注社会、富于诗意的歌词著称。曾推出具有根源摇滚风格的专辑。

[2] 约翰·梅伦坎普（1951—），美国摇滚歌手，画家。作品追求对自身和世界的探索，深爱民众喜爱。

的时尚或重要阶段，其实并没有那么重要。踏上旅途前，就必须丢下一大堆看似不可或缺的行李，忘记所有次要任务。如果你预订了第二天凌晨 5 点的航班，打包行李时突然接到重要工作，需要将 27 项材料带在身边，但箱子里只放得下 5 项，那就果断放弃 22 项，可飞机一旦起飞，你带在身边的 5 项资料也并没有想象中的那么重要，而且在这 5 项你认为极其重要的任务资料中，有 3 项你连碰都不会去碰。放心，天不会塌下来！

到达目的地后，你发现那里的人没有你所承受的压力，当然你也没有他们那样的压力。每个人面临不同的竞争，他们的压力不会让你喘不过气；认识到这一点，很多重担也会自然消失。没有什么比去几公里、几十公里或几千公里外的地方旅行更能让你对生活产生新的体悟，这种体悟类似在光阴的积淀和阅历的增长中得来的真知与领悟。旅行给我们提供了获得这种真知与领悟的条件。

18 世纪中叶，政治家兼诗人歌德为逃离德国上流社会的激烈竞争，来到意大利旅行。穿越阿尔卑斯山脉进入意大利后，歌德如释重负。在那不勒斯，他回信给一位密友："在这里我忘记自我，忘记这个世界，我只想**生活**。"这种愉快自由的感觉持续了数个星期。"那不勒斯是天堂，每个人都陶醉于忘我的状态中，包括我自己。我似乎变成了自己完全不认识的人。昨天我对自己说：要么你以前疯了，要么你现在疯了。"其中一个肯定是真的，因为这两种生命状态完全不同。

完美诠释这种生活热望和物我两忘状态的美国人是亨利·梭罗（Henry Thoreau）。1845 年他搬进瓦尔登湖附近的树林，过起了简朴隐居的生活，他解释说："我步入丛林，因为我愿活得从容，愿汲取生活的精髓，同时看看我是否能掌握生活的教诲，不至于在临终时才发现自己不曾生活过。"从容地生活是指有目的、有思考地生活，不视任何事物为理所当然，并正确判断什么才是生活不可或缺的元素。从容地生活也是有选择地生活。在美国迅速扩张发展时期，因为铁路和电报的出现，人与人之间的联系日益紧密，梭罗却尽力远离给人类带来更多便捷的物质财富。他写道："人类的发明常像漂亮的玩具，会分散我们对人生要务的注意力。"

梭罗渴望抛弃琐碎又分散注意力的物质，将精力投向重要事务："我不希望过那种称不上是生活的生活，因为生活如此宝贵；我也不希望听天由命，除非万不得已。我要生活得深沉，吮吸生活所有的精髓。"他想要追回时光："我要生活得坚定，像斯巴达人一样，摒弃一切不属于生活的事物，辛勤劳作，生活简朴，将生活局限在小范围内，将它降到最低水平。如果证明生活是低贱的，那么就完整、真实地了解其低贱之处，并公之于世；如果证明生活是高尚的，那么就通过实践了解它，并在下一次旅行时，能对它做出真实的描述。"

很多和我聊起年轻时旅行经历的人后来都对生活中的轻重缓急有了别样的理解。经历过极度物质匮乏，再回到富足的物质世界后，他们决定改变生活方式。斯坦贝克在穿越美国后感慨道："我们的城市就像獾洞，洞口堆满形形色色的垃圾，各个城市无一例外。成堆成堆的废旧汽车几乎让整个城市都要窒息。我们喜欢包装——纸盒、金属盒、塑料箱无处不在。我们扔掉的比用过的多得多。"

我的朋友维克托25年前去了厄瓜多尔，据说是为了提升西班牙语水平。回国以后他总会游说遇到的每一个高中生去国外待至少一学期，他说，这有利于提高双语能力，也因为我们"千篇一律的教育使很多孩子对世界其他地方的地理、民族、历史一无所知"。然而，真正改变他一生的学习并不是对西班牙语法和单词的掌握，而是第一次对日常生活有了深刻了解。他遇到的个别家庭吃了上顿没下顿，他告诉我，接触那些穷苦人，亲眼看到他们的生活，体会他们的艰辛，这和上网浏览贫困率或婴儿死亡率等数据完全不同。“相比他们，美国的穷人一点儿也不穷，而我这个中产阶级简直就是生活在天堂了。”当时，美国人的日均收入为 65 美元，厄瓜多尔人则仅为大约 5 美元。维克多从厄瓜多尔的首都基多返程带回家的并不是一件 T 恤，而是一种深入骨髓的领悟：在另一种文化中生活最能迫使我们直面自己的信念。

这些朋友对生活中的必需品、人生的意义、人生的永恒与偶然的理解，同马克·吐温的相互呼应：“如果在地球的一个角落单调地生活一辈子，就不会获得对人对事广泛、全面、仁爱的认识。”带着思考去旅行是教育不可或缺的组成部分，旅行“可以消除偏见、盲从，摆脱狭隘，因此我们都需要旅行”。这就好像是让学生在辩论中为反方辩护。阐明问题的两面不仅有助于开阔视野，强化自己的论点，如果分析和论证站得住脚，也是对反方的一种尊重。

简言之：走出去，站在他人的角度看世界，可以让我们更好地理解、感受、自我反省、自我批评，并学会感恩。

背起心灵的行囊

你的孩子并不需要去某个特定的地方，也不需要在某个特定的时刻出现在那里，初次踏上旅程的孩子只用记住一个核心目标：找不同。我们应努力帮助青少年思考他们在自己的文化中已经习惯的种种。

我做过商务策划师、大学校长，现在是一名参议员。职业生涯中我接触过很多国王、总统、首相、全球知名首席执行官，他们大多温文尔雅，气度不凡，每一个人都是响当当的领导者。和中学生或大学生聊天时，我发现他们似乎都会高估我讲起的这些特殊经历。事实上，这和我21岁前的四次旅行相比，根本不值一提。

这些改变我人生的旅行分别是在8岁、15岁、17岁和20岁完成的。第一次看大海的经历深深印在我的脑海中。那是1980年的2月，我还不到8岁，并不富裕的父母决定带几个孩子去佛罗里达旅行，我心里又喜又怕。那是我第一次坐飞机，总担心它会坠毁，一向钟情创新冒险的父亲丝毫没有在意我的恐惧。我记得，他兴奋地宣布，他特意预订了需要转机的航班，这样我们几个第一次乘坐飞机的孩子就可以多体验几次起飞降落。无奈之下，我只能默默祈祷，努力战胜心理阴影。我记得那次我们一家五口先从内布拉斯加州的奥马哈飞到密苏里州的堪萨斯城，再到圣路易斯，最后才来到佛罗里达州的奥兰多。

对于一个8岁的孩子来说，这个世界突然变得很大，它的形状似乎也发生了怪异的变化。最早我的地理知识仅限于6个州的8个城市，其中7座城市都与内布拉斯加相邻：埃姆斯、哥伦比亚、斯蒂尔沃特、诺曼、曼哈顿、劳伦斯和博尔德。另一个是迈阿密，一座远在东南角像北极星一样的城市。内布拉斯加喜欢橄榄球的孩子对这些城市了如指掌，除迈阿密外，它们都是校园八大联盟（Big Eight Conference，现已不复存在）[1]学校所在地，每个孩子都知道这

[1] 当时的八大联盟（Big 8）是由美国8所大学组成的体育联盟，后来加上从西南分区脱离的4所得克萨斯学校，于1996年组成十二大联盟（Big 12）。后联盟亦有调整。

八所学校——俄克拉荷马和堪萨斯各两所，密苏里、爱荷华、科罗拉多和内布拉斯加各一所。迈阿密会举办每年最重要的比赛——橘子碗国际青少年网球锦标赛，过去30年中，大家一致看好内布拉斯加和俄克拉荷马代表队，认为冠军争夺总会在他们之间展开。总决赛1月1日晚8点准时开始，届时美国全国广播公司（NBC）会直播比赛，播音员唐·克里基（Don Criqui）还会实时点评。

对于生活在没有海滩和山脉的内陆州孩子来说，位于佛罗里达州的迈阿密在地图上看起来更像是另一个国家，它位于美国东南角，几乎被**望不到边的蓝色海水**包围着。我在书本上看过它的图片，在电视上看橘子碗比赛时看过它作为背景的画面，但这些都和实地看到时的感觉不可同日而语。当然，在佛罗里达，我们也和其他游客一样，逛了迪士尼乐园和迪士尼未来世界、布施公园、代托纳赛车场。还去了一个水上公园，当时为了能玩到大孩子才能享受到的水上滑梯，我还故意踮起脚通过了身高测量。但我印象最最深刻的，却是大西洋的浩瀚无垠，原来它的海面如此辽阔。随后我们向西穿过佛罗里达，我这才发现，墨西哥湾竟漫无边际。

我第一次对多样的地形有了初步概念，在我以前的印象中，美国一马平川，只有一眼望不到边的田野，现在看来它和世界上任何一个国家的地形一样复杂多样。离开我们生活的地理地势环境，体验差异，扩增心灵行囊是旅行的重要目的之一。

第二次，我去了80公里外的另一个小城，这又是一次名副其实的成长之旅。从小到大，父亲每周都开车带我去观看或参加一些体育赛事，这些比赛或大或小，或远或近，有些在高中举行，有些在大学。父亲有时也会担任赛队教练或裁判，有时只是球探，大多时候我们的目的只是观看和分析比赛，父亲会说如果他在球场或摔跤比赛现场，会如何指导队员。（直到今天，我的梦想仍然是做内布拉斯加剥玉米人橄榄球队（Huskers）[1] 的进攻教练，这也是我自 1979 年以来一直想从事的工作——这和父亲当年的赛事分析有很大关系。）但 15 岁那年，当我自己驾车带着朋友去看比赛时（当时在内布拉斯加，14 岁就可以考驾照），那些早已熟悉的体育赛事突然变得新奇和不一样了。我跟父母说想向老师请假，带我的朋友观看州田径赛，没想到他们竟爽快地答应了，还说我已经在城里开过一段时间，可以去远一点的地方练练手。

大学毕业 10 年后，我偶遇朋友莎拉，没想到她高中阶段和我有着完全相同的成长经历。她和 3 个朋友开车去看州篮球锦标赛，全程没有一个成年人陪伴。10 岁以后，每年她们几个女孩都会相约去看比赛，不过总有她们的父亲相伴。17 岁那年，父母同意她们独自开车去 240 公里外的赛场。她说："爸妈同意我们向学校请假，所以周四到周日一连 4 天，我们都可以在那里看比赛。"莎拉后来在法国、意大利、以色列、沙特阿拉伯、肯尼亚和澳大利亚等国工作过很长时间。现在她对任何旅行都不畏惧，她相信这种自信就来自父母当年同意她独自驾车外出观看比赛的那一刻。与一位以色列母亲和一位肯尼亚大学校长的谈话深深影响了她的世界观，"以色列斯德罗特市的汽车站已经被改造成了避弹所，那位母亲竭尽所能保护自己的孩子"，"那位肯尼亚大学校长奔走呼号，只想给学生找到足够的饮

[1] 剥玉米人橄榄球队是内布拉斯加林肯大学校橄榄球队（该校有优良的体育传统，校内的各球队都叫 Cornhuskers，简称 Huskers），是全美著名的球队之一，曾在 20 世纪 90 年代三夺全美橄榄球冠军。于 2011 年退出十二大联盟，后加入十大联盟（Big 10）。

用水”。今天她能有条不紊地规划一次行程2.4万公里的长途旅行，都要归功于当年母亲同意她第一次独自踏上旅程。她知道，父母当时完全可以赶到240公里外，为她忙前忙后，但那是一次“卸掉辅助轮”、学习“自食其力”的重要锻炼机会。成功以后，她就再也不会“害怕旅行的各种准备，也不会担心哪些方面会出状况”。她说：“有时也会遇上这样那样的问题，也会紧张失落，但有了那样的经历，也就学会了积极应对和调整。”

州田径赛结束两周后，我再次向父母提出，想请假去看州网球锦标赛。但其实这一运动始终提不起我的兴趣，请假主要是为逃课去奥马哈，我感觉那里要比我们的农业小镇大数百倍，当然其实并没有。还有一次，我们驾车去另一个城市，认识了其他学校的孩子，从此一个更大更精彩的世界向我们敞开怀抱。不久后，每一场州锦标赛我和朋友都不会错过，偶尔我们也会借机和那里的女孩约会。

两年后，父母又同意我踏上另一次成长之旅，和这次旅行相比，以前那些激动人心的出行充其量只算是小小的开端。他们允许我独自踏上东海岸，参观一些可以学习摔跤的大学。我乘飞机，坐火车，转汽车，一路从内布拉斯加到弗吉尼亚再到马萨诸塞，经过了不少地方。1989年的长途旅行让我第一次品尝到了孤独的滋味。如果任由孤独蔓延，后果难以想象，但我很快醒悟过来，没有亲朋好友在身边，就更要做出正确的决定。

1989年11月柏林墙倒塌，当时我很想出国旅行。我生活的地方距离奥马哈市的美国战略空军司令部只有80公里，这里是苏联核导弹打击的主要目标，我和同学对冷战至今记忆犹新。小学几年中，我们有定期的紧急演练，一方面是为防龙卷风，但更多是为躲避炸弹。这段经历给我留下了难以磨灭的印象，所以很想看看东柏林、西柏林，东德、西德，东西欧洲。

第四次是 1992—1993 年，我在欧洲度过了大部分时间，其中几个月待在东欧。在那里，近半数的人口是最近才脱离苏联的统治，在那之前，苏联领导他们几十年之久。商店货架上几乎没有几样商品。朋友斯科特刚刚搬到柏林东部，我们决定坐火车旅行一个月。我们只有少量现金，一路上主要靠火车时刻表、《旅游指南》和向其他旅行者打听消息安排行程。我记得，我们问到的旅行者中还有一些在背包上缝了加拿大国旗以防他人注意的异常谨慎的美国人。一路上，我阅读了很多类似《省钱大比拼》的书，学到一些节约技巧。为省去住宿花销，我们宁愿花 8—10 小时，乘夜间火车到另一个城市。买不起餐馆的饭菜，就只能在背包里塞几罐花生酱和芥末酱，一到目的地，两个人便赶忙冲向面包店抢购新鲜烤面包。在摩纳哥的蒙特卡洛，虽然没有吃到美味的鸭蛋，但那些香甜的面包还是让人回味无穷。在那之前的几个月我刚看过电影《偷心大少》（*Dirty Rotten Scoundrels*），我想，当时我们或许一直在期待电影中男主角的扮演者迈克尔·凯恩（Michael Caine）能突然出现，赶走像我们一样的伯蒙特流浪汉。

旅行途中，我们渐渐对商人，特别是酒店经理的说辞产生怀疑。在还没有耶普和猫途鹰（TripAdvisor）这样的点评和旅行网站的时候，要在火车站附近找到一家像样或价格低廉的旅馆，就只能靠打听或碰运气。一次，我和斯科特半夜才到雅典，本以为找到了一家不错的旅馆，付款前我们要求服务员带我们去看房。看到的房间整齐干净，我们当即答应住下来，付款以后，没想到却被安排到了大厅对面一个又破又旧的房间里，两张床之间的地板上有个排水沟，那就是我们的厕所。之前在北非，我们遭到热心地毯推销员的武力胁迫，这一次在希腊虽然没有遭遇同样的危险，但旅馆的诱售伎俩让人同样痛恨，没有一定的经验和勇气，很容易受骗上当。

在这次欧洲之旅中，我们上过的最精彩的一节感恩课却并没有发生在地中海的里维埃拉，当时饥肠辘辘的我们终于买到了面包；也没有发生在阿姆斯特丹那个让人寒心的火车站，一个暴脾气的警察不停地赶我们，不让在那里过夜。应该说，是那个1月的寒夜让我们真正懂得了感恩。我记得，我们身上的钱快花光了，在要穿过亚得里亚海的时候，为了节省开支，我们在一艘游轮大小的渡船上买了露天通道的座位。当时气温已降至零下，我们睡在座椅上，身上裹了背包里能找到的所有衣服。从那天晚上开始，我对出门要带的衣物有了新的认识（参见本章末尾的行李技巧）。

所有这些经历——有在布拉格查尔斯大桥上听吉他弹唱的美好时刻，也有在罗马被抢劫的惊魂一幕（现金和护照因为放在其他地方有幸没有被抢走）——无论好坏，都比我在大学课堂里学到的内容更具有改变和教育意义。

和陌生人共进午餐

1992年圣诞节前的那个星期天发生了那一年最重要的一件事——一件永远不可能被提前计划的事。几位上了年纪的遗孀在柏林一所教堂做完礼拜后，邀请我和斯科特去家中吃午饭。饭桌上闲聊的时候，我们谈到了第二次世界大战。从1885年到1910年，我的家乡内布拉斯加州涌进大批德国移民，一战前他们大多教书或做生意，所操语言都是德语，后来一些人开始怀疑和敌视德国移民，他们只好改讲英语。刚开始几位老太太追忆起了移居美国的生活，但很快就转向希特勒上台和一个非常敏感的话题：普通德国人对二战负有怎样的责任。我们聊了很久，虽然话题沉重，虽然我们5个人年龄和语言有别，但在品尝那些德国美食、坦诚交流的过程中，我们的心却贴得越来越近。

最后，主人跟我们分享了二战期间，家族中其他女性相互慰藉的故事（男人们都上了战场）。她说，母亲和姑妈成了大家的主心骨，她们带家人共度艰难时期。

和我们共进午餐的几位女性虽然和我的人生经历截然不同，但那次对话引发了我们对人性的共同思考，也使我在旅行过程中完全出乎意料地和一些陌生人建立了某种值得终身珍视的联系。我开始重新认识生活中的“优先事项”，重新探索我们共同的人性。

过去几年中，身为参议员，我到过伊拉克和阿富汗战区，也目睹了愈演愈烈的叙利亚难民危机。我和许多国家的军事领导人、情报官员会面，在这些国家区分好人和坏人比想象中要困难得多。一次，和巴基斯坦领导人就该国打击中亚圣战分子的行动交谈以后，我得出这样的结论：面对异常恐怖的威胁，结成临时联盟——尽管很难做出合理解释——显然是各种糟糕的选择中“不算最糟”的一种，至少在一段时间里是这样。那次会议上，我们并没有取得多少共识，当然也没有就政府行动的伦理或道德边界达成一致，但至少我们一致同意，必须沉重打击贩卖人口和以宗教名义大开杀戒的犯罪网络。

乔·唐纳利（Joe Donnelly）是来自印第安纳州的民主党参议员，我们一起参加了在巴基斯坦西北部落地区举行的多次会议，会上我们没有任何分歧。美国媒体称，共和党和民主党从来都不会取得共识。诚然，在一系列国内事务和经济政策上双方分歧明显，但面对圣战分子的自杀式炸弹袭击，共和党和民主党这样的标签已毫无意义，在这一问题上，两党意见完全统一。巴基斯坦之行，正如我25年前的东德之旅一样，使我对“优先事项”一词有了新的认知。

在这个崇尚廉价娱乐的时代，旅游大受追捧，旅行却鲜有人问津。我猜，有很多人和孩子共同参与的家庭旅行除了让孩子出现在旅途中外，不会对他们的身心有任何大的帮助。正如我在书中所述，教孩子做出正确的选择需要花些功夫。如果我们真希望孩子学会探险，能够体验旅行带来的成长，就必须：(1) 鼓励他们独自旅行，这意味着家长必须克服各种担惊受怕；(2) 帮助他们树立消费型旅游并非旅行的正确理念。

要做到第一点，就要敢于拿掉“气泡垫”，鼓励孩子踏上探险之旅，哪怕只是很不起眼的一小步。让8岁的孩子为家人规划一次市内徒步行就是很好的尝试；同意12岁的孩子独自去周边的城市一日游，不久你会发现，他会更自信地踏入万里之外的另一种文化。有些孩子从小爱探险，这样的孩子不需要鼓励，但其他孩子必须有家长的督促和推动才能克服对未知的恐惧。

要正确认识旅行。它是一种需要准备和开放心态并强调**主动参与**的活动，从本质上讲，旅行是一种劳动。如果不懂当地语言，可以学习基本的旅行用语，鼓起勇气用它来交流。我在每次旅行中都会努力用当地人的语言打招呼，虽然有时会无人理会，遭遇尴尬，但更多时候是出人意料的温暖回应。**旅行前**，一定要了解到访地的历史和文化。等到达诺曼底以后，才从旅游手册上草草了解它在二战中的地位，自然为时已晚，最好能提前看几部纪录片，如果旅途中又有其他事物引发兴趣，可以继续跟进学习。此外，要尝试新鲜事物，即使它让你感到很不自在；出错、迷路并没有想象中那么可怕。接触或了解的新事物（如吃当地饭菜，饮用当地饮品）越多，就越能感受到自己真正到过一个地方，而不仅仅只是那里的匆匆过客。

艰辛的旅行可以激发无尽的求知欲。1992 年圣诞节前，乘火车离开柏林的时候，我的大脑飞速运转，当时迫切想要了解二战中的柏林经历了什么。这不是老师布置的会给我们打分的作业，而是一种强烈的内在求知欲。成功的旅行能够唤起我们对历史、地理和比较经济学的学习欲望。读一读宗教朝圣日志，看看探险家的故事，了解他们开辟的新贸易路线、新的定居点等；翻翻那些曾为追逐名利而大胆探险的美国人的故事。旅行是一种体验历史的方式。读修昔底德的《伯罗奔尼撒战争史》虽能给人深刻启迪……但不免有些枯燥；带上他的书，去爱琴海海岸，一边漫步小山丘，一边品读书中的文字，会有另一番趣味和收获。几个朋友都说："年轻时候的出国旅行让我学会了思考，越来越成熟，也让我爱上了阅读。"旅行过程中，我们得以穿越时空，体验别样的生活方式，旅行归来，看到的是一个全新的世界，因为旅行者的视野已经改变。

所以说，要有更多的旅行伴侣，除了同行的伙伴，也要有下一章谈到的经典名作。

培养良好的旅行习惯

——多出行，少带行李，多购地图

激发孩子旅行兴趣的最好方法首先是带他们去其他地方，

其次是让孩子参与规划全家人的旅行。有了合理的规划和准备，这种习惯不难养成：

- 从小做起。打印出从你们家到孩子奶奶家的路线图，高亮出你们选择的路线，并把它挂在车的前排座位后，方便孩子在行车过程中了解路线。返回的时候，强调所走路线。常和孩子谈论路线。
- 让6岁的孩子点一份比萨，付钱给送餐员，再问问他的送餐路线。拿出地图让孩子查看这条路线。
- 带上孩子出差。做大学校长和参议员的时候，每个月多数时间我都回不了家，所以干脆就带上孩子出差。很多人可能奇怪会议室后面为什么有一个5岁、10岁或15岁的孩子在读书，那又怎样？和父亲共度的时光，以及孩子们在此过程中学到的地理和文化知识远比屈从于代际隔离的社会习俗重要得多。多年来，我多次带孩子出差，这不仅让我们有了更多美好的回忆和共同经历，也让我们有机会一起阅读学习，这一切仅靠学校或课堂是做不到的。
- 停下来观察纪念碑等历史地标。
- 让孩子规划家人的假期旅行。先让他们规划一次一日行——也许只是一次市区徒步。一步步地再让他们规划完整行程。允许孩子犯错——错误自有其美妙之处，孩子们能从中充分获益。
- 如果生活在城市，可以带家人到农村生活几周（不是度假）；相反，如果生活在农村，那就去城市待一段时间。对于有固定工作时间和工作场所的人来说，这很可能行不通，但今天工作上"从一而终"人已经越来越少。我曾经和几个朋友聊过"去别处生活两个月"的想法，刚开始他们都认为不可行；但过去5年大家的经历表明，一旦下定决心，总能找出时间，这种旅行将改变整个家庭。

● 了解伟大探险家的故事。我家附近的一个小镇是以约翰·C.弗里蒙特（John C. Fremont）命名的，他是一位参议员、废奴主义者，也是第一位共和党总统候选人（1856）。大家都称他为"探路者"，我家就在他西部探险的一条十分有名的路线上，所以很小的时候他就是我的偶像了。弗里蒙特带队进行过四次大规模的探险活动，还在加利福尼亚建立了熊旗共和国，很多人认为是他统一了北部和西部。时至今日，我还会放下手机，花三四个小时和孩子们沿普拉特河漫步探险，完全回到大自然的怀抱。这个时候，我会感觉和弗里蒙特一起踏上了19世纪40年代的探险旅程。

● 高中阶段让孩子休学一学期，去远方的亲戚家，做一份工，最好是需要动手劳动的工作。

● 观看讲述伟大探险家的纪录片。追寻那些曾经为寻宝而勇敢前行的探险者——利夫·埃里克森（Leif Erickson）、达·伽马（Vasco da Gama）、哥伦布。看看著名导演肯·伯恩斯（Ken Burns）制作的有关美国总统杰斐逊的历史纪录片，了解他派遣刘易斯和克拉克考察并绘制路易斯安那版图的历史。早在英国人和西班牙人提出领土要求前，两位探险者就已经横渡大分水岭，到达太平洋西北沿岸。

● 最大限度地减少行李。一些旅行者懂得如何将行李减到最少，旅行作家苏珊·海勒（Susan Heller）给出了一条经典建议：

“旅行前，把打算要带的所有衣物和钱都拿出来，然后带上一半的衣服和两倍的钱。”我们不可能为所有突发事件做好准备，所以大可不必在行李上大费心思。

● 轻装旅行的第一步：买一个能承重八九公斤，质量很好的背包；仅带一些便于携带的物品（遵守衣物“三原则”：一件穿的，一件洗的，一件晾晒的）。乘坐火车和汽车去远方旅行，爱上步行……让孩子们背上背包，带少许日用品和食物，现在就踏上他们的改变之旅吧。

第八章

与书为友

欧洲建于历史，美国建于理念。

——玛格丽特·撒切尔

美国不同于其他国家。它的建立经过了深思熟虑，美国的建国先贤对天堂与地狱、权利与义务、国家与个人，对他们期望建设的能够促进人民向真向善向美和热爱思考的社会，有着深刻的认识。

所以，这个国家总是令人神往。

我们的定居者和建国先父对各种社会议题都有自己的观点和思想，尽管这些观点可能大相径庭，交锋激烈。他们追求宗教自由、言论自由，不愿受制于在他们看来已经腐败堕落的英国国教；离开旧世界的清教徒带着特殊的虔诚和强烈的民主公民意识，最终实现了现代宪政自治。

没有印刷文字，美国建国先父的宗教和政治思想就无法得到广泛传播与推动。因此，如果无视印刷文字不可估量的历史贡献，就不可能充分理解美国的建国英雄和他们为后世缔造的这个国家。

美国的开创者紧抓印刷革命之机，借印刷文字使其思想与学说迅速传遍祖国各个角落。今天，如果忘记这一创举和事实，就意味着，我们并不理解阅读会深刻影响我们的所思所想，影响我们与他人的关系，以及对未来的规划与设计。正如本书反复提到的，共和国需要广泛的民众参与。民主国家每一位公民都有责任主动了解国家现状，唯有如此，才能充分参与国家建设，捍卫立场，也才有望达成充分共识，互信互助，更好地治理国家。为此，我们必须具备至关重要的批判能力——能够对信息的来源、可信度及各类情况做出准确评估，也就是说，要能识别事件背后的动机，拨开迷雾，消除意见冲突与分歧，揭开真相。今天，这些技能与习惯已经被淡忘，自由共和国所需要的据理辩论的能力已日渐失去。

要让自己和这个国家有希望，有前途，就必须在步入成年的道路上重拾这些技能。否则，等待我们的只有困境与绝望。如今，五花八门的报道，错误引导大众的各类信息铺天盖地，社交媒体上传播的“假新闻”不绝于耳，所以我们每个人都必须对所谓的新闻持怀疑态度。数字通信革命使信息的获取更容易更便捷，健康不健康的都会随之而来。对负责任的成年人和美国公民来说，专注的批判性阅读是必需品，不是奢侈品。

美国的前程取决于这样的认识——阅读可以医愚，阅读润泽灵魂。今天我们要做的就是找回阅读的兴趣和习惯。

电子产品的干扰和阅读习惯

上一章提到了我的好友斯科特，20 多年前的一个冬天，我们曾结伴出国旅行。此后，他大部分时间都待在匹兹堡，从事法律工作，还在少年棒球联合会（Little League）给 5 个调皮的儿子做教练。荣升父亲以后，我们常常交流子女教育经验，分享孩子成长的喜悦，讨论文化不正之风可能对下一代造成的不良影响；有时我们也会反思：作为家长，我们是否帮孩子们为以后的生活打好了基础。斯科特是个可爱的怪人，从哈佛大学毕业后，他要偿还学业贷款，也担心自己不再热爱劳动。于是，他竟不声不响地去了一家铸造厂，在那里劳动了大半年，才开始找第一份正式工作。

去年，斯科特对孩子也采取了同样未雨绸缪的教育，他说："我和嘉莉担心孩子们不爱读书，感受不到书籍的阳光与温暖。你希望自己的孩子在上大学前读些什么？"没想到这个看似简单的问题却花去了我好几个星期。

我和梅丽莎尽力教几个孩子会读书、爱读书，但却从未考虑过时间问题。斯科特提到的时间——"**上大学前**"，让我们感到时间异常紧迫。没错，应该在他们离家上大学前，不仅要教会他们识字读书，更要让他们习惯于品读经典。我们知道，孩子们要成为真正的美国人，就必须阅读，而且要理解阅读对共和国举足轻重的意义；即使周围的电子产品越来越多，越来越诱人，也仍要坚持激发孩子强烈的阅读欲望。但如果没有合理的阅读计划，一些都将是空谈。孩子们不一定能在上大学或工作前读完所有经典之作，但如果他们能主动确定书目，从一些入门级图书读起，我们的目标也就达成了。

平时，我们应指导和鼓励孩子创建长期阅读书单，与他人互相推荐喜爱的作品，并在与人交流的过程中调整自己的书单，虚心向人请教。这样的过程不同于要求孩子们阅读适合每一个人的一成不变的几部作品，而是告诉他们，应该有动态调整的书目，可以在五六十本重点作品中有优先阅读的书籍。首要目标是让他们认识到"盛年不重来，一日难再晨"，这就要求他们在选定自己喜欢的特定书籍后懂得统筹安排时间。其次是鼓励他们与身边的朋友或邻居多交流，并在此过程中确定接下来要阅读的作者与作品，而不是每次都只谈电视节目。有意思的是，几个孩子在和堂姐妹聊天的时候常会引用《宋飞正传》（*Seinfeld*）[1]里的台词，莎翁戏剧里的台词如果也能让孩子们如此着迷，那就更有意义了。

做一个文化人是一种选择。真正的阅读不是被动地紧盯着电子屏，它需要专注、投入和积极的提问与质疑，这是当今孩子们最欠缺的一种习惯。问题的核心不在于，你手中是传统的纸质书还是新潮的电子书，而在于即使面对电子书，也能有高度的自律，能抵制诱惑，不会时不时地查看电子邮件、游戏排名或浏览社交媒体。真正的阅读需要专注、投入。美国人的注意力总是被新东西带跑，对即时性的迷恋侵蚀了我们的好奇心，分散了注意力，使专注持续的思考日渐稀缺。数字世界以难以抵挡的魔力，吸引着我们的孩子臣服于各种花花绿绿即时性的东西，这不仅削弱了他们对文字的兴趣，更可能使其从公民降级为臣民。在家里，我会要求全家人每天留出一小时，这段时间里，家长和孩子都要离开手机、电视或电脑，聚精会神地投入书籍的怀抱。

美国劳工统计局的数据显示，目前普通美国人每日人均阅读时间只有19分钟，年轻人的阅读量远低于全国平均水平。越来越多的年轻人失去阅读的兴趣，这不仅仅是他们个人的悲哀，也是对尊重阅读、鼓励阅读的民主理念的一种威胁。改变一个人的除了他所阅

[1] 美国全国广播公司（NBC）出品的《宋飞正传》是20世纪90年代美国备受喜爱的情景喜剧，获得了包括金球奖、艾美奖在内的众多奖项。该剧贴近生活，剧中很多台词已经演变为日常口语，很多经典桥段更被编入了英语学习教材。

读的书籍，还有与他一起阅读、讨论和争辩的阅读群体。书籍在今时今地带给我们新的朋友，也使我们得以穿越时空，和不同的人建立起密切的联系。

电影电视也能带来共同体验，但文字主导型文化不同于图像主导型文化。文字影响着我们的写作、言谈、思考和记忆。每一届总统大选，人们都会感叹竞选辩论的浅薄与空洞，也会无比怀念当年林肯和道格拉斯辩论的真诚与深度。但今天的美国人已经鲜有聆听林肯－道格拉斯式辩论的耐心或耐力。1858 年 8 月 21 日，林肯和道格拉斯约定在伊利诺伊州的渥太华市展开几场长时间的辩论，其中一次，道格拉斯连讲 3 小时，而在另一场辩论中，林肯建议中场休息，以便听众能“回家吃晚饭后，精神振作地继续观看后面 4 个多小时的演讲”。

我们已经丧失了那种热情，或者更准确地说，没有了全神贯注持续阅读的习惯，这是林肯和道格拉斯激烈而又令人愉悦的辩论产生的基础。共和国的存续离不开知情而充分参与的公民，因此勤奋阅读和理性思考仍然是解决当前很多重大问题的关键。

欣喜的是，这些技能可以自学而来，美国独特的历史文化提供了大量丰富的养料，能够助力我们的年轻人重燃阅读兴趣。

没有硝烟的革命

对刚刚迈入成人世界的年轻人来说，要了解美国在世界历史上的地位，蜕变为坚韧理性的美国公民，以继承者的身份充分参与我们的自治工程，就必须首先了解能轻松、廉价地获取图书对人类有着怎样不同寻常的意义。美国的建国之父提出，**自治需要全民的参与与思考**，这一理念的提出前无古人，它是理解美国自治的源起与传承的一把钥匙。

我们很多人都参加过新年活动中的问答游戏：“去年谁是全球最具影响力的人？”或“哪位运动员是某项运动某个赛季的最佳球员？”有时，历史教授也会在期末考试中设计类似的问题：“哪位领导人是某事件或某事业的灵魂人物？如果没有他，谁又会创造怎样的结果？”大家想想看：谁是现代世界最具影响力的人？你认为谁是近千年来最值得我们崇拜的人？

有人会说是牛顿，他的运动定律和万有引力定律彻底改变了物理研究。或爱因斯坦，他的相对论动摇了牛顿物理学的基础，改变了我们看待空间和时间的视角。还有人会说是华盛顿、杰斐逊或麦迪逊。或有人会回答是达尔文和他的进化论，或爱迪生和他发明的灯泡，或哥伦布、伽利略或达·芬奇，或晶体管、集成电路的发明者或美国高级研究计划署网站的创建者。

在所有这些领域的背后，一位发明家的贡献最为关键，因为他的发明是所有其他发明的基础。要过上自由殷实的生活，就需要具备读写能力；要拥有自由富裕的公民，或希望经济创新发展，就必须拥有能读会写的民众；要民众有文化，就要为他们提供大量的阅读内容，因此必须以低廉的价格提供书籍、手册、报纸、期刊，以及其他任何值得阅读的东西。数百年来，直至今天的数字时代，印刷机不可或缺。

难以估量从没有文字到阅读的普及是怎样的巨大变革，这一变化得益于一个人的发明，此人便是我心目中的“千年风云人物”——约翰内斯·古腾堡（Johannes Gutenberg），我们应向他致以深深的敬意。

1454 年，印刷机首次亮相，用一位学者的话来说："它预示着一场**没有硝烟的革命**已经到来。从德国到整个世界，媒体革命将带来新知识的广泛传播和不同知识的交叉与融合。"印刷机问世以来，年复一年一丝不苟地抄写手稿的抄写员退出历史舞台，取而代之的是排版人员，他们可以在几天内印刷出数百本图书。古腾堡的发明淘汰了低效的知识储存和传播方式，著名社会哲学家刘易斯·芒福德（Lewis Mumford）说，在那之后，"学习变成了基于书本的学习"，任何人都可以通过书本来学习。

可以说，这是最能弥合贫富差距的历史事件。在信息获取方面，穷人突然变得和富人不相上下，这也是此后穷人融入更多社会活动的前提和基础。印刷品让阅读不再专属于某一群体，它滋养了我们的文化土壤，催生了文艺复兴、宗教改革、启蒙运动，以及萌芽于 17 世纪，全盛于两个世纪后的政治、科学和工业革命。印刷机"不仅仅是技术创新的胜利"，还是"传播西方文明的最佳媒介"，它使不同历史时期、不同地域思想家的远见卓识会集在一起，在更广大的世界播撒下思想的火种。最重要的印刷品——书籍，成为"主宰世界最有效的手段之一"。

印刷术早在古腾堡之前就已存在，但因为效率低下，长期以来并未产生显著影响。此前，一个人平均每天可以印出一页几乎完全不出错的手稿，但古腾堡的发明使印刷效率提高了数百万倍，它在一夜之间改变了世界。对各类报纸和图书的需求急速增长，人们开始通过书本贪婪地获取前人的智慧、最新消息、各地风土人情和人类在各领域积累的丰富知识。在短短 50 年的时间里，1000 多个印刷商在欧洲 350 个大小城镇开设店铺，出版书籍类别 3 万—3.5 万种，总计 900 万—2000 万册。

不出所料，《圣经》成为古腾堡印刷的第一部作品。直到大约公元 1000 年，整个欧洲知识最渊博的仍属神职人员，他们垄断了图书，其他人几乎只能通过图符和画像来学习。古腾堡印刷机出现以前，《圣经》受到教堂的控制，部分原因在于，《圣经》价格昂贵、生产难度大；另外，教堂也希望以此限制《圣经》流通，控制阅读人群。印刷机大幅降低了印刷成本，印刷效率陡然提升，从此阅读和知识的获取不再被少部分人所独占，整个社会“今非昔比”。从手稿文化到印刷文化的转变堪称地覆天翻。手稿必须妥善保存，如果你有西塞罗的《书信集》（*Letters*）或欧几里得的《几何原本》（*Elements of Geometry*），而且都是独本，那么你很可能不会与他人分享这些稀有而又极易损坏的宝贝。你会精心保护，防止它们发霉、长虫，被他人损坏。对其主人来说，实体书本身比书中的内容更重要，因为你要确保这些书稿保存完好，后世精英和学者还能看到这些文献。

古腾堡的发明所催生的印刷文化使复制变得简单轻松，印刷工人的劳动也不再机械枯燥，他们为自己亲手印制的材料能够为更多人阅读而感到兴奋。人们的注意力从图书的保存开始转向思想的**传播**，从此，书籍从传家宝演变为一种普通**工具**，各种邪恶或正义的思想开始广泛传播。

从阅读到思想市场

古腾堡发明印刷机以前，书籍皆用学者的语言拉丁语写成，因此它们是精英阶层的专属品。印刷机出现后，印制各种语言的图书，

古腾堡“没有硝烟的革命”不久便引发流血冲突。这场革命打破了原有秩序，揭露了旧制度的不堪一击。在路德的抗议之后，宗教战火在欧洲燃烧了一个多世纪。最终，宗教宽容取代以宗教为幌子的残忍杀戮，宗教和政治自由的新时代终于到来。

从此，人们初步认识到了“错误”或“虚假”思想与“非法”思想的区别。从17世纪中叶起，作家也踊跃加入，为宗教和出版自由大胆辩护。他们指出，思想不可能被武力消除，只能被更先进、逻辑更缜密的思想所驳斥。虽然不同的立场观点仍可能引来杀身之祸，但这一时期，思想的市场已经形成，最具影响力的思想者几乎无一例外地成了优秀营销人员。

美国是一个辩论社

17世纪欧洲人踏足北美，建立定居点，就是古腾堡缔造的多元世界的直接结果。不理解宗教冲突对这个国家的意义（要知道人们清醒罕见地选择了不再容忍冲突），就不会理解他们当初踏上这片大陆的初衷，也不会理解150年后，也就是1776年美国的诞生，以及1787年在费城召开的制宪会议。美国构想的北极星——宪法第一修正案对宗教自由、集会自由、出版自由、言论自由和抗议自由的保护，体现了我们对自由及如何保护自由的核心认识。这些自由正是源于古腾堡发起的伟大革命，以及由此带来的百花齐放的媒体文化。

从马萨诸塞到弗吉尼亚的所有定居者不再认为自己是远离故土的临时避难者，而是拥有了一个新的共同身份：“首批美国人”，最早的代表人物是本杰明·富兰克林。孩子们都知道，他是《独立宣言》

的签署者、宪法的共同制定者，是发明家、外交官、气象学家、慈善家、科学家和故事王，也是最早的废奴主义者。没错，他就是这样一个多面手，但所有这一切都离不开他的早期经历。

很小的时候，富兰克林就离开家自己创业，成了一名出版商。年纪轻轻的他写道："印刷工作者应该有这样的信念——如果在某些问题上，人们意见不一，就应该给予它们同等机会，使各种观点都能为公众所了解。"努力养家糊口的富兰克林成了富有的作家和报馆老板。18 世纪初，这位精明强干的创业者意识到，要增长财富就要丰富出版物，满足多种阅读需求。富兰克林左右开弓，史上最畅销的图书之一《穷人理查德年鉴》给他带来丰厚的经济回报，但他的主要印刷物却是宣传手册和各种教人们如何自助的论述文章。1734 年，富兰克林推出《每个人都是自己的医生》，两年后，又出版《每个人都是自己的律师》。之后，他半开玩笑地发表公告称，该系列的第三本书将定名为《每个人都是自己的牧师》。这些超级实用的作品背后潜藏着一个政治目的——教读者不再依赖遥远陌生的专家，学会自我管理。

殖民地时期，美国仍是一个男权社会，很多有关性别和种族问题的重要讨论尚未展开。但从非奴隶家庭的层面看，早期美国很可能是**人类历史上文盲率最低的地方**。殖民地人民对图书有着异常深厚的情感，他们战胜风浪，漂洋过海，运输的主要货物就是图书。历史学家根据现有文献推断，当时白人男性的识字率在 89% 至 95% 之间。

独立战争爆发前，成千上万的小手册、传单、大幅报纸为美国的自由独立事业提供了智力支持。文史学家埃米莉·加西亚（Emily Garcia）评价称，托马斯·潘恩（Thomas Paine）的《常识》（*Common*

Sense）是“第一本美国畅销书”，也可能是“有史以来最畅销的出版物之一”。早期定居者并没有将思想视为无用之物，他们懂得，文字可以给人生存的力量，也可以引发一场革命。美国第二任总统约翰·亚当斯临终前告诉一位知名报纸编辑：“革命在战争开始前就已经爆发，革命思想已深入人心，民众对他们的职责和义务的认识今非昔比。”美国人共有的阅读习惯和由此带来的对思想的亲近，“使人们的观点、态度、情感、认识发生了根本性转变，这才是真正的美国革命”。

杰斐逊的公民教育大纲及其衰败

建国时期这种不同寻常的民众参与何以能更加持久？在所有革命家中，托马斯·杰斐逊对这一问题思考得最多最久，“如何使美国成为永远自由自治的共和国？”为此，他殚精竭虑，饱览群书。杰斐逊1743年出生于弗吉尼亚州的沙德韦尔，这位《独立宣言》的起草者是美国开国元勋中受教育程度最高的一位。他9岁开始学习法语、拉丁语和希腊语，16岁进入威廉－玛丽学院。他求知若渴，并将个人收藏的6400册图书捐给了之前在1812年被英军烧毁的国会图书馆，这批图书也成为重建后的国会图书馆收藏的第一批图书。早年间，为偿还债务，杰斐逊还曾忍痛割爱，变卖大部分藏书，但很快又购回更多，正如他给朋友和竞争对手约翰·亚当斯写信说到的那样：“失去书，我就会失去生命。”

再次提到杰斐逊，不是因为他酷爱学习，或在出任总统后建成弗吉尼亚大学，而是因为他骨子里就是一个民主主义者。他认为，保护自由需要全体人民齐心协力，而不能仅靠一小部分精英人士；他希望“所有自由人，无论男女老少”都能学习最基础的阅读、写作和历史知识。提升民众的阅读能力是杰斐逊孜孜以求的重要事业，在他看来，读书是自由的先决条件。

被称为“蒙蒂塞洛的圣人”的杰斐逊在侄子彼得·卡尔（Peter Carr）的教育中发挥了重要作用。1785 年，杰斐逊离开美国出任驻法大使，但他和侄子的书信往来并没有中断，他建议彼得，“现在该选些好书阅读了，开始一些常规课程；不要被书中的内容所禁锢”。杰斐逊敦促侄子大量阅读希腊和罗马史，并只读原作，不读任何译本，建议他先泛泛了解，再不断深入各种传记和历史，要阅读“希罗多德、修昔底德、阿里安、库尔提乌斯、狄奥多罗斯、尤斯提努斯等人的作品，要读色诺芬的《希腊史》和《长征记》”。他给侄子的书单里还有希腊和拉丁语诗歌，他推荐了维吉尔、泰伦斯、荷马、欧里庇得斯、索福克勒斯等诗人和作家。他还说，在英语方面，“要形成自己的风格和语言特色”，要阅读弥尔顿的《失乐园》，要广泛涉猎莎士比亚、亚历山大·蒲柏和乔纳森·斯威夫特的作品。在道德教育方面，杰斐逊建议侄子精读斯多葛派哲学家爱比克泰德和塞涅卡，以及柏拉图的所有对话录和西塞罗的每本哲学论著。从这些建议中，能够窥到杰斐逊为一个 15 岁的孩子制订的理想课程方案。虽然彼得仅相当于今天高中二年级的学生，但杰斐逊开出的阅读书单已经与经典研究方向研究生的相差无几。

为什么要关注杰斐逊为彼得制订的课程方案？看到这份让人望而生畏的书单，我们很多人可能会感到内疚，因为我们既没有坚定的意志，也没有足够的注意力能够专注地阅读如此规模宏大的书目。但我们是不是也该想想，孩子们实际上可以专心致志地阅读大量经典作品。我和梅丽莎并没有给自己的孩子——以及所有美国孩子——制订这样繁重详尽的阅读任务，但无论如何，应该了解美国人为何放弃原来的读书计划；也要问问自己，今天我们是否早已偏离这一习惯？

深入探讨我们放弃杰斐逊推荐的希腊和拉丁语经典作品的原因并不是本书关注的重点，但带来这种结果的部分原因值得探究。首先，人口的激增，特别是19世纪20年代以后的移民大潮，使大多数教育工作者渴望通过更简单实用的课程，帮助新移民融入美国社会，顺利就业。其次，移民的增加带来更加多样的文化，很多人开始怀疑经典阅读是否有益于年轻人的成长。另外，科学的迅猛发展要求课程中融入相关科学内容，同时它也开始动摇宗教在人们心中的地位，很多人阅读经典的兴趣一落千丈。最后，20世纪的阅读教学方法有所改变，特别值得一提的是，“整体语言”教学法逐渐取代原有的拼读法，传统或经典作品在教学中日渐式微。

但忽视阅读的罪魁祸首可能还是20世纪中叶电视机的问世。从那时起，电视取代文章和杂志，成为美国人获取信息的主要来源，新闻也开始更加关注娱乐讯息。在过去的75年里，美国人均报纸发行量稳步下降，从第二次世界大战后的35%跌到了2010年的不足15%。今天人们纷纷通过网络获取信息，报社也只能不断裁员合并。在饱受争议的2016年总统大选期间，44%的美国成年人说，他们的信息来自“脸书”（Facebook），这将带来严重复杂的后果，毕竟没有编辑把关的网络新闻充斥着大量虚假信息。

在这样一个文化交锋激烈的时代，传统主义者和进步人士都常错误地认为，在某个明确的时刻，我们毫不迟疑地做出了放弃阅读经典的决定，但事实并非如此。没有人比查尔斯·艾略特（Charles

Eliot)更能令人信服地解释美国社会放弃阅读经典的复杂性。1869年，35岁的艾略特成为哈佛大学近400年历史上最年轻的校长，他着手将北美大陆最古老的大学从一个以宗教课程为主的院校打造成世界一流的研究型大学，原有的经典文化课程被无情压缩，科学、数学、现代语言和工程学等应用学科大幅增加。因为修订后的课程方案更重实用性，人们常认为，他是反对或怀疑经典阅读的代表性人物。

实则不然。1909年临近退休的哈佛大学校长艾略特澄清了自己的观点。他义正词严地指出，阅读“伟大作品”是社会阶层流动的主要途径。他跟一群工人说，虽然不是每个人都能进入哈佛深造，但每个人都可以像“哈佛人”一样畅游书海。艾略特说，一个“五尺[1]书架”可以为“所有酷爱阅读的年轻人提供通识教育，即使他们每天只有15分钟的阅读时间”。从全国各高校的课程来看，学科分类越来越专业，越来越细化，但美国人公认的文化名人艾略特却语重心长地鼓励年轻人广泛阅读，始终推崇“世界文化”的理念。

当时最大的出版社之一科利尔的编辑被艾略特的阅读情怀深深打动，并从中发现商机。他提议艾略特为自己演讲中提到的“五尺书架”列出具体书目，然后由出版社将其推向市场。于是就有了51卷的《哈佛经典》(*Harvard Classics*)，这部作品集于1909年首次面世，旨在分享“从荒蛮时期到19世纪末人类取得的巨大进步”。《哈佛经典》涵盖文明史、宗教与哲学、教育、科学、政治、文学批评和美术6个领域。

丛书问世20年后，销售量突破35万套。事实证明，美国这个

[1] “五尺”合1.524米。

受过良好教育的国家对经典之作仍兴致不减。

经典之争

很多精英人士不懈努力，希望能够重温经典，为新时代的美国人编辑一套能让他们喜欢的、能够唤起共同记忆的经典系列丛书。其中最积极奔走的两位是1929—1945年出任芝加哥大学校长的罗伯特·梅纳德·哈钦斯（Robert Maynard Hutchins）和哲学家、著名作家莫蒂默·阿德勒（Mortimer Adler）。看到美国工商界人才培养越来越职业化、专业化，他们担心整体教育水平直线下降，于是决定开办夜校，帮助热爱思考与学习、希望通过批判性阅读提升教育水平的美国人。最初在芝加哥，后来学校辐射到全国多个城市。第一批夜校学生中有一位美国不列颠百科全书公司的经理，他从中嗅到商机，委托哈钦斯和阿德勒挑选出为西方文明发展做出卓越贡献的经典作品。

但哪些作品才算“经典”？历史上，经典意味着必读，这也就是说，一些作品可以不读，但哪些“可以不读”常引发激烈争论。最后，哈钦斯和阿德勒为他们54卷的经典丛书订立了3个标准：首先，必须紧贴时代；其次，值得反复品读；最后，必须是“有关伟大思想的伟大对话”。在阿德勒的带领下，100多名研究人员投入近40万小时汇编了名为《西方世界伟大著作》（*Great Books of the Western World*）的大型丛书。出版工程耗时8年，百科全书公司投资高达200万美元，最终于1952年出版。同时，丛书有一个两册的索引，名叫《西方大观念》（*A Syntopicon*），收入了包括“存在”、“机遇”、

“习惯”、“幸福”、“革命”、“时间”和“暴政”在内的102个西方“伟大观念”关键词。1952年4月，在纽约市华尔道夫酒店举行的图书发布会上，哈钦斯骄傲地说：“《西方世界伟大著作》代表的是一种虔诚和敬意，这里有西方文明的源头，它是前人留给我们的宝贵遗产，是西方思想的代表，这才是它对人类的真正意义。”

很多人购买过这套丛书，也从这些伟大思想中充分汲取了养分。但总体来说，阿德勒和哈钦斯的出版计划以失败告终，因为无论从学校课程还是公众的阅读选择来看，经典已经被无情淡忘，丛书的出版并未能扭转或减缓这一趋势。20世纪60年代到90年代，越来越多的高等院校取消人文素养必修课。强调经典阅读的“核心课程”[1]备受诟病，受此影响，在很多学校，“核心课程”完全被叫停。

以“核心课程”著称的哥伦比亚大学也未能幸免。批评者称，经典书目的作者大多都是“死老白”（dead old white guys），也就是说，绝大部分经典都是过时的白人男作家的作品。他们质问：“女性、少数民族和穷人很少著书立说，即使有，作品也很少保留下来，难道他们的生活与经历不应被关注吗？是谁在决定一本书是否经典？经典不就是当权者希望我们阅读，以强化偏见，巩固霸权的东西吗？判断本身难道不是一种歧视吗？真理不应存在于每个人的心中吗？”对于倡导多元文化的人来说，创建任何具体阅读书目都会被视为狭隘的民族中心主义或巩固特权的行为。

[1] 1919年，哥伦比亚大学在全美高校中率先推出“核心课程”教育计划，实施通识教育，帮助大学生在大学前两年里，通过阅读、听课、讨论、辩论等手段了解西方文学、艺术、音乐、文化等。“核心课程”强调批判思维能力的养成，旨在为大学生建构一套价值观和思维逻辑体系。

20 世纪 80 年代末，批评者最终胜出。文学评论家赫希（E. D. Hirsch）的《文化素养》（*Cultural Literacy*）和哲学家、古典学者艾伦·布卢姆（Allan Bloom）的《美国精神的封闭》（*The Closing of the American Mind*）相继出版，两位作者都为受过良好教育的美国民众疏远经典阅读而痛心疾首。两部著作虽很快荣登畅销书榜单，但它们都是在课程大战中败下阵来的一方发出的无可奈何的哀叹。赫希不无遗憾地说，他是一个“政治自由主义者”，认为“民主国家要想提高全民教育水平，就必须高度重视传统教育”，有人却因此称他为反动分子。布卢姆也得出类似的结论：“放弃阅读经典会使人更封闭狭隘，也会强化一种致命的认识，即‘当下就是一切’。”最终布卢姆选择了听天由命，认为全社会对共同文化的追求注定只是徒劳。

本章最后我会阐明赫希的观点是可取的。在媒体极尽所能迎合个体消费者所需，经济压力日益增大而且经济日趋恶化的当今世界，拥有一些可以勾起回忆和发起讨论的共同立场、共同基础尤为必要。但要避免在确定阅读书目上过于耗时耗力，我建议可以先分类，再做进一步的选择。

从整个社会看，1987 年发生在斯坦福大学的一幕是西方经典被永久边缘化最真实的体现。民主党总统候选人杰西·杰克逊（Jesse Jackson）带领 500 名学生在帕罗奥游行，抗议斯坦福大学提出的新生必须学习“西方文化”的要求。全国各大报纸和晚间新闻都报道了抗议者的口号：“嘿嘿，吼吼，西方文化要滚蛋！”在斯坦福大学决定放弃原有课程方案的那一刻，我们很多人也都痛心地感受到，一个时代已经离我们远去了。

个人经典与国家经典

本章，实际上整本书，都在探讨如何帮助**年轻人**重建勤思笃学、坚忍不拔的文化，本章重点不在于叹息美国人对**国家**经典的漠视，但……

个人永远是社会的一分子。知识分子不仅在阅读他人的作品，还常选择与人结伴而读。如果大家不能紧紧团结在一起，有人势必会脱离轨道。在全民阅读计划上我们的确犯过错，因为阅读不仅仅关系到**个人**的行为与信仰、也关系到**全社会共同遗产**的保护与弘扬。只有找到一些共同的出发点，才能展开积极有益的讨论，找到突围困境的方向。

共同的**知识**基础是参与讨论的前提。对全民经典阅读的否定不仅会使某些知识边缘化，还必然造成全民共同**经历**的减损。整个社会对伟大思想的轻视与抛弃不仅无益于个人，也会削弱国家凝聚力，加剧两极分化。

20 年前，米德兰大学决定取消内容丰富的核心课程。担任该校校长期间，我注意到由此带来的一些重要内容的缺失使学生变得浅薄无知。如果有人能理由正当地提出削减或删除课程中的某些内容代之以其他，也无可非议；因为即便如此，学生、教师、校友至少也有共同的阅读体验，哪怕他们只是以此作为出发点进行辩论。以前在学校，学生吃饭的时候，输掉比赛的时候，晚上熄灯前聊天的时候，反思一段感情的时候，或有学生在事故中丧生或诊断患有绝症的时候，大家会有讨论这些问题的共同语言。现在这种共同语言已经不复存在。原本，共有的阅读传统和从书中汲取的丰富营养既能将我们紧紧黏合在一起，也能使新移民更顺利地融入社会，每个人都愿为生活于其中的这个共同的国家积极贡献才能和智慧。

如果公民忽视自己的责任，将自由视为理所应得；如果年轻一代对美国人享有的自由及其目的懵懂无知，共和国将面临永恒威胁。忘记历史，忘记我们共同的故事，祸患无穷。

我们辜负了美国的年轻人。因为迫切需要我们传递的，对美国的伟大试验至关重要的思想和理念，并没有传给他们（下一章将详细论述）。如果我们连他们需要继承的这个民主共和国的基本财产都不能传下去，那么当他们的时代到来时，他们将如何引领这个国家？我们需要给知识设置底线，需要创造培养共同价值观和情感的平台。如果下一代能够牢牢把握民主共和制的本质和精髓，这个国家就会有希望。美国的试验还在进行，历史上我们不断尝试，不断摸索，几乎所有的努力也都得到了应有的回报，美国也因此成为自由的国家。建国近 100 年后，我们毅然决然取缔奴隶制，从此“自由”一词在美国的内涵更加丰富。

但对自由的发展与丰富，助力美国人摆脱奴隶制原罪的伟大思想并不是无源之水或无本之木。美国历史上最雄辩的总统亚伯拉罕·林肯慷慨激昂地说，新的非裔美国**公民**的存在将使美国这块织锦更加绚丽。他给后人留下不少警言妙语：“一个分裂的国家没有立足之地”、“自由的新生”，“对任何人都心怀善意”等，林肯深得复兴美国理想之秘诀。

然而，林肯却没有读过高中，更没有上过大学，只有一段律师学习的经历。林肯出生于 1809 年（美国购买路易斯安那不久），父母都是肯塔基州边远地区的贫苦人。这位“伟大的解放者”说，他一生在学校学习的时间加起来不足一年。但他具备优秀学习者的品质，完美继承了美国的文学传统。林肯在演讲和写作方面的伟大成就，得益于儿时自己和母亲对阅读的酷爱。他喜欢莎士比亚，经常引用《哈姆雷特》和《麦克白》中的对白，对拜伦、威廉·考伯、爱伦·坡、蒲柏的诗歌爱不释手。罗伯特·彭斯的许多诗他都能倒背如流，而且还能用苏格兰口音为家人朗诵。他对英王钦定版《圣经》的内容和节奏熟稔于心，因为小时候母亲经常借微弱的火光为他大声朗读。

林肯如饥似渴地从经典作品中汲取养分，一部部伟大著作不仅改变了林肯个人，也改变了我们的民众。所谓的国家经典是那些能够团结而非分裂我们的作品，品读这些作品能帮我们重新找回共同的意义和目标。

这并不是说，一份经典阅读清单可以唾手可得。批评者指出，过去的经典书目以统治者和强者为中心，忽略了其他群体。本章并不试图建议政府开出统一的全民书单。担任公职的这些年里，我也并不支持联邦政府对各类社会问题给出想当然、一刀切的解决方案。那么，告诉大家该读些什么书关一个美国参议员什么事呢？

在此，我要做出两点回应。首先，在我写作本书的过程中，参议员的身份早已无足轻重，我的立足点是一位美国公民、父亲、读者和前大学校长。我们的孩子几乎已经完全丢弃传统，这让人极端痛心失望。其次，提出创建书单，也是希望能发起某种讨论，提供某种参考。我的目的不是建议以政府的名义创建阅读书目，也不是要提议将某一阅读计划强加于美国民众。教授历史并不意味着要不加批判地全盘接受我们的历史，也不意味着要简单地随波逐流。应该看到，生活在共和立宪制国家，就一定会有抗争，有异议，有辩论，但如果我们不基于共同的历史和共同的出发点，就不会产生任何有意义的辩论。

因此，我希望孩子们首先养成良好的个人阅读习惯，再循序渐进，走进更多经典。必须重启大众广泛参与的对话，真诚讨论哪些思想能够凝聚人心，团结万众。为此，要激励孩子严肃阅读，为他们提供丰富的读物，唯有如此，才能帮助他们充分享受这份传统的饕餮盛宴。

今天，社交媒体和其他渠道的各类信息排山倒海而来，假新闻层出不穷，在这样一个特殊的历史时期，深入理解我们共有的历史有其特殊价值。事实上，在这个民众能够自主选择新闻，并很少踏出个人朋友圈的时代，重新唤起人们对一些共同知识的关注，具有重大现实意义。只有保护和获取我们共有的知识，才能消除差异，回归这个国家的核心精神财富。也只有在这一基础上，才能清晰勾画出我们共同的未来。

创建自己的经典书单

在我和妻子看来，要让孩子与书为友，养成终生阅读的好习惯，就要帮他们在十几二十岁的时候和书结下不解之缘。当然仅读书评远远不够，还要选择特定图书。对孩子们来说，培养浓厚的阅读兴趣不仅要靠直觉和广泛涉猎，也要制订科学合理的阅读计划，这样才能从流芳后世的伟大著作中充分汲取养料。

我决定发挥模范带头作用，为孩子们示范与经典为伴的生活。家里的书房和客厅里并没有摆放奢华的大书架，主要是不希望他们看到图书被用作摆设，成为装点豪华的架子。我的意图是让孩子们学会创建自己的书架，这个架子上的每本书他们都会反复研读。社会节奏的加快和电子产品的干扰是人们缺乏深度阅读的主要原因。但也要看到，我们已经不知不觉地让阅读数量破坏了阅读质量，只有反反复复阅读几本或几十本重要文本，才能让他们成为一家人的共同精神食粮，可惜今人已鲜有这样的习惯。

依照查尔斯·艾略特的“五尺书架”建议，我在书桌旁放置了高约 1.5 米的书架，摆放上 60 本图书。这些书并不完全是朋友斯科特想了解的“孩子们上大学前应该阅读的图书”，但既然他给孩子们设定了“上大学前”的时间限制，我也就仅选择了 60 本能够改变人生的经典图书。

为给孩子们做表率，也为我个人更好地阅读与成长，我开始着手确定书目。

学校和公共图书馆也常会推荐图书给孩子，但我发现，他们列出的作品往往数量过多，而且大部分都是通俗易懂的叙述性作品，对存有争议的政治性话题也多有讨论过于片面或简单的嫌疑。身为父母，我们应尤其重视孩子的阅读内容，切实肩负起培养他们良好阅读习惯的责任。

美国是一个拥有众多社区和亚文化的国家，多元多样既构成挑战，也带来无限机遇。但要在广泛多样的基础上协商求同，就应转向更有原则和更审慎的多元主义，而不是某些现已存在的无序和分的文化。求同的方式是让各个家庭、社区和宗教团体首先阅读、了解并热爱自己的传统，然后再去聆听其他家庭、社区和群体的人们，做到互学互鉴。

我和梅丽莎决定让孩子们了解我们心目中的 60 本经典，同时也开始创建我们的“家庭经典”。

我的“五尺书架”

创建书目的过程既愉快又有些尴尬。我从原来的书架上取下书、制作索引卡、与朋友交流、重新归类，又因为知识盲区而多次犹豫迟疑，整个过程耗费了很长时间。每拿起一本书，我都会问自己，它是否足够重要，足够有趣，以后是否还会捡起它。最后，我从不同类型和体裁的书籍中选出代表性作品，这样做既节省了时间又符合我的做事习惯，同时便于下一步再做筛选。面对这些代表性作品，我在想，我是不是可以给家人或朋友买这些书，作为礼物送给他们？或者我会不会已经送过了？

我们看看这份动态书单中有哪些书，而哪些又不会进入我的书单。首先，尽管各领域都有西方文明的经典之作，但我不会荒唐地认为，只有白人男性才可能成为真正的思想家。毫无疑问，一些曾经失去自由，穷困潦倒的思想家和诗人也拥有伟大的思想，只可惜他们的作品已经失传。我在书单中放入了多本希腊罗马作家的作品。其次，一些古代书籍的确完整保存了上百年，甚至数千年，但不能仅因为它们是古书而将其列入书单。除非是古物研究者，否则写作年代久远不应成为我们选择阅读书目的核心标准。研究亚里士多德的伦理学和荷马的史诗不是因为它们成书于久远的古代，而是因为它们揭示了永恒的真理。阅读奥古斯丁和乔叟，是因为从中可以窥探到人的灵魂和内心世界。在监牢中坚持创作的圣保罗和马丁·路德·金完美展现了人的谦逊和坚毅不屈。最后，神学在我个人的书单上占有很大比重，这在很大程度上是因为我的硕博士论文都以宗教历史为研究主题。但更重要的原因是，基督教中的原罪和救赎教义已经深入我的骨血。《罗马书》第五章对《创世记》第三章中提到的人的原罪的解释值得我们终身探究。

我的书目里没有“拙劣的”书，也就是说，我要保证，我的孩子废寝忘食，一连几天或几周埋头阅读时，他们不是在浪费时间。依我拙见，书目中确有一些是“错误的”书，这样的书有它们的存在空间，无疑，总有一些内容值得深思，且会带来深刻的意见分歧。下面提到的书不见得每本都或真，或善，或美，也就是说，一些书中的观点我并不认同，部分观点甚至让我感到害怕。但出现在我的“五尺书架”上的 60 本书，每一本都**意义非凡**。我们一定要能抵制不良思想，明辨“拙劣的”书和“错误的”书。现实生活中，希望总有一些观点让你气恼不安，催你冲破迷雾，更加强大坚定。

入围我个人经典书单的图书多达上千本，但为选出 60 本经典中的经典，我决定在每种类型中最多留 5 本。经过一次次整理分类，最后终于分出 12 个大类。不少分类和我当时的设想相差甚远，目前分类工作也还在继续中，具体如下 ：

（1）上帝

（2）西方文明之根——古希腊

（3）思乡的灵魂（或基础人类学）

（4）莎士比亚

（5）美国构想

（6）市场

（7）暴君

（8）物之本性（或人文视角下的科学）

（9）美国小说

（10）？

（11）？

（12）？

到第 10 类的时候，分类变得有些困难……也有些尴尬。

大学期间，我痴迷于一些极具影响力的文学作品，其中包括大多数人不常接触的**囚禁**主题。但增加“高墙文学”这一类别似乎有些怪异。即便如此，纳尔逊·曼德拉里程碑式的回忆录《漫漫自由路》（*Long Walk to Freedom*）、惨遭纳粹迫害的神学家迪特里希·朋霍费尔（Dietrich Bonhoeffer）的《狱中书简》（*Letters and Papers from Prison*）、马丁·路德·金催人奋进的《伯明翰监狱的来信》（*Letter from a Birmingham Jail*）都以一种特殊的方式深深影响了我。这些作者并没有因为身陷囹圄而丧失斗志，他们心系更多人的自由。从这些狱中留下的文字可以深切感受到，没有人能完全掌控自己的命运。环境并不具有决定性。一个人可能会身陷高墙，孩子或配偶可能身患重疾，乘坐的航班也可能因糟糕的天气无法准时起飞，一生中很多时候，人都会受到外部因素的制约。“完全自由”的生活总是被涂上迷人的浪漫主义色彩，但这种色彩迟早会退去，它不是生活的本来面目。高墙文学以截然不同的视角看待生活中的种种束缚，那些最优秀的高墙作家并不仅仅在书写自己的自由，自怜不是这些作品的本质。他们的文字表明，生活的意义并不在于尽力**摆脱束缚**，而在于永远都有**冲破束缚**、勇敢抗争的**自由**。

另一些对我的人生产生深刻影响的作品涉及“皈依”主题。从大学开始我就注意到，身边不少辩才无碍、侃侃而谈的朋友都在宗教或其他一些重要问题上改变过立场。这些人往往是最优秀的作者，那些只摇旗呐喊但从未被任何新思想说服的人似乎只是平面的，而非完全鲜活的，这样的人从未真正经历过痛苦的挣扎。C. S. 刘易斯曾是无神论者，理性主义者，但31岁那年选择皈依基督教，并在《返璞归真》（*Mere Christianity*）中解释了自己的决定。刘易斯坦言，皈依基督教是与作家J. R. R. 托尔金（J. R. R. Tolkien）、G. K. 切斯特顿（G. K. Chesterton）“危险邂逅”的结果。他说，切斯特顿的《回到正统》（*Orthodoxy*）为毫无戒心的读者“处处设置陷阱”；事实上，就连J. 格雷山姆·梅钦（J. Gresham Machen）的《基督教与自由主义》（*Christianity and Liberalism*）这样极具争议的作品也会让人沉迷其中，即便有时你会讨厌它的核心观点。一些书之所以引发争议，是因为它们勇于面对真正重要的问题，能迫使专注严肃的读者表明立场——阅读过程中我们总要停下来，认真思考后才做出决定。我想犹太裔美国人也有很多类似的作品，当然，如果美国的穆斯林也能推荐一些皈依伊斯兰教的代表性作品，供广大读者阅读、讨论、思考，我们的国家就会更加令人向往。

过去30年里出版的图书似乎没有一本进入我的书单。不过，尼古拉斯·尼葛洛庞帝（Nicholas Negroponte）的《数字化生存》（*Being Digital*）不容错过。书中，尼古拉斯对不断颠覆更多传统领域的信息技术给予深入浅出的讲述和分析。迈克尔·刘易斯（Michael Lewis）在《魔球》（*Moneyball*）中分享了美国职业棒球界球团经营策略逆向思维的精彩案例，这样的作品同样不可多得。打车应用“优步”和“来福车”颠覆传统出租车行业的事实表明，人类的吃穿住用行将越来越多地受到数字技术的影响。

很惭愧，我的书单分类中看不到诗歌。虽然前几大类中收入了荷马、乔叟和莎士比亚的部分作品，但必须承认，它们在诗歌大家族中只占很小的比例。多年来，我一直要求孩子们吟诗写诗。书单中居然没有它们的影子？

历史作品同样不见踪影，天哪，我可是史学工作者！

最后我意识到，何必要纠缠于尚待完成的书目分类？何必要为所选图书的“边界”问题大费周章，确定核心书目才是重中之重。所以以下图书仅仅只是所属大类的代表之作，不能因此误认为每一类别中的经典作品只有寥寥三五部。但无可否认，入围的每部作品对每一个美国人都有着深刻的启示意义，无论你来自哪个种族，有怎样的信仰和经济政治背景。这些作品直击我们的观念和认识，迫使我们澄思寂虑，积极行动，为下一代将要继承的宝贵的自治试验添砖加瓦。

有如此丰富的思想宝库等待我们去探索，那就抓紧从第一类开始吧……

类别1：上帝

我是谁？我来自哪里？我们在宇宙中处于怎样的位置？这些问题都离不开上帝。无论是否相信神灵的存在，每一个受过教育的人都应该阅读一些圣经书籍。仅《创世记》前11章，也就是亚伯拉罕出现前的故事，就值得花一整年的时间专注阅读。《马太福音》是新约福音书中犹太特色最浓厚的一卷，它记载了耶稣的生平与职事，最能体现坚韧不屈的意志。《罗马书》是基督徒信仰的根基，它对整部《圣经》做了系统的神学论述。

要追问上帝的本质，就必须思考上帝与人的关系。马丁·路德在他的《〈加拉太书〉注释》中将基督信仰的核心——罪人唯靠基督因信称义——阐释得淋漓尽致。同样，约翰·加尔文在其代表作《基督教要义》中说，如果从人类堕落的问题开始问起，那么就一定能看到我们的堕落残缺与正义标准（也就是圣洁神圣的上帝）之间的距离。如果一开始就提出上帝的本质、无限存在的哲学问题，就会意识到，人类以及人世的烦恼是多么渺小和不值一提。不管从诚实描述人类的堕落开始，还是从敬仰神之完美出发，一个问题的提出总会将我们带到解答另一个问题的道路上。我们的狡黠让每一个老实人瞠目、畏缩。

在犹太－基督教传统看来，我们所有人最基本的需求除食物、住所和性以外，还有与上帝的关系。我们能够感受到灵魂对某种更强大神圣力量的渴望，这种渴望非人与物能够取代。没有这种信仰或信念的人可以通过阅读，更好地了解上帝的子民。

犹太教、伊斯兰教和其他宗教的信徒也应加入讨论，推荐他们传统中举足轻重的神学著作。

类别2：西方文明之根——古希腊

无论你的祖先来自哪里，要解决最广泛、最深刻、最古老的问题，就要通过阅读回溯到古希腊时期。但这并不意味着仅仅停留于了解柏拉图、亚里士多德及其同时代其他智者对后世作家、思想家、政治家（如奥古斯丁、莎士比亚、美国的建国元勋等）的深刻影响。要知道，古希腊思想家在艺术、文学和哲学等**各领域**都取得了开创性成果。

阅读古希腊人的作品，你会很快发现自己已经不自觉地加入了历史上最持久的哲学论战：支持柏拉图还是亚里士多德？要想有进一步的了解，就要从亚里士多德的《伦理学》以及柏拉图的《克里同篇》开始。如果你喜欢物、热爱自由，就是站在了亚里士多德一边；如果你被原始极权主义所吸引，倾心于柏拉图所讲的理念与精神，或对血、汗、泪的价值持怀疑态度，那么我还是建议你多读亚里士多德。（如果古希腊有表情符号，我还真想在这里放一个。）

古希腊人不仅在哲学上造诣匪浅，其他领域也同样惊艳世人。他们创作了经典传奇故事，如荷马的《奥德赛》；发展了编年体这种史书体裁，如修昔底德的《伯罗奔尼撒战争史》，这本战史讲述了雅典和斯巴达两个城邦联盟之间的冲突故事，以独特的视角审视了战争的本质；古希腊人也懂得如何娱乐，世界首位悲剧作家索福克勒斯的“忒拜三剧”（《安提戈涅》、《俄狄浦斯王》和《俄狄浦斯在科罗诺斯》）是令人叫绝的伟大作品。今天看来，它们是完完全全的弗洛伊德式著作。

古希腊人对后世影响深远，过去2500年中的许多先贤圣哲都可以在古希腊探寻到其智慧的源头。

类别3：思乡的灵魂（或基础人类学）

让我们从古代和异教转向中世纪和基督教。在《奥德赛》这样古老的故事中，斗争是外在的，发生在神灵与妖魔鬼怪之间，但奥古斯丁在《忏悔录》中呈现的却是一种发生在自己和内心的恶魔，以及难以压制的强烈欲望之间的内在斗争。他与个人欲念的顽强斗争，很可能是我们能读到的最古老的成年故事。

其他早期基督教思想家则在作品中谈到，灵魂是脆弱而且容易误入歧途的。他们在作品中塑造了探索者、徒步旅行者和真理的探求者，充分体现了灵魂的**脆弱**与**迷茫**。坎特伯雷大主教安瑟伦（Anselm）的《上帝何以化身为人》（*Why God Became Man*），就在探讨曾经困扰奥古斯丁的一大难题——为什么“我求非我喜”，他的作品因此揭示出人类灵魂的斗争，反思了人类无法自我革新的影响和意义，最后，他对化身和赎罪有了全新的理解。马丁·路德在《意志的束缚》（*Bondage of the Will*）中得出这样的结论，唯有神恩能够拯救亚当自私的后代。基督教神学家、经院哲学的集大成者托马斯·阿奎那的《神学大全》，是一部用基督教观点阐述自然和社会一切问题的中世纪神学世界观百科全书，作者将亚里士多德哲学与基督教神学相调和，构筑起一个庞大的体系。

但中世纪那些讲述人的漂泊游荡并从中得到启示的作品，并非每一部都具有宗教性质。乔叟的《坎特伯雷故事集》（*Canterbury Tales*）看似讲宗教朝圣故事，实则指向复杂的人性和人的灵魂。无论是否信教，我们每个人都会面对他在故事中探讨的欲望、嫉妒及俗世的种种困惑。

正如之前提到的，不同宗教传统的美国人应各推荐几部经典宗教作品，给读者以不同的视角和观察。前文也提高，除《圣经》外，我想不出还有哪部著作能比让·雅克·卢梭的《爱弥儿》更让我困扰、不解、担忧和关切了。我曾在大约一年半的时间里都和它形影不离，深入其内核，能够看到卢梭自己对青少年教育的困惑和茫然。他把自己的孩子留在了孤儿院，却为读者奉上了教育思考的大餐。（对此，你做何感想？）《爱弥儿》告诉我，应该给孩子们提供一些更浪漫的人类学作品。我个人认为，卢梭在某些观点上是极其错误和危险的，但他的错误既有趣，也相当有分量。每一次阅读《爱弥儿》，我都会有新的思考和收获。柏拉图主义者喜欢卢梭，我不喜欢柏拉图，也不喜欢卢梭。但应该有人告诉我们，《爱弥儿》是一部引人深思的大作。事实上，如果我没有研读过卢梭及其他像他一样睿智的思想家的伟大著作，就不会写出现在这本书。

类别4：莎士比亚

学校常要求孩子们先阅读《贝奥武甫》（*Beowulf*）[1]和其他用古英语、中古英语写成的作品的节选，然后再慢慢接触其他英文文学作品。但相比这些“老古董”，莎士比亚更能激发小学生的阅读欲望。

达娜是加利福尼亚州州府萨克拉门托市的一名高中英语教师，几年前她在《华盛顿邮报》发表文章称，她讨厌教莎士比亚的作品。“很多顶尖文学作品都比莎士比亚更适合我的学生，也更能满足来自不同民族和对这个世界充满好奇的现代学生的需求。”她甚至抱怨说，“莎士比亚使用的早期英语连她自己理解起来都很费劲。”

我们应该同情她的学生。如果这位老师的批评无关爱情、背叛、自我牺牲、焦虑、复仇、救赎、身份的误判，她就没有真正领会莎翁的作品。在莎士比亚的文字里，我们能够看到人类所有情绪，甚至包括青少年所独有的喜怒哀乐。这位“吟游诗人”创造了数以千计的新词语，如“addiction ”（上瘾）、“cold-blooded”（冷血）、“swagger”（趾高气扬）、“uncomfortable ”（难受）等，很多词一直沿用至今。

莎士比亚的作品内容丰富、主题多样，很难单独挑选出某几部戏剧作品。如果大家已经读过《罗密欧与朱丽叶》，那就细细品读一下他的历史剧和政治剧。《哈姆雷特》和《李尔王》呈现了复杂的家族内乱带来的权力纷争以及手足相残的悲惨结局；《恺撒大帝》和《麦克白》则展现出权力悬而未决时人的坚持与挣扎。除戏剧外，他的

---

[1] 《贝奥武甫》讲述了斯堪的纳维亚英雄贝奥武甫的英勇事迹。它是迄今为止发现的英国盎格鲁－撒克逊时期最古老、最长的一部较完整的文学作品，也是欧洲最早的方言史诗。它完成于公元8世纪左右，与法国的《罗兰之歌》、德国的《尼伯龙根之歌》并称为欧洲文学的三大英雄史诗。

十四行诗留下了对爱情的热烈赞颂，诗中蕴含的哲理，流露出的细腻情感，以及语言的绝美，至今为后人所称颂。

最后，对莎士比亚的作品，我想说：不要只是默默欣赏，要抑扬顿挫地大声朗读出它们的节奏和韵律来。

类别5：美国构想

美国的《独立宣言》不仅仅是向国王乔治三世宣布“美国人”和英国人要分道扬镳，从长远来看，它阐明了“在任何时候、对任何人”都适用的“不言自明的真理”——人人生而平等，造物主赋予我们不可剥夺的生命、自由和追求幸福的权利。

要理解林肯在内战期间将《独立宣言》称作“金苹果”，将美国宪法称作“银框架”的原因，就应该从阅读这些文献的原始文本入手。《联邦党人文集》（*The Federalist Papers*）是作者亚历山大·汉密尔顿、詹姆斯·麦迪逊和约翰·杰伊伟大思想的集中体现，同时也是对宪法意义和内容的重要充实和丰富。

最早考察美国宪政共和制的法国政治思想家、历史学家托克维尔为我们提供了剖析这一新试验的另类视角。其他章节将会详细介绍他的《论美国的民主》（*Democracy in America*）一书，但在此我仍想提醒读者，这部著作值得一字不落地仔细研读。

要更透彻地了解美国的政治愿景，弗雷德里克·道格拉斯的作品不可不读。曾经身为奴隶的道格拉斯是美国19世纪废奴运动中的著名黑人领袖，他的自传《弗雷德里克·道格拉斯：一个美国奴隶的生平自述》（*Narrative of the Life of Frederick Douglass, an American Slave*）畅销多年。这部选词精当、震撼人心的传记作品深深打动了公众，成功营造了废除奴隶制的社会舆论氛围。林肯与斯蒂芬·道格拉斯1858年的辩论直指奴隶制的存废，他们的精彩辩论为即将到来的美国内战奠定了舆论基础。尽管美国构想不尽完善，但要一睹它的真容，最好还是从弗雷德里克·道格拉斯的叙述读起。

类别6：市场

公元1000年到1800年，几乎不存在经济增长的概念。此后，人口暴增，生产力飙升，原因何在？很显然，其背后推手就是工业革命和技术创新。这一切都离不开自由市场的发展。

尽管争取人的自由也是美国历史非常精彩的一部分，但它并不是过去200年的历史主旋律。纵观这一时期，最引人瞩目的当属物质财富的极大丰富。人们开始思考，如何在日益不确定的未来确保经济充满活力，自由发展；如何保证物质财富持续增长，同时又能不受物质至上主义的奴役。

现代经济理论的源头可以追溯到遥远的古代。古希腊哲学家亚里士多德的《政治学》在第一卷就讲到了家庭经济。他认为，家庭成员是公民社会的基础，家庭是政治经济的基本组成部分。这位非凡的智者告诉我们，自由社会应该设计制定能激发人主动性、深入人心的良好制度，这种社会才是经济永葆活力的关键。

从这一背景出发，可以走进更多以自由市场为主题的经典作品。亚当·斯密（Adam Smith）的《国富论》（*Wealth of Nations*）阐明，开明的自利推动世界发展；想了解这一思维是如何在早期美国生根发芽的，最好能翻阅查尔斯·塞勒斯的《市场革命：杰克逊时代的美国（1815—1846）》；要透视二战后的自由市场，经济学泰斗米尔顿·弗里德曼夫妇（Milton and Rose Friedman）的《选择的自由》（*Free to Choose*）值得推荐；美国著名生物学家、生物地理学家贾雷德·戴蒙德（Jared Diamond）的《枪炮、病菌与钢铁》（*Guns, Germs, and Steel*）见解独到，论述严谨，再现了早期创新理念对当今经济增长的重要意义。

类别7：暴君

这是一个十分重要但又让人异常痛苦的类别。任何自由教育都需要系统了解自由的敌对面；我们的开国元勋饱读史书，竭力以史为鉴，避免重蹈失败政府的覆辙。杰斐逊为侄子彼得推荐的历史著作也大都提及暴君、独裁者和专制君主。这类作品以专制、暴政为主题，但我所选定的书目主要聚焦于极权主义——一种特殊的暴政。

“千禧一代”似乎越来越迷恋极权主义，这一苗头让人忐忑不安。他们并不清楚这意味着什么；幸运的是，通过阅读相关书籍，这种盲目的选择可以得到及时纠正。

汉娜·阿伦特（Hannah Arendt）的《极权主义的起源》（*Origins of Totalitarianism*）对科学种族主义和反犹太主义的兴起造成19世纪欧洲大屠杀的分析鞭辟入里。

最惊悚的暴政或许就出现在英国作家阿道司·赫胥黎（Aldous Huxley）的反乌托邦小说《美丽新世界》（*Brave New World*）中。在这里，国家提供足够的致幻剂等药物，性爱成为人们麻痹自己的正当娱乐，在这个人人安居乐业、衣食无忧的“幸福”世界里，人变得消极被动。更悲哀的是，很多人并没有意识到他们已经沦为奴隶。《美丽新世界》就是共和国失去美德和活力后的样子。

类别8：物之本性（或人文视角下的科学）

将科学排除在外的通识教育是残缺不全的，但这并不意味着一定要有扎实的科学、技术、工程和数学（STEM）专业知识。对于非技术人员而言，要想从**人文主义**的独特视角认识科学，就要深入探究几部该领域的代表性作品。自然科学不应该被划分为独立的研究领域，它应该是一个融合哲学、科学观察、实验与分析的有机整体。

在诉诸科学往往意味着消除论争，而非激发进一步讨论与探索的当下，也就是说，在我们面对另一种暴政的今天，从人文主视角阅读科学书籍显得弥足珍贵。学生对真正的科学不甚了解，求助于权威人士通常则只会阻碍而非推动科学的传播和普及。相信不少人都听过比尔·奈（Bill Nye）和尼尔·德格拉斯·泰森（Neil deGrass Tyson）等电视名人口中的科学。

只有方法足够扎实，科学和数据才能对政治和政策切实产生影响。古罗马哲学家卢克莱修在他的哲理长诗《物性论》（*On the Nature of Things*）中所阐述的有关原子论学说的思想值得了解。仔细阅读美国科学哲学家托马斯·库恩的著作，特别是他的《科学革命的结构》（*Structure of Scientific Revolutions*）一书，就会发现，他对范式和范式转换的洞悉能够帮助我们对任何领域的任何一场论辩中的事实与叙事关系产生新的理解。

欧几里得和他的《几何原本》改变了我。20 世纪 90 年代，我在马里兰州州府所在地安纳波利斯的圣约翰学院开始了硕士阶段的学习，课程方向为“原典阅读与研究”。当时，欧几里得可能是我最不感兴趣的一位作者，后来却发现，他为我打开了通向新世界的大门。所以今天再听到有数学或科学怪才说，数学可以疗伤或是一种解脱时，我几乎可以理解了。

类别9：美国小说

寥寥几部作品不可能完美呈现美国小说200多年来的全貌，分出这一类别旨在开启一场思想之旅，所以就让我们先从几部探讨个人成长的小说谈起。

马克·吐温创作了一部典型的美国小说，一部可以与荷马或莎士比亚作品相媲美的艺术珍品。《哈克贝利·费恩历险记》中的主人公费恩就是典型的美国男孩，正如作家、评论家门肯所言："就连他脸上的雀斑也都是美国特色的"。薇拉·凯瑟（Willa Cather）的短篇小说将读者带进一个广阔无垠的世界，《大主教之死》（*Death Comes for the Archbishop*）讲述了发生在美国西南部的信仰与斗争的故事，小说语言清新淡雅，正如故事所发生的大地一样让人沉醉。对我们玉米壳州[1]的读者来说，她的《啊，拓荒者！》（*O, Pioneers!*）更能激发阅读兴致，引发共鸣。小说讲述了主人公在内布拉斯加荒野之中不懈奋斗的故事，凯瑟早期创作的这部文学佳作也使她成功跻身20世纪美国杰出女作家之列。约翰·斯坦贝克顶着黑色沙尘暴，跟随乔德一家从俄克拉荷马州一路向西，逃往加利福尼亚，这段艰难的旅程被他记录在了《愤怒的葡萄》（*Grapes of Wrath*）里。

詹姆斯·鲍德温（James Baldwin）将目光投向黑人和同性恋者的孤独无助。他在纽约黑人聚居区哈莱姆长大，继父是一位粗暴残忍的浸礼会牧师，小说《向苍天呼吁》（*Go Tell It on the Mountain*）触人心弦，引人泪目，它以不同寻常的微妙笔触告诉读者，宗教也可能让人虚伪压抑。

---

[1] 内布拉斯加州的别称。

几年前，北卡罗来纳州一学区打算在高中阅读书目中拿掉拉尔夫·埃里森（Ralph Ellison）的小说《隐形人》（*Invisible Man*）。小说的主人公是一个生活在地下，靠偷电生活，完全“隐形于这个世界”的黑人小伙子。他的经历和思想的转变是个人寻求身份确认，追寻人生意义的最好诠释。该学区的一位董事抱怨称，《隐形人》是不入流的作品，毫无文学价值。但我们要看到，探寻个人身份是善于反省反思的青少年必须熟悉的主题，也是他们迈入成人世界不得不思考的问题。

类别10……类别13……类别16……：伟大的对话

到这里，很多读者可能会有些气愤地说，书单中遗漏了很多作品，例如诗歌不在其中，历史也无影无踪，我自己也在犹豫是否应该分出一个类别，称它为“高墙文学”。还有些读者可能会说，当前的书单对美国和历史上的边缘群体关注不够。

他怎么能忽略**这个**，而放入**那个**?!

是的，这才是重点。如果你对我开出的书单表示失望，就要能说出失望的**原因和理由**，如果能做到，祝贺你，你已经在进步。

一定会有人对这份书单提出异议，不过我也一定虚心听取，再做调整。我的书单未必考虑周全，未必完整。但想想看，我们所有人会开出完全相同的书单吗？当然不会。

要展开卓有成效的讨论，首先应圈定重点书籍，再在这一基础上适当增减。可以说，我的书单仍是一份正在进行中的“讨论稿”。

以上图书并不是我和妻子要求孩子们阅读的全部书目（更多书目见本章结尾部分的延伸阅读）。我们还提出，读书要“数量与质量并重”。培养孩子阅读习惯的过程和病愈后胃口逐渐恢复的过程相类似。小时候，我们只鼓励孩子尽可能多地阅读自己喜欢的图书，等小家伙们手不释卷的时候，也就是说，等食欲被彻底激发起来后，便慢慢拿走他们手里的棉花糖，代之以肉和蔬菜，因为只有阅读营养丰富的图书才能幸福长寿。

无论你从我的书单开始，还是选择其他图书，都要记住，最重要的是早阅读、多阅读，并且也要把这一习惯传递给你的孩子。没有长辈的指导，孩子们可能读不到好书，或不会读书，那么，他们很可能永远都感受不到天才的故事大王想要带他们进入的美妙自由之境。

如果我们的努力能让整整一代人在书籍的陪伴下长大，那么即使我们并没有给孩子设定完全相同的阅读内容，孩子们也能做好足够的准备，能够阅读和讨论更重要的文本。这种准备和理性辩论将使我们共有的能力更加强大，从而更加坚定地对抗任何企图分离我们的力量。

培养接班人和领导者

想象你就是亚里士多德，一位没有太多教学任务的老师，现在找到一份辅导学生亚历山大的工作。这位学生后来将被称为“亚历山大大帝”，他以其雄才大略，先后统一希腊全境，横扫中东地区，占领埃及全境，荡平波斯帝国。那么，亚历山大要懂得什么？他要成为怎样的人？要读些什么？

或者，想象自己是辅导公主的老师，有朝一日她将荣登王位；或者只要认清我们是养育未来国家统治者的父母，就该毫不迟疑地行动起来……因为这就是我们的身份，事实如此。无论我们已身为父母，还是即将迎来新的生命，都要肩负起培养统治者的天职。因为在美国，人民就是统治者。人民指我们每一个人，而不仅仅是精英人士——美国人民要能够挑起统治大任。

美国梦与物质财富无关，它的实现也并不需要每一个人都拿到大学文凭。但这个自由共和国的存续有赖于一致的认识——每一个美国人都能勇担统治重任。这并不要求我们每一个人在每一个议题上都能做出具体正确的决定，但作为共和国的公民，至少要能对国家的治理与决策做出理性判断。否则，就只能眼睁睁地看着史上独一无二的自治试验走向尽头。

真正的自由需要阅读和文化素养，历史上，教奴隶读书被认定为非法的原因也正在于此。因此，在数字技术向人类生活各领域全面进军的今天，我们应该为年轻人逐渐滑向“功能性文盲”[1]的社会趋势感到震惊。警惕和思考才是自由唯一永恒的守护神。

所以，我的书单意在开启对话，读者应该提出不同意见。请从现在开始，虚心建立自己的图书类别，重新整理图书，重新摆放……让孩子们参与进来，帮你分类，并提出他们的意见。很快，他们也会把自己钟爱的作者请上书架，创建出能与他人分享讨论的书单，有了这样的基础，将来他们才会更加自信积极地参与到国家经典的大讨论中。

[1] “功能性文盲”在美国泛指不具备阅读实用文章（如报纸、菜单、商品介绍、征聘广告等）能力的成年人。

如何让孩子迷上阅读？

——“世纪俱乐部”阅读挑战赛

我的朋友德维·特罗伊（Tevi Troy）曾与乔治·布什总统共事，布什总统酷爱读书，这和公众对他的印象有所出入。德维号召大家加入他的“世纪俱乐部”阅读挑战活动，每位俱乐部成员要在一年内阅读 100 本书，这的确是不小的挑战。夏天去海滩或冬天围坐在圣诞炉火旁，一周读完两本书可能并不难，但如果要坚持一年就相当不易了。

德维、布什总统以及他的首席政治顾问卡尔·罗夫（Karl Rove）比拼一年后，布什总统最终获胜。德维也将这一竞赛理念用在了他的 4 个孩子身上。起初，他和妻子卡米鼓励孩子们阅读相对简单的书籍，等习惯养成后，逐渐增加更具挑战性的图书。所以说，数量对于习惯养成十分重要，但质量是长远目标。

两年前，我和妻子开始效仿他们，虽然几个孩子还没有成功实现阅读 100 本书的年度目标，但这已经帮他们养成了良好的阅读习惯。两个女儿 13 岁生日前，我们让她们在自己的书目中挑选出一半以上的书，几周或几个月后，我们又让两个孩子再选出部分书籍，通常也就三四本，**如果**她们选定的图书值得阅读，我们会从中确定接下来的阅读对象；如果不够理想，我和妻子会推荐其他书籍。总体来说，她们挑选的图书质量上乘，所以两个孩子现在更喜欢自己做主，广泛阅读。

写作本章的过程中，我一直在思考究竟如何让孩子们爱上阅读，作为父母，我们该如何选择更有营养、更有品位的图书给他们。我问小女儿："如果8岁的表妹不爱读书，现在你要把她变成小书迷，你会给她推荐什么书？"从来都自信满满的女儿20分钟内就列出了她的推荐书单：

1. 爱德华·依格的《魔法故事》(*Tales of Magic*, Edward Eager)

2. 雷克·莱尔顿的《波西·杰克逊》(系列)(*Percy Jackson*, Rick Riordan)

3. 格特鲁德·钱德勒·沃纳的《棚车少年》(系列)(*Boxcar Children*, Gertrude Chandler Warner)

4. 安德鲁·克莱门斯的《我们叫它粉灵豆》(*Frindle*, Andrew Clements)

5. 玛丽·波·奥斯本的《神奇树屋》(系列)(*Magic Tree House*, Mary Pope Osborne)

6. 伊丽莎白·温思罗普的《楼阁城堡》(*Castle in the Attic*, Elizabeth Winthrop)

7. 艾维的《秘密学校》(*The Secret School*, Avi)

然后，我又问大女儿相同的问题："如果12岁的表妹不爱读书，现在你要把她变成小书迷，你会给她推荐什么书？"她也很快给出了建议书单：

1. N. D. 威尔逊的《一百个橱柜》(*100 Cupboards*, N. D. Wilson)

2. C. S. 刘易斯的《纳尼亚传奇》(系列)(*Chronicles of Narnia*, C. S. Lewis)

3. 特伦顿·李·斯图尔特的《天才神秘会社》(*Mysterious*

Benedict Society, Trenton Lee Stewart）

4. 安东尼·赫洛维兹的《少年007》（系列）（*Alex Rider*, Anthony Horowitz）

5. 安德鲁·彼得森的《翼羽传奇》（*Wingfeather Saga*, Andrew Peterson）

6. J. K. 罗琳的《哈利·波特》（系列）（*Harry Potter*, J. K. Rowling）

7. 马德琳·伦格尔的《时间的皱纹》（可能略有挑战性）（*A Wrinkle in Time*, Madeleine L'Engle）

妻子也想参与进来，她打断我们说："关键在于，要让孩子们能够在学会阅读以前就爱上读书。所以，要给他们一个小小书架，放满他们爱听的故事书。"要把最动听的故事读给孩子，妻子的推荐是格拉迪丝·亨特（Gladys Hunt）的《儿童心灵的蜜糖》（*Honey for a Child's Heart: The Imaginative Use of Books in Family Life*）。

第九章

重建美国构想

美国不仅是一个伟大的国家，还是一种构想。爱尔兰是一个伟大的国家，美丽的国度，有着伟大的人民——但它不是一种构想。美国是一种构想。

——博诺[1]

我是一个乐观主义者，相信美国的明天会更美好。宪法给予美国具备内在约束力的强大制度，赋予我们追求梦想的自由和动力。但我必须承认，以下3种趋势让人忧心：(1) 迅猛发展的科学技术将使当前很多岗位不复存在；(2) 本书讨论的核心问题——成年危机，将使年轻一代在高科技和未来职业带来的巨大挑战面前举步不前，做国家发展繁荣所需的积极公民就更无从谈起；(3) 经济动荡时期，越来越多的人想从走捷径、发起本土主义运动和中央集权中找到出路。

[1] 博诺（Bono，1960—），原名保罗·大卫·休森（Paul David Hewson），爱尔兰乐队U2的主唱兼旋律吉他手，乐队大多数作品，尤其是歌词部分皆出自他手。

美国的少年儿童应该在未来几年成长为最出色的成年人，一个巨婴的民族不可能实现良好的自我管理。

与其受外部纪律的约束和控制，倒不如选择具有尊严的**自我约束**和**自控**。在这个目无法纪者并不鲜见的破碎世界上，谋求秩序与安全者和那些为一己私利而寻求权力者都会尽力维持社会安全有序。问题是：人们会自我约束，还是会屈从于他人的约束？

共和制是实现个人自律与自制的唯一一种政体和社会制度，因此，共和制既具有解放性，也使人**惶恐不安**。它需要成年人，而非臣民，由成年人而非臣民来治理。这在政治史上极为罕见。

孩子们不可能生来就能管理自己，必须有人引导，但他们自己也一定要有学习的动力。正常情况下，儿童会从父母的管教过渡到半自我管理，最后到完全独立；在这一发展过渡过程中，儿童被视为日渐具备自我约束力的"小公民"。然而今天，这已经不再是美国人的共识。

合格的公民对国家诞生的过程、原因和努力实现的目标有着清晰的记忆。成人公民有较强的自我意识和控制力，对权利和义务也有明确认识。可悲的是，当今美国人患有集体失忆症，说起这个国家的历史，为数众多的成年人茫然无知，一头雾水，更可怕的是，很多人对其无知似乎并不自知。

错误的公民教育

托马斯·杰斐逊有句著名的警示语："如果一个国家期望无知又自由，在文明时代，这种愿望从来，而且永远也不会实现。"过去50

年中，我们不再公开正式地讨论曾将我们紧紧团结在一起的秘诀——不再谈论美国试验的目的，也不再交流这一试验的独特性和优越性，不再追问要保持美国人的特质我们必须接受怎样的挑战。我们成功了，今天我们正在收获过去 50 年努力的丰硕成果。

罗纳德·里根有句名言："自由极其脆弱，失去它用不了一代人的时间。"如果不能将美国的意义传承给下一代，这种财富很可能会永远丢失。我们珍视的一切——集会自由、提出异议的自由、法治、公民参与、共和自由——需要得到不断的培育、呵护、领会和复兴。无视它的后果将不堪设想。

再次提起里根，不是因为我们是否曾为他投出一票，支持或反对他，也不是因为他是共和党人而非民主党人，而是因为在他执政的那些年，我们还在郑重讨论美国对所有国人意味着什么；也因为在冷战时期，面对苏联共产主义的疯狂扩张，他迫使我们思考"我们是谁，为何与众不同"。他对传递美国意义的警示今天仍不过时，可以说，恰恰是因为我们看到了结果，才要从里根的警示中吸取教训。

没错，这个结果就是"失败"。我们失败了。之前我们已经提及一代"无知公民"，他们对政府的行为和职能知之甚少或一无所知。2006 年和 2007 年，美国高校研究协会对全美 80 所大学 28000 多名大学新生和高年级学生进行测试，题目为 60 道多项选择题，内容均涉及基础性公民知识。大一新生和临近毕业的四年级学生的测试结果都让人大失所望。在最基础的题目上，大一新生连续两年平均分仅 51 分，大四学生也好不到哪去，平均分不超过 54 分。

这种无知在毕业后并未得到改善。一项调查显示，仅三分之一的美国成年人能够说出联邦政府的三大机构，超过 30%的人一问三不知。可以大胆地猜想，说不出政府机构名称的人对不同机构扮演的角色也同样无知。另一项调查发现，只有三分之二的大学受访者能够通过美国入籍考试中的公民知识测试——与98%的通过考试获得美国公民身份的移民形成鲜明对比。泽维尔大学美国梦研究中心曾开展过类似调查，接受调查的美国公民中，有85%不懂何为“法治”；在问到“独立宣言中提到的三项‘不可剥夺的权利’是什么？”时，有高达82%的人仅能说出其中一项；71%的测试对象不知宪法是美国最高法律。这种无知程度无异于共和自治试验的死亡。

美国新闻博物馆研究所（Newseum Institute）[1] 发布报告称，39%的美国人对第一修正案的内容一无所知。68%的美国成年人虽然了解第一修正案保护言论自由，但对宗教、集会、新闻或请愿自由不甚了了。这再次说明美国人公民知识严重匮乏。

我相信第一修正案是美国试验的核心。3.2亿美国人在宗教、生命存在和文化等问题上分歧明显，第一修正案是一种路线图，它能有效防止大多数人的暴政，并尊重每个人的尊严，即每个人的天赋人权。最重要的是，第一修正案强有力地发出了这样的声音：“我们有和平集会的权利。”我们会共同捍卫言论自由，即使对言论内容并不认同；我们可以在重大问题上存在争议，但并不会以武力解决分歧。这就是美国自由的光荣传统。

秩序井然的美国自由理应如此。

[1] 美国新闻博物馆（Newseum）1997年始建于弗吉尼亚州的阿灵顿，现位于华盛顿特区的宾夕法尼亚大道。该馆全方位地展示了世界新闻传播的演变史。博物馆的主要出资者是自由论坛基金，一家专注于支持和教育民众美国宪法第一修正案的非营利机构。美国新闻博物馆研究所是该博物馆的教育和推广机构，定期就相关议题举办研讨会，后改名为自由论坛研究所。

对公共生活一无所知的结果是什么？如果即将成年的这一代年轻人开始接受危险的专制主义言论和宗教观点，结果会怎样？

是否应抛却自由

广泛的民意调查显示，年轻人缺乏对美国式自由的深厚情感。第一修正案研究中心的跟踪调查发现，30 岁以下的美国人对言论自由的支持远低于 30 岁以上的美国人。这是一种警示信号。多项调查表明，18—30 岁的美国人中有 40%—50%都认为，第一修正案是极端的。问及原因，“千禧一代”似乎说，第一修正案可能使人以言论自由为借口，说出令人不悦的话语。

想想看：近一半的美国年轻人可能不会支持第一修正案——美国试验的核心，原因是，人们有时会利用言论自由说出不友好的话语。

让我们用简单的“是或不是”来理解这个问题：人性和这个世界是否存在缺陷或不足。如果你的回答是肯定的，那么下一个问题就是：我们该如何修补它，完善它。美国的答案是，我们支持国家退后，允许人民追求自己的梦想，追求政治以外的终极意义，允许公民通过演说，在自由开放的公共场合发表言论或进行辩论，而不是被迫或禁止发表言论。

是的，一些人会利用言论自由不时语出伤人。但这是人性的弱点，不应由政府以自由为代价强制解决。年轻一代正迅速偏离这种典型的美式答案，拥护一种前美国式的策略——支持暴力，认为掌权者应通过法律、禁令、压制来“解决”思想和价值观的冲突。

对言论自由和宗教自由的反感在精英高等院校中竟更为普遍。

奇怪的是，过去两年“教育”收费较高的大学和学院竟有学生发起多次抗议活动，明确提出，他们需要某种**保护**，以不受令人不适的新思想的影响。异端学会（Heterodox Academy）是一群大学教授组成的致力于“支持不同观点与意见”的团体，其评估显示，我的母校哈佛大学和耶鲁大学对多元化的观点与思想越来越缺乏包容。2015年11月，我在耶鲁大学讲座的当天，学生反言论自由几乎达到狂热的程度，他们竟对以言论自由为主题的会议表示强烈抗议。

教育人权基金会主席格雷格·卢基阿诺夫，将精英院校从关注言论自由、学术自由转变为讨论政治正确和言论准则的可悲现象，称为“抛却自由”。

显而易见，这与美国革命的奋斗目标几乎背道而驰。美国宣布从大不列颠独立是为追求自由，而非追求某种“安全空间”。自由，特别是有关生命、死亡、意义等重要议题的言论和辩论自由，是美国构想的基础。追捧其他思想和主张、追求短暂的心理安全与美国构想格格不入。

美国特质

奥巴马当政之初，一位记者问他是否相信美国“例外论”。短暂的停顿之后，他莫名其妙地答道：“我相信美国例外论，正如英国人相信英国例外论和希腊人相信希腊例外论一样。”

尽管我尊重并支持这位前总统及其政府，但他的回答完全是隔靴搔痒。这是美国历史上真正的悲惨时刻，我们没有将美国的意义传承给孩子。更让人惊愕的是，我们的总统要么拒绝回答这一问题，要么对传统意义上的美国特质浑然不知。

美国例外论并不是声称美国具备种族或道德上的优越性，而是说美国的诞生在人类历史上独一无二。美国建国时在某些方面可以说相当傲慢，这种傲慢植根于“普遍意义和革命性原则，即尊重人权”的新宣言中。

在人类历史长河中，很长时间里统治者相信“强权即公理”。国王垄断暴力，可以为所欲为。但其他人呢？他们不是公民，而是臣民——有赖于国王。即使有幸遇到慷慨的国君，纵观历史，其管理也因臣民的被动而以禁止和限制为基调，而少有准许。如果国王没有明文许可，无论关乎宗教事务还是涉及求职创业，均被认为在禁止之列。

回顾历史和形形色色的君王，美国的建国元勋无不震惊，他们满怀信心地驳斥道：这绝非治国的根本之道。我们认为，人民在前，政府在后；我们相信，政府是人民为自己创造的工具。我们相信，人人生而自由，人们集聚起来成立政府，初衷是要确保自身的权利和自由。

美国的缔造者在《独立宣言》中列举了英国国王乔治三世压迫北美殖民地人民的一系列暴行，用杰斐逊的话说，乔治三世“长期施暴，强夺他人财产”。但在这些文字之前，是一段前所未有的严正声明，因为1776年的爱国者试图在不言而喻的**真理**基础上，建立自由独立的国家，这些真理包括：在上帝面前，人人生而平等，且权利由创世主赋予，政府没有创造也永远不能剥夺。这些权利包括生存权、自由权和追求幸福的权利。他们宣称，政府不能**授予**权利，**保护**权利才是其存在的真正目的。他们冒着生命危险振臂高呼：未征得人民同意的政府是应该被取代或推翻的非法政府。

《独立宣言》宣称，美国为贵，政府次之。政府关乎权力——但美国建国时期高呼的立国根本**并非**权力或高压政治。首先而且最重要的一点是，美国是一种构想。它不仅仅是美国人的构想，更是美国人可以在世界舞台上高声声明的一种构想。我们的先父提到了不言而喻的真理和不可剥夺的权利，他们谈论的不是血统、土地和部落。作为美国人，就意味着赞同宣言中提出的关于权利源头的**主张**。你的出生地可能决定了你是英国人、德国人或法国人，但作为美国人，这不仅仅意味着你出生在这里，更是因为你被**塑造**成了一个美国人。

我们相信——我们“握有这些真理”。

正如亚伯拉罕·林肯 1858 年在芝加哥的一次演讲中讲到的那样，美国先贤所谓的不言而喻的真理是“所有道德准则之父”；每一个美国人，无论何时取得这一身份，都“被造物主赋予某些不可让与的权利，就如同他们是签署宣言的先贤们的血中血、肉中肉一样”。“《独立宣言》……把爱国人士和热爱自由的人们紧紧联系在一起”。

这才是我们所说的美国构想。

开国元勋的诗歌

《独立宣言》赋予人的尊严以极高地位，《宪法》明确了政府的意义和政府职能应该受限的原因。政府为服务人民而存在，而非人民为政府而存在；人民第一，政府第二。

《独立宣言》对人的尊严和权利的主张具有革命性意义，随之而来的《宪法》不同于以往起草的任何政治文献。究其原因，它是一种“否定性”文件。它并不赋予我们任何权利；准确地说，是我们（也即人民）通过宪法授予了政府少数、有限的权力。我们默认，所有未在《宪法》中具体列出的权利仍保留在人民手中，或者说，某些权力被授予了州政府而非联邦政府。

《宪法》的核心在于，它明确列举了“我们人民”决定赋予政府的少数权力，从而使我们可以为井井有条的自由社会这一共同愿景订立框架。制定《宪法》的目的是限制政府职能，也就是明确政府不能插手的事务和领域。有限政府这一概念，直接源于美国开国元勋有关人的尊严和权利来自何处的主张。

但我们又如何理解《权利法案》中解释的我们的权利呢？这是声称我们的权利来自政府吗？不。美利坚合众国《宪法》的前十条修正案从本质上看，都是温和的提醒，并未详尽勾画人民的自由包括哪些内容。建国先驱们特意没有在《宪法》中明示人民享有的任何具体权利，而只是列举了人民授予政府的权力。他们理解，同时也担心政府会不断膨胀，夺取更多权力，特别是在危机时期。

第一修正案保有人民享有宗教自由、言论自由、集会自由、新闻自由以及请愿自由的权利——这就意味着，甚至连游说人士都有权存在，合法工作。这五项权利都被列入第一修正案，因为我们无法将这一整体拆分开来。

避开言论自由，只谈宗教自由毫无意义；没有新闻自由，不能报道、发布、评论他人的言论和各种事件，集会自由就是空谈。因此，美国构想的核心并不存在于《宪法》中，而是蕴含在仍在继续的权利清单里。当我们看到第九和第十修正案时，会发现睿智的起草者实际是说：“所有尚未列出的权利，仍保留于人民手中。另外，没有在《宪法》中具体赋予联邦政府的所有权力，仍由州政府和地方政府所有。知晓了吗？领会了吗？很好。”

这就是诗歌。

托克维尔的提醒

“当局者迷”，跳出去才能对事对人有更好的理解。正如第七章所言，接触不同文化的人，和他们交谈，能使我们对自己的文化有更深入的理解，这也是旅行的主要目的。

近200年来，托克维尔为美国人认识自己的历史和文化做出了杰出贡献。起初，这位法国人来到美国，研究我们的刑罚制度，并试着向他的同胞提出，我们的制度是否可以成为法国效仿的模板。但从更广意义上说，他想找到美国能够蓬勃发展，而其他国家却不能的原因所在。美国经济活力的驱动力是什么？我们的企业创新和《宪法》促成的文化多元化、多样化发展之间有着怎样的联系？

托克维尔是一位法国贵族和政治家，终身致力于对政府运作的研究。职业生涯后期，他帮助起草了1848年法国“第二共和国”宪法，并担任过几年外交部部长。19世纪30年代，当欧洲人望向大洋彼岸的美国时，他们会问，“那些怪胎究竟在做什么？”显然，托克维尔认为我们独一无二。1831年，他和一位朋友一起出发，来到美国，就是要揭开“了不起的共和国的真面目”。

托克维尔并不是第一个来到美国想揭开谜底的外国人，也不是第一个来解密的法国人，但他是迄今为止最具洞察力的一位。其观点与理解汇集于一部具有里程碑意义的作品中——《论美国的民主》，任何一个美国人都应该读一读这本被誉为“有史以来探讨民主的最佳书籍”和“一本关于美国的惊世之作”。这部著作之所以给人愉快的阅读体验，部分原因在于，它实际上是一系列旅行讯息。托克维尔在美国待了 9 个月，其间遇到许多当时的美国名人，如美国第六任总统约翰·亚当斯，第七任总统安德鲁·杰克逊，参议员丹尼尔·韦伯斯特，军事家、政治家山姆·休斯顿。托克维尔敏锐的观察、深刻的见解和优雅的文笔，让我们首次得以从全新的视角认识自己的国家。

托克维尔最初认为，美国的伟大源于其制度和法律。如果美国拥有兴旺繁荣的经济，那它一定拥有出色的行政管理机构和公务人员，果真如此吗？他带着大大的疑问来到华盛顿特区，但在那里，他并没有发现高明的官僚制度，只见一片并不适合人类居住的沼泽地上聚集着一群人，除个别情形外，那里并没有给他留下深刻印象。看来美国的独一无二在其政治中心难觅踪迹。出乎他意料的是，当地的社区倒是生机盎然，充满质感。1831 年他第一次来到美国时，我们只有 25 个州。托克维尔清醒地意识到，要找到答案就必须踏足更广阔的空间，于是他走访了南北方近 20 个州。

在那里，他恍然大悟："美国的意义"不在其政府或官员，而在其公众组织和民间团体，在于今天被视为"扶轮社"成员的先驱们。美国的意义在于其教堂，甚至在于陪审团[1]（下次接到陪审团召集令时，别忘了这一点）。托克维尔在调停机构和民间团体中找到了美国的意义。他领悟到，欧洲人之所以困惑，是因为他们继承了原有的社会框架，即权贵决定社会秩序。他们更倾向于传统观点——任何人要投身的共同事业都必须以政府为前提。

---

[1] 陪审团制度，是指由特定人数的有选举权的公民参与决定嫌犯是否起诉、是否有罪的制度。美国法律规定，每个成年美国公民都有担任陪审员的义务。但是不满 18 岁、不在本土居住、不通晓英语及听力有缺陷的人、有前科者，没有资格充当陪审员。

托克维尔解释说，事实证明，美国人相信各种几乎难以置信的东西。他们相信精神，他们相信意志，他们相信自发性、主动性。美国人相信自控，质疑他控和政府管制。他们相信社区，相信说理，相信美德。这就是“美国民主”的含义，它是一系列大家共同认可的假设——托克维尔称其为共和文化——它高于政治。

托克维尔在他著作的导言里写道，“在美国看到的新事物中，没有什么比‘平等’更吸引我了。在这里，不难发现‘平等’对其社会产生的巨大影响。‘平等’指引公共精神，引导法律走向，它为国家治理者提出准则，给国民以特定习惯。”公民的**习惯**——这一概念是托克维尔理解的美国的核心。

在托克维尔的眼中，19 世纪 30 年代让美国伟大的——以及今天理应让美国辉煌再现的——不是政客。美国并非因其官僚机构而伟大；美国的伟大在于其人民对扶轮社、家长教师协会（PTA）、犹太教堂、基督教堂、小企业和当地城镇会议的坚信和拥护——在这里自由的人们可以自由集会，从而服务国家和共建美好生活。所有这些都由托克维尔有过绝妙记载的民主精神所推动。他写道，这种精神“激发观点，诞生情感，滋养习惯，修补错误”。

民主也会走极端吗？当然。托克维尔虽然盛赞民主，但他最具慧眼的一些评论却在关注民主具有可能滑向专制主义、无边无际的民粹主义、多数人暴政的危险。他看到，“平等”鼓励个人主义，而个人主义的发展又会阻碍人们充分参与公共生活。他感觉到整个社会正滑向可怕的物质主义，物质至上又可能破坏共同的公民意识。他告诫人们，要提防民主专制主义——这是“一种小而复杂、细微而一统的规则之网，它会笼罩整个社会，这张大网就连最才华横溢、最具活力的社会精英也无法穿透”。

从来没有一种公共生活框架比建立在美国构想基础上的这一共和国更能激发繁荣、活力与创造力——但人的创造不可能尽善尽美，最完美的民主共和国也难免会有缺陷。“我相信在所有政府中，无论何种政府，都会有卑鄙的暴力和对权力的奉承，”托克维尔写道，“我只知道一种防止人类退化堕落的方法，那就是不要将我们神圣的权利和力量给予任何人，从而来贬低我们。”托克维尔提到的解药或方法就是自律、自我克制以及**成年人**的自控习惯。

不同的身份，相同的价值观

在联邦层面，美国政府的根本任务是保证我们能够在一个多元社会中生活，仅此而已。或借用亚伯拉罕·林肯的话说，宪法是银框架，而我们的自由社会——追求幸福的人们自由地聚集在一起——是金苹果。每个提出多元社会美好生活愿景的人都应该拥有共同的愿望——我们的人民能够更独立、积极、充满活力，远离暴力与胁迫。

我们是特殊的人群，因为我们尊重这样的理念——美国人并不仅仅是这个政体的成员。我们有着多元的身份：我是美国人，也是内布拉斯加人；是橄榄球迷，也是橄榄球教练的儿子；我是丈夫、父亲、基督徒；也是保守派、共和党人，还是一名公职人员。

但是身份的排序很重要。在我看来，家庭身份永远重于工作身份。同样，我希望所有的美国人都能把对国家的承诺看得比对政党的忠诚更重要。然而，许多右翼人士可能认为，其保守主义思想和对共和党的忠诚十分重要，而不少左翼人士也会指出，其进步主义思想和对民主党的忠诚十分重要。但毫无疑问，国家一定先于橄榄球队。

这种多重身份一直饱受挑战。1861—1865年，我们为此而战。南方人认为，他们的州籍身份高于美国公民身份；而北方人恰恰相反，认为美国人关于平等和普遍尊严的理想超越了南方各州的种族观念。战争结束后，我们包扎伤口，一同前进，并认识到国家的全面繁荣需要我们在多重身份和多重忠诚的共同体中追寻意义。林肯宪政主义的银框架提供了多种追求幸福的方式。自由给予个人和当地社区选择的力量。自由并不规定你如何生活，但它尊重你的尊严和不可剥夺的权利。因此，自由使人接受这样的信念——地球上每一个人的尊严和天赋人权都值得尊重。

杰斐逊称美国为“光明之国”；林肯说我们是“地球上最后的最好的希望”；马丁·路德·金慷慨激昂地高呼，“我们会站立起来，真正实现我们信条的真谛……人人生而平等”；里根借用《圣经》中的形象将美国比作“闪亮的山巅之城”。美国最伟大的政治家激情澎湃地告诉我们，美国为何与众不同。

但在高度赞颂美国荣耀的同时，他们也严厉警告，不能挥霍与生俱来的宝贵权利。惰性不会让这个独一无二的国家长久繁荣。如果不能向孩子们积极传播这个国家的内在精神，如果美国构想不能在孩子们的心中重生，我们的结局将异常凄惨。里根说，自由不仅仅是“我们继承而来的”，“它必须由每一代人不断争取和捍卫，因为它对一个民族来说只有一次。那些品尝过自由又不幸失去它的人，就再也不会知其滋味了。”

美国构想必须被传承下去。美国构想必须被领会。

古希腊人和古罗马人将两种人严格区分开来，他们说一种人像葡萄的成熟过程一样，最后变成了上好的美酒；另一些人也像葡萄，却因酸腐早早变成了醋。我们希望美国的年轻人能够成熟，而非变得酸腐。我们不是生而为美国人，而是被培养和塑造成了美国人。我们要帮助孩子们变得更坚强，而不是更粗糙；他们要变得更坚韧，而非更呆板；他们应该融入现实生活，而不是迷失在“虚拟现实”中；他们应积累丰富的经验，但不是被经验所束缚；他们要成为领导者，而不是被狂热和环境击倒的旅鼠。这才是对成年的正确理解。

让你的家人开启追求进步的旅程吧——不仅追求物质进步，更要关注道德提升。愿你激发热情，战胜怯懦。正如泰迪·罗斯福所说，愿你看到那些托付给你照顾的人成长为“慷慨热情、自尊自爱、信念坚定”的小公民。

简而言之，愿他们成为“平息风暴，驾驭雷霆”的年轻人。

附　记

为什么这不是一本公共政策书

这本书并不是传统意义上的公共政策类书籍，我想有必要对这一写作决定做以详细说明。

原因1：如果没有准确把握拟解决的具体问题，即使有千百条解决途径，也一样于事无补。

创造力与紧迫感能够创造奇迹，但只有找准问题，并能在所要解决的问题上达成一致才能激发创造力和紧迫感。如果尚未确定目标，就开始盲目争论采取何种手段，可想而知，任何努力都不会取得预期成效。它将演化成不可调和的争论（例如有人或许会建议维持现有学校制度，也有人会要求首先解决长期存在的更为突出的经济政治问题）。

本书旨在告诉读者，我们希望所有青少年都能成长为充满活力、坚忍不拔，富有魅力、适应力，能够自力更生，灵活应对各种挑战的成年人，而不愿他们胆小麻木、被动依赖，永久停留于青少年期。我们期盼年轻一代在公民生活、工作和家庭中都能做罗斯福那样充满活力的美国人。

只有认识到我们面临的问题是“如何培养独立的成年人”时，才能回答“如何做”以及“通过何种方式”的问题。

原因 2：本书要解决的问题远高于政治。今天的美国人迷茫彷徨、没有目的、没有方向——我们在物质上极大富裕，却在精神上极度痛苦贫乏。

美国政府已重病缠身，功能失调，但从国家层面讲，更大的困境不在政治，而在于我们的文化一团糟。

要走出文化困境，政治无能为力。通过立法或废止某些法律难以应对更深层次的问题。而假装政府相关措施能够有所助益，只会使一切更糟。它为我们提供了一种借口，使我们有意忽略本应承担的重要责任。它会分散注意力，将我们的视线从内在的深层次问题上转移开来，也会让我们对自己的社区和人际关系网存在的顽疾熟视无睹。它诱使我们走向摩尼教的二元论，认为共和党与民主党存在深刻而重大的分歧，两者是善与恶的对立。当然，这太荒谬了。

因此，本书尽力避免将问题简单化，没有错误地认为，政治是美国人缺乏共同文化目标的直接原因或是解决这一问题的根本途径。可以肯定，成年危机是一个多层多面的大问题，联邦政府在应对这一挑战方面能够起到一定的积极作用，但必须承认，联邦政策并不是人们当前最迫切的需要。

原因 3：我们还远没有掌握一份详实的政策杠杆清单，更不用说在民主 – 共和党的竞争下列出一份统一的清单，因此从制约双方对话、两党存有明显分歧的地方开始讨论，毫无意义。

我们需要重新思考中等教育、高等教育、代际隔离的青年文化以及最基层的就业再培训项目。这并不是一个一方有解决良策，另一方却百般阻挠的问题，事实是，两党在重建成年文化上均无计可施。在如何培养终身学习者方面，我们缺乏远见，束手无策。

或许最终要采取的政策复杂多样，史无前例，但至少当前没有任何现成的答案或锦囊妙计。我们应该为这一问题的讨论和解决列出清单和路线图，这其中可能有许多我们反感或唯恐避之不及的政策。但唯有如此，才能保证讨论卓有成效，这远远胜过横加阻拦而扼杀尚未开始的严肃对话。

我一直在提"数字时代的《军人安置法案》(GI bill) [1]"，尽管许多人在这一问题上抛出了可能适得其反的政策，如实施义务高等教育、落实普遍基本收入、大幅提高最低工资等。但我更愿将政策讨论的焦点放在高等教育认证改革、收入分成融资协议、就业再培训，以及给予州长同当地学区探索公私合作和开发新就业项目的更大自由上。

我们需要开展广泛参与的真正意义上的大辩论。毫无疑问，长远来看，政府启动的很多发展项目都产生了意想不到的负面作用，因此对政府提出的举措，我多持怀疑态度——但我们的确需要一场

[1] 《军人安置法案》即 Servicemen's Readjustment Act of 1944。该法案最早于二战末期起草生效，给退伍美国军人提供免费的大学或技校教育，以及一年的失业补助。

不以“我们－他们”为双方阵营的健康辩论，应尽可能地集思广益。

痴迷政治的人——政客、记者、游说人士、维权组织、许多智库研究员与经常观看政治新闻的少数公众会认为，美国社会的巨大鸿沟在于其政治的迅速两极化。这一问题的确严峻，但依我之见，在热衷于政治和对政治漠不关心的民众（后者占人口绝大多数）之间，存在一条更深的鸿沟。

围绕政策和政治分歧展开成年危机的讨论，只会将那些希望参与到讨论中来的大部分美国人拒于千里之外。

原因4：政策讨论不会出现在一个静态的背景下，它总会在高度活跃、快速变化的技术环境中到来。置身于这种环境，家庭和社区一般不会在同质化的周密政策中寻求出路，而是会转向竞争异常激烈的数字市场。

想想无心插柳创办了可汗学院的萨尔曼·可汗，如果你对他的故事和网站有所耳闻，就能领会我这样说的意图。如果对他并不了解，可以回到本书第三章，或访问网站 khanacademy.org。萨尔曼可以说是世界历史上最重要的数学老师。但他不是传统意义上的学校教师，数学也不是他的主业；他只是一个尽力帮助侄女的叔叔，但他生活在科技时代，也充分利用了科技的优势。所以说，需求是发明之母。

因此，接下来的教育和就业再培训政策的制定，应该充分考虑科技发展的大背景，我们的决策框架应给予新技术相应地位。今天，企业创办的学校在大小城镇日益涌现，这既是对公办学校科学和数学教育不力的一种弥补，同时也是对新领域和新机遇做出的一种回应。决策者应更加灵活——拒绝一刀切的静态型政策，出台能够适时调整的政策框架，适应并接纳多元及尚不完善的解决方案。

从某种意义上看，我在本节开头称本书和“公共政策”无关是不恰当的——前提是，我们要正确定义“公共”一词。在美国英语中，“公共政策”指“政府政策”。这种表达的缺陷在于，它模糊了一个主要区别。

如果将“公共”一词理解为“与全民相关”，就可以说，这是一本公共政策类图书。

英国人对“公共”和“国家 / 政府”有巧妙的区别。比如，酒吧和饭店都是“酒店”，这意味着它们不是有限会员制的私人俱乐部，而是任何人都可以进入就餐的场所；显然，他们不是由**政府**管理的，但仍是**公共的**。同样，英国的“公学”（public school）就是美国的“私立学校”；英国有国立或公立学校，由纳税人出资，同时他们也有“公学”，即非公办学校，但向所有人开放。这与在家上学或仅对一部分人开放的私立学校明显不同。

美国的公共生活也能从这一区别中有所借鉴。本书所讨论的主题与我们每个家庭、每个社区、每个年轻人普遍存在的成年问题密切相关，所以这是一个单凭家庭或仅靠政府无力解决的**公共**问题。

因此，摆在我们面前的挑战是，如何培养终身学习者和终身生产者。这一难题会触及政策，但最核心的是要培养坚韧的灵魂。政府爱莫能助。

我们要认真严肃地告诉年轻人，他们不是待管理的债务，而是待开发的资产；青少年不应在温室中长大。要让他们知道他们很宝贵，对他们说：“我们需要你。”这就要求我们了解他们，敏锐地感受他们的过去和将来。简而言之，这需要爱。这种爱超出了政府的决策能力。

后　记

如果泰迪·罗斯福在高中毕业班发表演讲

一个美国人，在思想、身体还有精神方面都应坚韧不屈。在这一理想上，很少有人比得上精力充沛的西奥多·罗斯福大叔。

我们的第 26 任总统最终成为 20 世纪最有成就且最具魅力的美国总统。他出生于 1858 年，那个时候，没有人能预料到他的一生会如此辉煌灿烂。泰迪幼年多病，曾患哮喘的他做过牛仔、作家、警察局局长、州长、战争英雄、登山探险家和副总统，他的事业在白宫的两届总统任期内达到顶峰，卸任后，他还创立了新的政党，开始周游世界。

罗斯福因领导“义勇骑兵团”而赢得巨大声誉，这支他在 1898 年组建的，由印第安人、西部牛仔、顽固的前罪犯和东部常青藤老校友组成的全志愿军骑兵队伍，在美西战争中战绩显赫。罗斯福带领“义勇骑兵团”冲上圣胡安山，成就了一段历史传奇。1917 年，美国宣布参加第一次世界大战后，他还拿出曾经的陆军上校制服，自告奋勇，准备带一个步兵营再次驰骋疆场。考虑到他当时已近花甲之年，伍德罗·威尔逊总统婉拒了他的请求。罗斯福还计划参加1920年的总统竞选，但不幸在宣布参选前因病去世。

罗斯福也常在他的著作和演讲中分享如何成为一名优秀的美国公民，他时而“温言在口，大棒在手”，时而发出强力的狮吼。他是异常坚忍不拔的美国人。从他写给儿子、朋友、同事以及在总统任期内回复给普通美国民众的信件中，可以看到，他对美德培养尤为重视。在他看来，美德是塑造崇高品格的前提。他坚信，如果不注重品格培养，美国就不会繁荣昌盛。在这一点上，我们应该听他的。

当今美国政坛像罗斯福一样铿锵有力的领导人已寥寥无几，他的讲话对广大青少年尤其具有启发意义。如果他要对高中毕业生发表演讲，我想应该是下面这样的。[1]

女士们，先生们，尊敬的各位来宾，各位老师，家长朋友们，当然，还有各位毕业生：谢谢你们，感谢给我这样的机会。我已经很久没有发表过任何演讲了，更不用说

---

[1] 罗斯福的观点和态度（及某些用词）来源如下：Theodore Roosevelt, *An Autobiography*（New York：The Library of America, 2004）；Letter to Bessie Von Vorst, October 18, 1902, 及 Letter to James Wolcott Wadsworth Jr., January 3, 1906, 均引自 Theodore Roosevelt, *Letters and Speeches*（New York：The Library of America, 2004）；“Speech to Brotherhood of Locomotive Firemen,” Chattanooga, Tennessee, September 8, 1902, 及 “Speech to Topeka, Kansas YMCA,” 1903, 均引自 William Bennett, *The Book of Man*（Nashville：Thomas Nelson, 2011）；及 “The American Boy,” 及 Letter to Theodore Roosevelt Jr, August 25, 1903, 均引自 Douglas W. Philips, ed., *The Letters & Lessons of Theodore Roosevelt for His Sons*（San Antonio：The Vision Forum, Inc., 2001）。——作者注

在毕业典礼上了。希望你们不会介意我这个还算有过一些经历的老头子对你们今天的生活发表一些个人意见，并提出几点建议，不过，在你们看来，我的建议很可能只是陈腐的大道理而已。

我常常在想，在6—14岁的年纪，还有什么能比走进图书馆，看见桌上整整齐齐地摆放的那些图书更让人振奋、使人狂喜的呢？书不是负担，是天赐的厚礼。你们会把图书看作人间仙境么？

我曾是一个体弱多病、弱不禁风的孩子，大部分时间都待在家里、留在室内。我无法和那些高大、强壮的男孩一较高下。我紧张又胆小。然而阅读那些让我钦佩的英雄们的故事，让我对无所畏惧、能够独当一面的人产生了由衷的敬意和向往。我读过弗吉谷壮士的故事，读过我最喜欢的英雄人物的故事，听爷爷和家人讲过他们的光荣事迹，还听过父亲分享的他个人的成长经历。我渴望成为他们那样的人。然而14岁以前，这种渴望不过是白日梦罢了。

后来发生的一件事彻底改变了我。那个时候，还没有吸入器可以辅助缓解哮喘，所以当时我被送往穆塞黑德湖呼吸新鲜空气，调理身体。在乘马车赶往那里的途中，我遇到了几个同龄的孩子，他们比我能干得多，也调皮得多。他们一眼看出，我是个受气包。面对几个坏孩子的欺凌，我只能默默忍受。更糟的是，当我最终鼓起勇气反抗时，却很快意识到，他们中的任何一个人都可以轻易摆布我，在嘲笑、挑衅我的同时让我毫无还手之力。

这次血淋淋的经历让我痛下决心，一定要永远摆脱那种无助和耻辱，但我先天不足，没有能够保护自己的足够体能。那该怎么办？只有刻苦训练，付出比别人更多的时间。征得父亲同意后，我开始学习拳击。起初，我动作缓慢笨拙，经过两三年的刻苦训练，才终于有了一点点起色。但我从未放弃，最终仿佛重获新生。

成年以后，我坚持拳击练习，既为强身健体，也为习得一项技能。担任纽约市警察局局长期间，我还常常找来职业拳击手，和他们一决胜负。担任纽约州州长后，也从未间断。即使做了总统，我也一直在坚持，但一次因为对手用力过猛，我左眼几乎失明，这才不得不告别这项深爱的运动，改学了柔道。

也许你觉得我是个老古董，生活在一个没有电灯、电话、汽车、电影，没有高耸入云的摩天大楼和快捷的跨大陆旅行的时代，一个生活在两次世界大战前的人，我知道在这以后，美国成了自罗马帝国以来全世界最强大的国家；你们也可能会说，我生活在一个没有收音机、电视和互联网的时代，一个饥饿与贫穷司空见惯的时代，一个有着严重种族、性别歧视和贫富差距的时代。从许多方面看，今天的美国社会取得了惊人的进步。

我深信人类的进步与发展，但这并不意味着，所有进步的道路都笔直通畅。我是一个直言不讳的人，所以，我要直言不讳地告诉你们：你们有大问题。

孩子们，你们即将步入成年。你们的身体已经成熟，但是你们的思想呢？你们的精神呢？你们即将获得“学位”，但这意味着什么？在即将步入成年的时刻，你们想说些什么？你们知道下顿饭在哪里吗？知道今晚会睡在哪里吗？对今年秋天要步入哪所大学，你们有计划吗？如果答得上来，那太棒了，你还活着。

但只能说是“勉强活着”，仅仅是“勉强活着”。我很怀疑你们是否还有生命。

我在你们这一代人身上看到了很多“忙乱”。你们忙着规划各种活动，各种“精打细算”……只为给大学招生老师留下深刻印象。面对这个时代的压力和召唤，我听到你们发出痛苦的叹息，你们说自己太年轻，还不适应激烈的竞争。我看到了你们这一代的沮丧和焦虑，很多人竟服用药物来缓解症状。你们以为这样会驱走痛苦，但我担心，你们真正驱走的是自己的青春和活力。

你们在世界上最富有的国家长大成人，但看上去萎靡不振，甚至可以说痛苦不堪，你们没有目标，没有方向。

这个世界上，还有很多你们不懂的东西，你们知道吗？你们经常宅在家吗？除了玫瑰和康乃馨，能叫出其他花的名字吗？你们登上山顶，俯瞰过下面的风景吗？能说出鸲鹟和麻雀的区别吗？知道嘲鸫和草地云雀有什么不同吗？我敢说，在座的200多人没有一个人能答得上来，我怀疑你们的老师也同样如此。

这个月你们读了几本书？今年读了几本？这个星期呢？早饭前我读了一本书，我想睡觉前会读另一本，这是我的日常习惯。我不是想影响大家的生活节奏，只是提醒你们，要多读书。哦，你们闪闪发光的屏幕可不作数，这些电子产品只会分散注意力，让你远离身边的世界。

嘿，你！第三排，染了头发，拿着智能手机的那位——听见我说话了吗？放下手里的小玩意儿，看看你的周围！醒醒吧！站起来！你该听听我在讲什么。

当选副总统的前一年，我在芝加哥发表过一场演讲，题目是“艰苦的生活”。你们可能在美国历史课上读到过，听说你们现在称其为“社会研究”，这可算不上什么进步。

我想对你们说，没有人能轻轻松松成功，只有不惧艰险、不畏困苦、不辞辛劳的人才能收获最终最辉煌的成功。对那些只知道指出强者如何跌倒的批评家我从来都没有耐心。他们喋喋不休地说，实干者本可以避免这样那样的错误。你们应该学会忽略这些只说不做的家伙。相反，要赞美那些置身于竞技场的人，也就是任何一个勇敢无畏、奋发向上的公民；要赞扬敢于尝试的人，因为任何努力都会有不足，都可能出错。

看得出，一些父母已经有些坐立不安，不过，我不会为此表示歉意，只有不安才能让你们摆脱麻木。我认为，鼓励孩子们追求艰苦的生活并没有错，唯有如此，他们才不会在过度消费中坠入懒散怠惰的深渊，才能帮助孩子寻求更有意义更为主动积极的生活。如果未经审视的人生是不值得度过的一生，那么被动懒散的一生也同样不值得度过。

你们还相信勇气吗？相信自我牺牲吗？我在圣胡安山战役中的勇士们身上，在我的 4 个儿子身上看到了这些美德，他们每个人都为这个国家做出了杰出贡献。我的儿子昆汀在第一次世界大战期间的法国空战中牺牲。大儿子泰德在第二次世界大战中带领部队在法国对抗德军，1944年死于心脏病。另一个儿子克米特是陆军少校，1943年在阿拉斯加去世。我最小的儿子阿尔奇参加了两次世界大战并都受了伤。美国是这些孩子创造的，但同时美国也让他们成为真正的男子汉。

我们本可以从这些冲突中果断抽身，免受折磨，数以万计的父母本可以不为失去儿女而悲伤痛心，但逃避和冷漠只会让我们的日子更加难熬。感谢上帝，你们祖辈的血脉中流淌着钢铁般的意志！没有这些家庭——你们每个家庭——的勇气和决心，就不会有我们现在这个国家。

你们这一代不需要承担他们曾经承担的使命，但你们有自己的挑战。不能勇敢面对，就一样要承受痛苦折磨。

要告诉自己：没有人欠你任何东西。一生中，除了努力，我们一无所有。可能你们并不知道，为了你们今天的美好生活，有多少人曾经做出了怎样的牺牲。我指的不是父母在相对舒适的环境下养育你们所付出的辛劳，而是一代又一代美国人曾为争取自由付出的鲜血、汗水和财富。今天的舒适仅仅意味着过去的努力，安逸的生活不是令人满意的生活。最重要的是，这种生活使人无法投身严肃的工作。

有意义的工作并不仅仅关乎职业，严肃的工作不仅仅关乎薪水。听说，你们这代人有很多选择，但并不是每种选择都是可取或值得赞许的。

一个人，无论男女，如果不是因为自己的过错，一生中不能享受只有在家庭生活中才能享受的快乐，不能拥有和抚养健康的孩子，我认为这个人是值得同情的。同样，那些在战争一开始就不幸牺牲的勇士，和那些辛勤工作却因他人过错而破产的商人，也让我生出恻隐之心。但他们绝不是最悲哀的人。你可以说我守旧，但那些刻意回避婚姻，铁石心肠，对婚姻毫无热情的人不值得我尊重。我要说，这些人是肤浅自私的人。

善良、温厚、渴望完全遵照自己的意愿来生活——这些都不能取代最基本的美德，也就是让一个人强大的内在品质。毫无疑问，美国需要强大的人，需要有勇气有决心的人；需要蔑视低劣、卑鄙和自私的人；需要为伟大目标付出劳动或战斗或承受苦难的人。美国需要能将安逸、懒散、逃避、无聊的享乐弃如敝屣的年轻人。

我认为男孩和女孩有不同的责任、不同的角色，这已经不是什么秘密了。但我也是一个公开支持妇女选举权的人，在法律上我们一律平等。我相信，除了繁重的体力劳动，女性在任何工作上都会非常出色。有关性别问题，我们可能观点不一，但如果暂时搁置分歧，就不难看到，一个强大的美国需要它的男性和女性公民同样强大、坚韧。

我对男孩考虑得更多一些。你们男孩太脆弱，这着实让人担忧。美国期望我们的男孩都能成长为坚强的男子汉。以我的经验，如果连好男孩都不是，就不可能成长为顶天立地的男子汉。好男孩一定不是懦夫或手无缚鸡之力的人，或恃强凌弱的人，或推卸责任的人，或小偷。他必须努力工作，尽情娱乐。他应该在任何情况下都能坚持自己的立场，不受他人干扰。只有满足这些条件，才能成长为美国需要的人——美国真正为之骄傲的人。

要被视为真正的成年人，就需要身体和道德上的双重勇气，二者缺一不可。我们发现，一些战士在战场上英勇无畏，离开战场却可能变成畏手畏脚、一无是处的政客或领导者。相反，有些政客虽然在国家治理方面胆识过人，勇于承担责任，但在面对真正的人身危险时，却失去了决斗的勇气。无论军人还是政客，只具其一显然都不完整。拥有士兵冲锋陷阵的勇气并不能成为政治家缺乏道德勇气的借口，拥有政治家的道德勇气更是不能成为在战场上退缩的理由。必须做好在追求高尚事业的过程中失去生命的准备。

成年人一定要锻炼自己的体能，但达到一定程度后，你会发现，还有其他东西比体能更重要。在我的兵团里，90% 的人是比我优秀的骑兵，大概三分之二的人是远胜于我的神枪手。总体来说，他们确实更坚韧、更有耐力。然而，一起战斗以后，他们会发现，当然我自己也清楚，没有哪个人的军事领导才能在我之上。

凡事都要努力，对此我从不怀疑——无论学习拉丁语、数学、拳击还是橄榄球，都必须付出努力。我不走极端，我喜欢适合男子的各种激烈运动，但我知道不该将运动本身作为追求的唯一目的。品格比智力和体能更能帮助我们成就辉煌人生。

我们应该做一个好人——不是伪善、徒有其表的人，是做一个真诚质朴的好人。你们会谈论这样的“美德培养”话题吗？我所说的好人是广义上的“好”，它包括坦率、守法、勇敢和有男子气概；要有勇气，要诚实，要善用常识。

我身边那些具有远见卓识的人——最优秀的人——都擅长学习，都在他们的领域独树一帜，他们无所畏惧，坚定无比。注意：他们被所有邪恶堕落的人所憎恨，所惧怕。可我要你们去憎恶那些应该去憎恶的。

最优秀的人不会屈服于罪恶，同样也不会对弱者和无助者熟视无睹，冷若冰霜。这需要我们做好保护他们的充分准备。我知道，当下说这些你们可能并不爱听，但真正的好人在必要的时候都会对伤害弱者的家伙毫不手软，这就是我希望你们厌恶懦夫的主要原因。

让我来谈谈真实的工作世界。工作——工作能力，还有你的韧性至关重要，即使在你不想履行工作职责的时候。一个人如果不劳动，不工作，他的生活就会索然无味，他就永远无法领会生命的真谛。工作是必要的，但这远远不够。如果仅出于自私，如果你漠视他人的权利，如果没有理想，如果只是为自我满足而工作，一个人的社会贡献就相当有限。但即使如此，也比游手好闲的懒骨头好得多。要实现更大价值，除了工作能力，还应具备高尚的工作品行，这样，才能和同事和谐相处，和大家一道为全社会的共同利益而奋斗。

一份工作如果有其独特的价值，就不要因为有人必须从事这份艰苦甚至痛苦的工作而同情他们。我不同情汗流浃背的工人，我钦佩他们。你们知道我同情什么人吗？我同情不工作的人，不管出于何种目的。在美国，我们相信漂亮地完成有价值的工作才是成功的人生。

我也喜欢娱乐——玩的时候就该尽情投入，但千万不要将玩乐作为首要任务。工作才是重点。如果能做好一份有意义的工作，无论在哪个岗位，你都是一个优秀的美国公民；如果马马虎虎，那么无论从事哪一行业，赚多少钱，都不过是个可怜虫罢了。

要励志做一个工作者、劳动者——一个耻于逃避工作、推卸自身责任的人。没有工作，就没有幸福。找找看，有没有哪个不工作的成年人是真正快乐的？我相信你找不出这样的人。

从长远来看，游手好闲者，无论处于哪一个社会阶层，都是生活最悲惨的人。不工作的人已经无药可救。在任何社会，尤其在美国，他已经格格不入。我们每个人都是劳动者，我们的政府计划没有给任何不愿通过劳动服务社会的人留有空间。如果他生计无忧，尚有余力，就更应该多劳动，多付出，让这个社会因他的存在而更美好。若不能，就难以证明他的存在价值，这时，谁还会在乎他的银行存款？

大家想成功吗？成年人都说，你可以成为任何你想成为的人。可这不是事实。每个人都有自己无法克服的局限。这是真的，可那又怎样？挖掘自己的潜力和天赋，努力培养它、锻炼它，让你身边的人因你而骄傲。

成功有两种。一种是做到别人做不到的，这非常难，是天才的专属；另一种是普通人的成功，他们并不是天才，而是和周围人一样有着普通品质的人，但却能把普通的品质锤炼到并不普通的程度。

你们是美国人。但更重要的是，你们已经成年。

你们一定要从事有意义的工作。

你们一定要铭记历史，完成祖辈未竟的事业。

你们一定要了解当今的世界和你们在其中的位置。

你们一定要有思想。

你们不能逃避或懈怠，必须努力，因为共和国的命运取决于你们。

哦，还要强调一点，你们一定也要记得尽情娱乐。

就是现在，行动起来吧！

谢谢你们。

致 谢

这本书终于完工交稿，过程比我预期的艰难得多。在此，要特别感谢梅丽莎、科丽、亚历克斯、布雷克，感谢他们对我的包容、关爱和无条件的支持与鼓励，我欠他们一个大大的拥抱。我们 5 人组成了这个家庭，他们是我的生命。在此，想对他们说“我爱你们”。还要感谢我的父母，他们一直在默默支持我、鼓励我、陪伴我。谢谢！书中提到了一些事先没有经过父母同意的故事，希望妈妈不会责怪于我。

其次，要感谢几位朋友，他们现已为人父母。20 多年来，我和妻子常常同他们聊起如何培养小劳动者、小公民，如何让孩子有趣有品位。早在真正有孩子前，我们都可以在餐厅里畅聊到深夜。我要向刘易斯夫妇（Derek and Kelli Lewis），布拉迪夫妇（Scott and Carrie Brady），盖诺夫妇（Ryan and Deena Gainor），埃利泽夫妇

（Jonathan and Tanya Ellisor），罗杰斯夫妇（Dave and Heather Rogers），以及塔利亚费罗（Ryan Taliaferro）表示衷心的感谢。如果不考虑他们家人的感受，我更喜欢用他们大学时候的绰号。成年后很难交到能够真心相待的挚友，所以我和梅丽莎很清楚，能拥有他们这样的朋友真是三生有幸。除此之外，我还要感谢几对夫妻，他们是：布赖恩特夫妇（Aerin and Dan Bryant），莫里森夫妇（Teri and Tom Morrison），霍顿夫妇（Lisa and Mike Horton），李夫妇（Sara and Brian Lee），英博登夫妇（Rana and Will Inboden），以及伯杰夫妇（Kimby and Lawrence Berger）。

这本书的写作和我的工作经历不无关系。37 岁那年，我来到米德兰大学，出任该校校长。让人始料未及的是，多数 18 岁的大学生并没有做好成年的准备。从那时起，我便萌生了写作此书的想法。还要感谢里德（Kari Ridder），布莱克（Shelly Blake），本杰明（Jodi Benjamin），萨斯（Ray Sass），布洛克（Steve Bullock），费泽利（Eliza Ferzely），纳尔逊（Merritt Nelson），诺埃尔（Jess Knoell），诺伊芬德（Nate Neufind）和吉莱斯皮（Dave Gillespie）。没有这一核心团队和集智慧与无私于一身的几位董事会成员的大力支持，我很难如愿为校园里的孩子提供应有的帮助，也很难准确把握当今的青年文化。期待我们还能在未来的大项目上再次合作。

另外，也要感谢我的竞选团队。他们无私无怨、不辞辛劳，在一年多的时间里，乘坐大巴为我竞选参议员忙前忙后，此后又马不停蹄地投身管理工作。感谢这个大家庭，谢谢巴克利（Chris Barkley），格尔克（Jordan Gehrke），格拉斯迈尔（Tyler Grassmeyer），卡尔斯（Emily Karrs），雪利（Raven Shirley），斯利瓦（Taylor Sliva）和韦格曼（James Wegmann），“你们辛苦了！”早在竞选开始前，这本书就已经在构思酝酿中了，后来我们在大巴上的多次交流已成为书中的点点滴滴，非常感谢他们提出的宝贵意见和建议。

最后，还要特别感谢 5 位专业的编辑。我原以为，自己每天以书为伴，就一定是最懂做书的人，事实却并非如此。感谢巴特利特（Tim Bartlett）和他的专业团队，感谢他们在出版过程中给予的鼓励、帮助和支持。我想特别提一下艾伦·布拉德肖（Alan Bradshaw），他总是笑容可掬，为保证出版进度，很多个周末都在默默加班。“谢谢你，艾伦。”感谢拉蒂默（Matt Latimer）和厄本（Keith Urbahn），谢谢他们对一个新手的信任，每次我自不量力的时候，兜圈子表述不清的时候，他们总能及时打断，不厌其烦地详加解释。感谢博伊丘克（Ben Boychuk），他是这个过程中和我交流最多，在这本书上花费时间最久的一位。谢谢他分享的智慧和图书，也感谢他高涨的学习劲头和为他人诚恳纠错的精神。他的学习热情极具感染力，和他一起讨论、一起修改书稿的过程让我受益匪浅。感谢所有为本书付出的人们，他们不仅关注自己子女的成长，也心系着千千万万个阅读本书的孩子。

关于文献和写作方法的说明

我是一名受过专业训练的史学研究工作者，但显然这并不是一本学术著作。尽管如此，这次写作也仍受到这一习惯的影响。初稿中我保留了脚注和尾注，毕竟加注是研究人员的工作习惯。

我个人喜欢读书的时候在尾注部分夹入书签，以方便在阅读正文时前后参阅。我还喜欢在注释处做笔记，确定要延伸阅读的文献，注释也常带给我意外惊喜。很多读者可能知道，在芝加哥洛约拉政法大学任教近 60 年的乔治 · 阿纳斯塔普洛（George Anastaplo）教授的著作中就有大量近似小文章的脚注。

然而，本书的编辑并不认可这样的做法。大多读者可能也并不喜欢冗长的注释，所以编辑的决定是明智的。无论好坏，图书中的脚注和尾注都在逐渐消失。对面向普通大众的图书来说，这样做并无不妥。

虽然作者在书中不必用海量的注释轰炸读者，但至少应该对他借鉴的文献做简要说明。因此，我想在这里对一些为本书做出突出贡献的著作稍作交代。

本书得益于大量的阅读积累。能够将我在高中、大学、圣约翰和耶鲁研究生院读到的很多伟大作品融入自己的创作，是这次写作的一大乐趣。很多对我产生直接影响的作者很难在有限的篇幅内一一提及，但深入了解第八章中提到的那些经久不衰的作品是不错的起点。对我智力发展极为重要的几位，如亚里士多德、奥古斯丁、卢梭、路德、加尔文等人的思想，在书中很多地方都已有所体现。大学期间，我曾反复研读几位大师的作品，品味其中的奥妙，这本书自然也不可能不受到影响。我们每个人的成果都离不开巨人的肩膀。

在研究和阅读的过程中，我意外发现许多以前不曾接触的作品。在写旅行重要性的第七章，我主要参考了个人的旅行经历，那些经历又在很大程度上受到我的本科老师约翰·斯蒂尔戈的影响。我记得，他跟剑桥一些富家子弟说，他们在野外待不了多久，他说，最多一两天，然后还有些冷漠地耸了耸肩。在他的启发下，我和 3 个朋友划着独木舟来到缅因州的荒野中，在那里度过了一个难忘的春天。想起他 25 年前给我们上课的样子，很好奇他现在在做些什么。我很高兴地发现，古稀之年的他竟然还没有离开讲台，并在 2015 年出版了深受好评的著作《何为景观》（*What Is Landscape?*）。斯蒂尔戈老师教我以不同的方式看待和倾听周围的世界。第七章中融入了他曾经讲授的一些课程内容，也引用了他的探险入门书《外面世界有魔法》中的一些观点。

我对教育史学家卡尔·凯斯特（Carl Kaestle）研究早期美国教育的著作，特别是他于 1983 年出版的《共和国的支柱：普通学校和美国社会（1780—1860）》（*Pillars of the Republic：Common Schools and American Society, 1780-1860*）有较深入的了解。在写第八章，也就是美国发展为印刷文化高度发达的自由国家时，又再次翻阅了他在读写研究方面的一些重要著述。凯斯特和其他几位作者共同主编的《美国的识字教育：1880 年以来的读者与阅读》（*Literacy in the United States：Readers and Reading since 1880*，其他几位编者为 Helen Damon-Moore，Lawrence C. Steadman，Katherine Tinsley 和 William Vance Trollinger Jr.）面世后，北卡罗来纳大学出版社深受启发，随即出版了 5 卷本的《美国图书史》（*History of the Book in America*），这套丛书当时引起不小反响。凯斯特是第 4 卷的主编，主要关注 1880 年至 1940 年美国出版与阅读的发展。我还参考并引用了这套丛书的 1—2 卷——《北美殖民地时期的图书》（*The Colonial Book in the Atlantic World*，由 Hugh Amory 和 David D. Hall 主编）以及《发展中的共和国：美国的图书、文化和社会（1790—1840）》（*An Extensive Republic：Print, Culture, and Society in the New Nation, 1790-1840*，由 Robert A. Gross 和 Mary Kelley 主编）中的部分内容。

谈起美国公办教育史，就不得不提伯纳德·贝林（Bernard Bailyn）的经典之作《美国社会形成中的教育》（*Education in the Forming of American Society*，1960）和劳伦斯·克雷明（Lawrence Cremin）3 卷本的《美国教育史》[1]。虽然克雷明本人在《公立教育》

[1] 包括 1970 年出版的《美国教育史：殖民地的历程（1607—1783）》（*The Colonial Experience, 1607-1783*）、1980 年出版的《建国初期的历程（1783—1876）》（*The National Experience, 1783-1876* ）和 1990 年出版的《城市化时期的历程（1876—1980）》（*The Metropolitan Experience, 1876-1980*）。——作者注

（*Public Education*，1976）中不惜笔墨，对进步教育运动大加赞扬，但在《公共教育及其弊端》（*Public Education and Its Discontents*，1990）一书中，他也一针见血地指出了这一运动经百年发展变迁后遇到的种种问题与挑战。

可以说，美国教育史一直以来都是我的个人和专业兴趣所在。在写第三章的时候，我又听到一种完全不同的声音，它要求废除传统学校教育，提倡“学校与国家相分离”，这是对约翰·杜威和进步教育运动的挑战。这方面的作品有保守主义者菲利克斯·韦特默（Felix Wittmer）的《征服美国人的思想》（*The Conquest of the American Mind*，1956）。还有左翼人士如保罗·古德曼的《荒谬地成长》以及《义务性的错误教育》（*Compulsory Mis-education*，1964），古德曼认为，美国公立学校愈演愈烈的企业化倾向已经与这个植根于自由和自我探索的国家渐行渐远。事实上，《荒谬地成长》最早出现在著名评论家诺曼·波德霍雷茨（Norman Podhoretz）编辑的《评论》（*Commentary*）杂志中（那时波德霍雷茨尚未转向右翼）。约翰·泰勒·加托也是我这次写作过程中的意外收获，获得纽约州“年度最佳教师”称号后不久写就的《愚弄我们》（1992），以及后来出版的《大众教育的武器：一位义务教育教师的黑暗经历》（*Weapons of Mass Instruction：A Schoolteacher's Journey through the Dark World of Compulsory Schooling*，2009）是他最值得关注的两本著作。近年来，他的新作让不少人感觉他像一个古怪的阴谋家，但其早期作品大胆新颖，可惜并没有引起足够重视。很遗憾，像他这样勤于学敏于思的老师已经不多见了。

写作有时也会让人收获一些从未留意过的轶事、片段或小知识。研究美国早期历史的大多数学生都知道，英国的许可法给印刷商带来沉重负担，这从一定程度上推动了现代言论自由和出版自由理念的发展。有人可能听说过法庭对约翰·彼得·曾格（John Peter Zenger）煽动诽谤罪的审判，但直到 2016 年夏天我才了解到，历史上英国竟有“言论叛国”罪。之后，我又翻阅了约克大学英语教授、18 世纪历史研究中心（Centre for Eighteenth the Century Studies）主任约翰·巴雷尔（John Barrell）长达 760 页、价格不菲的《想象国君的死亡：言论叛国，弑君的幻想（1793—1796）》（*Imagining the King's Death：Figurative Treason, Fantasies of Regicide, 1793-1796*）一书。

相形之下，哈佛大学政治哲学教授哈维·曼斯菲尔德（Harvey Mansfield）和德尔巴·温思罗普（Delba Winthrop）在 2000 年编译出版的托克维尔的《论美国的民主》价格适中、通俗易懂。我常在演讲中说，读书的时候，可以选精华的内容分块阅读，但这部著作例外。我在本书中引用的正是曼氏的版本。曼斯菲尔德是哈佛大学享有盛名的政治学家，他的妻子——已故的温思罗普——明确谈到编译这本书的意图：“要传达托克维尔的思想，而不是将书中的内容用今天的语言复制出来。”这并不意味着托克维尔的作品对非专业的读者来说阅读起来没有障碍，但该版的确增加了不少有助于加深读者理解的注释。企鹅经典、矮脚鸡（Bantam）和哈珀永久（Harper Perennial）出版社的几个版本对原作做了更好的处理，因此也更受读者欢迎。读大学的时候，我第一次接触到的是梅耶（J. P. Mayer）主编、乔治·劳伦斯（George Lawrence）翻译的版本，之后就一直在用它。

最后，这本书的写作也为我提供了细细品味一些“外围”著作的机会。例如，在关于老龄化和接受死亡这一章中，我主要参考了菲利普·弗里曼（Philip Freeman）翻译的西塞罗所著的《论老年》（*On Growing Old*），这本2016年出版的译本很受欢迎，书名为《如何平静老去：生命后半期的古代智慧》（*How to Grow Old：Ancient Wisdom for the Second Half of Life*）。它的编排很像以前的洛布古典丛书（Loeb Classical Library）系列，英文与曾被认为会很快死亡的拉丁文原文相对照。本书开头用彼得·潘的故事作类比完全归功于我的编辑，在他的建议下，我阅读了巴里先生的《彼得·潘》，最早这只是一部舞台剧。和大多数了解彼得·潘故事的人一样，我的认知几乎仅限于迪士尼版和桑迪·邓肯（Sandy Duncan）的百老汇表演。不得不说，巴里的确是一个讲故事的高手，原版中有很多动画作品难以企及的精彩语言。

还是那句话，书更好看。

参考文献

前　言

Roosevelt, Theodore, Philips, Douglas W. (ed.), *The Letters & Lessons of Theodore Roosevelt for His Sons.* San Antonio: The Vision Forum, Inc., 2001, pp. 47-48

第一章

Acs, Gregory, Kenneth Braswell, et. al. "The Moynihan Report Revisited." Washington, D.C.: Urban Institute, June 2013 http://www.urban.org/sites/default/files/publication/23696/412839-The-Moynihan-Report-Revisited.PDF

Barrie, J. M., Maria Tatar (editor). *The Annotated Peter Pan.* New York: W. W. Norton & Company, 2011

Fass, Paula. *The End of American Childhood: A History of Parenting from Life on the Frontier to the Managed Child.* Princeton, N.J.: Princeton University Press, 2016.

Manyika, James, et al., "Disruptive Technologies: Advances That Will Transform Life, Business, and the Global Economy." McKinsey Global Institute, May 2013. http://www.mckinsey.com/business-functions/business-technology/our-insights/disruptive-technologies.

Murray, Charles. *Coming Apart: The State of White America, 1960-2010.* New York: Crown Forum, 2012

Putnam, Robert. *Our Kids: The American Dream in Crisis.* New York: Simon & Schuster, 2015

Rousseau, Jean-Jacques (Allan Bloom, translator). *Emile or On Education.* New York: BasicBooks, 1979

Shierholz, Heidi, and Lawrence Mishel. "A Decade of Flat Wages: The Key Barrier to Shared Prosperity and a Rising Middle Class." Economic Policy Institute, August 21, 2013. http://www.epi.org/publication/a-decade-of-flat-wages-the-key-barrier-to-shared-prosperity-and-a-rising-middle-class/.

St. Augustine. *The Confessions.* New York: Everyman's Library, 2001.

Vance, J. D. *Hillbilly Elegy: A Memoir of a Family and Culture in Crisis.* New York: Harper, 2016

第二章

"A Nation at Risk: The Imperative for Educational Reform." Washington, DC: National Commission on Excellence in Education, 1983.

"ADHD Medication Manufacturing in the US: Market Research Report." February 2015. http://www.ibisworld.com/industry/adhd-medication-manufacturing.html.

Aleccia, Jonel. "Teens More Stressed Out than Adults, Survey Shows." NBCNews.com, February 11, 2014. http://www.nbcnews.com/health/kids-health/teens-more-stressed-out-adults-survey-shows-n26921.

Alper, Becka A., "Millennials Are Less Religious than Older Americans, but just as Spiritual." Washington, DC: Pew Research Center, November 23, 2015. http://www.pewresearch.org/fact-tank/2015/11/23/millennials-are-less-religious-than-older-americans-but-just-as-spiritual/.

American College of Pediatricians. "The Impact of Pornography on Children." June 2016. https://www.acpeds.org/the-college-speaks/position-statements/the-impact-of-pornography-on-children.

American Psychological Association. Stress in America: The Impact of Discrimination. Stress in America Survey, 2016. http://www.apa.org/news/press/releases/stress/2015/impact-of-discrimination.pdf

Arnett, Jeffrey J. *Emerging Adulthood: The Winding Road from the Late Teens through the Twenties.* New York: Oxford University Press, 2004.

Arnett, Jeffrey J., and Elizabeth Fishel, *When Will My Grown-Up Kid Grow Up? Loving and Understanding Your Emerging Adult.* New York: Workman Publishing, 2013.

Association for University and College Counseling Center Directors, quoted in Mistler, et al.

Bailey, Beth, *From Front Porch to Back Seat: Courtship in Twentieth-Century America.* Baltimore: Johns Hopkins University Press, 1989.

Bailey, Beth, quoted in Jeffrey Arnett, J. *Emerging Adulthood: The Winding Road from the Late Teens through the Twenties.* 2nd ed. Oxford: Oxford University Press, 2015.

Barna Group. "Proven Men Porn Survey." Lynchburg, VA: Proven Men Ministries, Ltd., 2014. https://www.provenmen.org/2014PornSurvey/ (accessed February 15, 2017).

Betkowski, Bev. "Study Finds Teen Boys Most Likely to Access Pornography." *Folio,* University of Alberta, Canada, March 2, 2007. https://sites.ualberta.ca/~publicas/folio/44/13/09.html.

Common Sense Media. "The Common Sense Census: Media Use by Tweens and Teens." November 3, 2015. https://www.commonsensemedia.org/the-common-sense-census-media-use-by-tweens-and-teens-infographic.

Côté, James E., and Anton L. Allahar. *Generation on Hold: Coming of Age in the Late Twentieth Century.* New York: New York University Press, 1996.

Cross, Gary. *Men to Boys: The Making of Modern Immaturity.* New York: Columbia University Press, 2008.

Cunningham, Hugh. *Children and Childhood in Western Society since 1500.* Harlow, UK: Pearson-Longman, 2005.

Fass, Paula. *The End of American Childhood.* See chapter 1.

Fry, Richard. "For First Time in Modern Era, Living with Parents Edges Out Other Living Arrangements for 18- to 34-Year-Olds." Pew Research Center, Washington, DC, May 2016. http://www.pewsocialtrends.org/files/2016/05/2016-05-24_living-arrangemnet-final.pdf.

Howard, Jacqueline. "Americans Devote More than 10 Hours a Day to Screen Time, and Growing," CNN, July 29, 2016. http://www.cnn.com/2016/06/30/health/americans-screen-time-nielsen/.

Hunt, Michael, quoted in David Masci. "Q&A: Why Millennials Are Less Religious than Older Americans." Pew Research Center, January 8, 2016. http://www.pewresearch.org/fact-tank/2016/01/08/qa-why-millennials-are-less-religious-than-older-americans/.

Hymowitz, Kay S. *Manning Up: How the Rise of Women Has Turned Men into Boys.* New York: City Journal/Basic Books, 2011.

James, Samuel D. "America's Lost Boys." *First Things,* August 2, 2016. https://www.firstthings.com/blogs/firstthoughts/2016/08/americas-lost-boys.

Kett, Joseph. *Rites of Passage: Adolescence in America, 1790 to the Present.* New York: Basic Books, 1977.

Konstam, Varda. *Parenting Your Emerging Adult: Launching Kids from 18 to 29.* Far Hills, NJ: New Horizon Press, 2013.

Lipka, Michael. "Millennials Increasingly Are Driving Growth of 'Nones.'" Pew Research Center "Facttank," May 12, 2015. http://www.pewresearch.org/fact-tank/2015/05/12/millennials-increasingly-are-driving-growth-of-nones/.

Lukianoff, Greg, and Jonathan Haidt. "The Coddling of the American Mind." *Atlantic Monthly,* September 2015. http://www.theatlantic.com/magazine/archive/2015/09/the-coddling-of-the-american-mind/399356/.

Mintz, Steven. *Huck's Raft: A History of American Childhood.* Cambridge, MA: Belknap-Harvard, 2004.

Mistler, Brian J., et al., "The Association for University and College Counseling Center Directors Annual Survey," 2012. http://files.cmcglobal.com/Monograph_2012_AUCCCD_Public.pdf.

"The Nation's Report Card: Results at a Glance." National Center for Education Statistics. Washington, DC: U.S. Department of Education, 2014. http://www.nationsreportcard.gov/hgc_2014/.

Neilsen Research Company. "So Many Apps, So Much More Time for Entertainment." Neilsen Newswire, June 11, 2015. http://www.nielsen.com/us/en/insights/news/2015/so-many-apps-so-much-more-time-for-entertainment.html.

Palladino, Grace. *Teenagers: An American History.* New York: Basic Books, 1996.

Pew Research Center. "Millennials in Adulthood: Detached from Institutions, Networked with Friends." March 2014. http://www.pewsocialtrends.org/files/2014/03/2014-03-07_generations-report-version-for-web.pdf.

Postman, Neil. *The Disappearance of Childhood.* New York: Vintage Books, 1994.

Rabin, Roni Caryn, "Compulsive Texting Takes Toll on Teenagers," *New York Times,* October 12, 2015. http://well.blogs.nytimes.com/2015/10/12/compulsive-texting-takes-toll-on-teenagers/?_r=0.

Reason-Rupe. "Millennials: The Politically Unclaimed Generation." The Reason-Rupe Spring 2014 Millennial Survey. Washington, DC: Reason Foundation, 2014.

Savage, Jon. *Teenage: The Prehistory of Youth Culture, 1875–1945.* New York: Penguin Books, 2008.

Shaputis, Kathleen. *The Crowded Nest Syndrome: Surviving the Return of Adult Children.* Olympia, WA: Clutter Fairy Publishing, 2003.

Smith, Christian, with Kari Christoffersen, Hilary Davidson, and Patricia Snell Hertzog. *Lost in Transition: The Dark Side of Emerging Adulthood.* Oxford: Oxford University Press, 2011.

Spock, Benjamin. Quoted in Fass, *The End of American Childhood.* See chapter 1.

Thompson, Sonya. "1 in 3 boys heavy porn users, study shows," *Eureka Alert,* February 23, 2007. https://www.eurekalert.org/pub_releases/2007-02/uoa-oit022307.php.

"Tool: Recognizing Microaggressions and the Messages They Send," from *Diversity in the Classroom.* University of California, Los Angeles, 2014. http://academicaffairs.ucsc.edu/events/documents/Microaggressions_Examples_Arial_2014_11_12.pdf.

Wang, Wendy, and Kim Parker. "Record Share of Americans Have Never Married." Washington, DC: Pew Research Center, September 2014. http://www.pewsocialtrends.org/2014/09/24/record-share-of-americans-have-never-married/.

Waters, Mary C., et al., eds. *Coming of Age in America: The Transition to Adulthood in the Twenty-First Century.* Berkeley: University of California Press, 2011.

Woodham, Chai. "Why Kids Are Hitting Puberty Earlier than Ever." *U.S. News and World Report,* April 17, 2015. http://health.usnews.com/health-news/health-wellness/articles/2015/04/17/why-kids-are-hitting-puberty-earlier-than-ever. Accessed July 5, 2016.

Zimbardo, Philip, and Nikita Coulombe. *Man Interrupted: Why Young Men Are Struggling and What We Can Do about It.* Newburyport, MA: Conari Press, 2016.

第三章

Barry, Mary Nguyen, and Michael Dannenberg. "Out of Pocket: The High Cost of Inadequate High Schools and High School Student Achievement on College Affordability." *Education Reform Now.* April 2016.

Bell, Albert L. "Three-Right Circus for Morons." *American Mercury* 44, no. 174 (June 1938).

Bestor, Arthur E. *Educational Wastelands: The Retreat from Learning in Our Public Schools.* Urbana: University of Illinois Press, 1953.

Briggs, Thomas H., quoted in Richard Hofstadter, *Anti-Intellectualism in American Life.* New York: Vintage, 1966.

Ciotti, Paul. "Money and School Performance: Lessons from the Kansas City Desegregation Experiment." Cato Policy Analysis no. 298. Washington, DC: Cato Institute, March 16, 1998. http://www.cato.org/pubs/pas/pa-298.html.

DeSilver, Drew. "U.S. Students Improving—Slowly—in Math and Science, but Still Lagging Internationally." Pew Research Center, Washington, DC, February 2, 2015. http://www.pewresearch.org/fact-tank/2015/02/02/u-s-students-improving-slowly-in-math-and-science-but-still-lagging-internationally/.

Dewey, John, quoted in Edmondson, Henry, *John Dewey and the Decline of American Education.* New York: Open Road Media, 2014. https://books.google.com/books?id=liGDAwAAQBAJ&pg=PT39&lpg=PT39&dq=dewey+schools+%22book+knowledge%22&source=bl&ots=EdPdvPJ2Di&sig=XqQwKaQCM4lRo4GPG65IOa3-FtM&hl=en&sa=X&ved=0ahUKEwjG-vislvTPAhVH3IMKH

TM9CpAQ6AEIIDAB#v=onepage&q=dewey%20schools%20%22book%20knowledge%22&f=false.
"Fast Facts: Enrollment Trends." National Center for Educational Statistics. Washington, DC: U.S. Department of Education, 2016. https://nces.ed.gov/fastfacts/display.asp?id=65.
Franciosi, Robert J. *The Rise and Fall of American Public Schools: The Political Economy of Public Education in the Twentieth Century.* Westport, CT: Praeger, 2004.
Gatto, John Taylor. *Dumbing Us Down: The Hidden Curriculum of Compulsory Schooling.* Gabriola Island, British Columbia: New Society Publishers, 1992.
———. *Weapons of Mass Instruction: A Schoolteacher's Journey through the Dark World of Compulsory Schooling.* Gabriola Island , British Columbia: New Society Publishers, 2009.
Gearon, Christopher J. "Colleges Adopt Programs to Help Freshmen Adapt." *U.S. News & World Report,* September 10, 2014. http://www.usnews.com/education/best-colleges/articles/2014/09/10/colleges-adopt-programs-to-help-freshmen-adapt.
Goodman, Paul. *Compulsory Mis-education and The Community of Scholars.* New York: Horizon Press, 1964.
———. *Growing Up Absurd: Problems of Youth in the Organized Society.* New York: New York Review Books, 2012.
Hayes, William. *The Fate of Liberal Arts in Today's Schools and Colleges.* Lanham, MD: Rowman & Littlefield, 2015.
Hofstadter, Richard. *Anti-Intellectualism in American Life.* New York: Vintage, 1966.
Janak, Edward. "'Caught in a Tangled Skein': The Great Depression in South Carolina's Schools." In *Education and the Great Depression,* edited by E. Thomas Ewing and David Hicks. New York: Peter Lang, 2006.
Lagemann, Ellen Condliffe. *An Elusive Science: The Troubling History of Education Research.* Chicago: University of Chicago Press, 2000.
Lynch, Matthew. "P-16 and P-20 Initiatives: Critical for Education Reform." *Huffington Post,* March 4, 2014. http://www.huffingtonpost.com/matthew-lynch-edd/p-16-and-p-20-initiatives_b_4894357.html.
Organization for Economic Cooperation and Development, quoted in DeSilver.
Ravitch, Diane. *Left Back: A Century of Failed School Reforms.* New York: Simon & Schuster, 2000.
Redford, Jeremy, Danielle Battle, and Stacey Bielick, "Homeschooling in the United States: 2012." National Center for Educational Statistics,

Institute of Education Sciences. Washington, DC: U.S. Department of Education. November 2016.
Sayers, Dorothy L. *The Lost Tools of Learning.* London: Methuen, 1948.

第四章

Aechylus (Robert Fagles, translator). *The Oresteia: Agamemnon, The Libation Bearers, The Eumenides.* New York: Penguin Classics, 1984

Boston Public Health Commission. "Health of Boston, 2014–2015." http://www.bphc.org/healthdata/health-of-boston-report/Documents/HOB-2014-2015/5_MaternalChild_HOB%202014-2015.pdf.

Churchill, Winston, quoted in Martin Paul. *Counting Sheep: The Science and Pleasures of Sleep and Dreams.* London: HarperCollins, 2002.

Cicero, Marcus Tullius. *How to Grow Old: Ancient Wisdom for the Second Half of Life.* Translated by Philip Freeman. Princeton, NJ: Princeton University Press, 2016.

Dreher, Rod. "This Mortal Coil," (blog post). *The American Conservative,* August 26, 2015 http://www.theamericanconservative.com/dreher/mortal-coil/.

Eliot, Andrew, quoted in David E. Stannard. *The Puritan Way of Death: A Study in Religion, Culture, and Social Change.* New York: Oxford University Press, 1979.

Fuller Youth Institute, quoted in Powell, Griffin, and Crawford.

Hine, Thomas. *The Rise and Fall of the American Teenager.* New York: Perennial, 2000.

Jackson, Andrew, quoted in Robert V. Remini. *Andrew Jackson and the Course of American Freedom, 1822–1832.* Baltimore: Johns Hopkins University Press, 1998.

Mather, Cotton, quoted in Stannard.

McPherson, Miller, Lynn Smith-Lovin, and Matthew E. Brashears. "Social Isolation in America: Changes in Core Discussion Networks over Two Decades." *American Sociological Review* 71, no. 3 (June 2006). https://archive.org/details/SocialIsolationInAmericaChangesInCoreDiscussionNetworksOverTwo.

Mencken, H. L., quoted in Thomas P. Riggio, ed. *The Dreiser-Mencken Letters.* Vol. 1. Philadelphia: University of Pennsylvania Press, 1986.

Powell, Kara, Brad Griffin, and Cheryl Crawford, "The Church Sticking Together." *Immense Journal* (September–October 2011).

Regnerus, Mark, and Jeremy Uecker. *Premarital Sex in America.* New York: Oxford University Press, 2011.

Roosevelt, Theodore. *An Autobiography.* New York: Library of America, 2004.

Schlegel, Alice, quoted in Leon Neyfakh. "What 'Age Segregation' Does to America." *Boston Globe,* August 31, 2014. https://www.bostonglobe.com/ideas/2014/08/30/what-age-segregation-does-america/o568E8xoAQ7VG6F4grjLxH/story.html.

Schwartz, Elliott. *Music: Ways of Listening.* New York: Holt, Rinehart, and Winston, 1982, quoted in https://www.brainpickings.org/2012/04/12/elliott-schwartz-music-ways-of-listening/.

Smith, Wesley. "Cruel to Abandon Dying to Suicide While Preventing Others." The Corner, National Review Online, August 27, 2016. http://www.nationalreview.com/corner/439440/cruel-abandon-dying-suicide-while-protecting-others.

Stannard, David E., *The Puritan Way of Death: A Study in Religion, Culture, and Social Change.* New York: Oxford University Press, 1977.

Todd, Dennis. *Imagining Monsters: Miscreations of Self in Eighteenth-Century England.* Chicago: University of Chicago Press, 1995.

Toft, Mary. Quoted in Todd.

第五章

Aquinas, Thomas. *Summa Theologiae.* Lander, WY: The Aquinas Institute, 2012.

Baxter, Richard, quoted in William Orme, *The Practical Works of the Rev. Richard Baxter.* Vol. 22. London: James Duncan, 1730.

Brooks, David. *The Road to Character.* New York: Random House, 2015.

Carlyle, Thomas, quoted in Daniel T. Rodgers. *The Work Ethic in Industrial America: 1850–1920.* 2nd ed. Chicago: University of Chicago Press, 2014.

Crawford, Matthew B. *Shop Class as Soulcraft: An Inquiry into the Value of Work.* New York: Penguin, 2009.

Deresiewicz, William. *Excellent Sheep: The Miseducation of the American Elite and the Way to a Meaningful Life.* New York: Free Press, 2014.

Edison, Thomas, quoted in James D. Newton, *Uncommon Friends: Life with Thomas Edison, Henry Ford, Harvey Firestone, Alexis Carrel & Charles Lindbergh.* New York: Mariner Books, 1987.

Einstein, Albert. Quoted in Walter Isaacson, *Einstein: His Life and Universe.* New York: Simon & Schuster, 2007

Fitzgerald, F. Scott, quoted in Maria Popova. "'Nothing Any Good Isn't Hard': F. Scott Fitzgerald's Secret to Great Writing." *Atlantic,* January

9, 2013. http://www.theatlantic.com/entertainment/archive/2013/01/nothing-any-good-isnt-hard-f-scott-fitzgeralds-secret-to-great-writing/266935/.

Franklin, Benjamin. *Wit and Wisdom from Poor Richard's Almanack.* New York: Dover Thrift Editions, 1999.

Grund, Francis J. *The Americans in Their Moral, Social and Political Relations (Two Volumes in One).* New York: Augustus M. Kelly, 1971. First published in 1837.

Hesiod. *Works and Days.* Edited and translated by Glenn W. Most. Cambridge, MA: Harvard University, Loeb Classical Library 57, 2006.

Hine, Thomas, *The Rise and Fall of the American Teenager.* New York: Perennial, 2000.

Jane, Talia. "An Open Letter to My CEO." Medium.com, February 20, 2016. https://medium.com/@taliajane/an-open-letter-to-my-ceo-fb73df021e7a#.4s0e8m18o.

Jefferson, Thomas. Letter to George Washington, August 14, 1787. http://tjrs.monticello.org/letter/98#X3184736.

Manton, Reverend Thomas. Quoted in Ryken, Leland, "The Original Puritan Work Ethic," *Christianity History,* Number 89, Winter 2006. http://www.christianitytoday.com/history/issues/issue-89/original-puritan-work-ethic.html.

O'Connor, Flannery (Sally Fitzgerald, editor). *The Habit of Being.* New York: Farrar, Straus, Giroux, 1979.

Riesman, David, and Warner Bloomberg Jr. "Work and Leisure: Fusion or Polarity?" In *Abundance for What? And Other Essays,* edited by David Riesman. New Brunswick, NJ: Transaction Publishers, 1993.

Roosevelt, Teddy, quoted in Albert B. Hart and Herbert R. Ferleger, eds. *Theodore Roosevelt Cyclopedia.* New York: Roosevelt Memorial Association, 1941.

Ryken, Leland. "The Original Puritan Work Ethic." *Christianity History,* no. 89 (Winter 2006): http://www.christianitytoday.com/history/issues/issue-89/original-puritan-work-ethic.html.

Weber, Max (Stephen Kalberg, translator). *Protestant Work Ethic and the Spirit of Capitalism.* New York: Oxford University Press, 2011.

Widdicombe, Ben. "What Happens when Millennials Run the Workplace?" *New York Times,* March 19, 2016. http://www.nytimes.com/2016/03/20/fashion/millennials-mic-workplace.html?_r=0.

Williams, Stefanie. "An Open Letter to Millennials Like Talia . . ." Medium.com, February 20, 2016. https://medium.com/@StefWilliams25/an-open-letter-to-millenials-like-talia-52e9597943aa#.aj0716ava.

第六章

Bernstein, William J. *The Birth of Plenty: How the Prosperity of the Modern World Was Created.* New York: McGraw-Hill, 2004.

Brooks, Arthur. *The Conservative Heart: How to Build a Fairer, Happier, and More Prosperous America.* New York: Broadside Books, 2015.

Epictetus. *Discourses, Books 3-4, Fragments, The Enchiridion.* Translated by W. A. Oldfather. Cambridge, MA: Harvard University Press/Loeb Classical Library, 1928.

Ford, Thomas. Quoted in Sellers, *The Market Revolution.*

Fukuyama, Francis. *The Great Disruption: Human Nature and the Reconstitution of Social Order.* New York: Free Press, 1999.

Galbraith, John Kenneth. *The Affluent Society.* Boston: Mariner Books/Houghton Mifflin, 1998.

Goodman, Paul. *Growing Up Absurd: Problems of Youth in the Organized Society.* New York: New York Review of Books Classics, 2012.

Holiday, Ryan and Stephen Hanselman. *The Daily Stoic: 366 Meditations on Wisdom, Perseverance, and the Art of Living.* New York: Portfolio (Penguin Publishing), 2016.

Kochhar, Rakesh. "How Americans Compare with the Global Middle Class." Pew Research Center, July 9, 2015. http://www.pewresearch.org/fact-tank/2015/07/09/how-americans-compare-with-the-global-middle-class/. Accessed May 3, 2016.

Kotkin, Joel, *The City: A Global History.* New York: The Modern Library, 2005.

Montesquieu, Charles-Louis de (Thomas Nugent, translator). *The Spirit of the Laws.* New York: Cosimo Classics edition, 2011.

Murray, *Coming Apart.* See chapter 1.

Packard, Vance Oakley. *The Waste Makers.* Brooklyn, NY: Ig Publishing, 2011.

Riesman, David (with Nathan Glazer and Reuel Denny). *The Lonely Crowd.* New Haven, CT: Yale University Press, 1961.

Rousseau, Jean-Jacques. *Emile.* Translated by Allan Bloom. New York: Basic Books, 1979.

Rubin, Gretchen. *Better Than Before: What I Learned About Making and Breaking Habits—to Sleep More, Quit Sugar, Procrastinate Less, and Generally Build a Happier Life.* New York: Broadway Books, 2015

———. *The Happiness Project: Or, Why I Spent a Year Trying to Sing in the Morning, Clean My Closets, Fight Right, Read Aristotle, and Generally Have More Fun.* New York: Harper Paperbacks (revised edition), 2015.

Sedley, David. In *The Cambridge Companion to the Stoics,* edited by Brad Inwood. Cambridge: Cambridge University Press, 2003.

Sellars, John. *Stoicism.* Berkeley: University of California Press, 2006.

Sellers, Charles. *The Market Revolution: Jacksonian America, 1815-1846.* New York: Oxford University Press, 1991.

Smith, Christian, et al. *Lost in Transition: The Dark Side of Emerging Adulthood.* New York: Oxford University Press, 2011.

Veblen, Thorstein. *The Theory of the Leisure Class.* New York: Dover Publications (Dover Reprint Editions), 1994.

第七章

Boorstin, Daniel J. *The Image: A Guide to Pseudo-Events in America.* New York: Vintage, 1992.

Gibbon, Edward. *Memoirs of My Life.* London: Folio Society, 1984.

Goethe, Johann Wolfgang von. *Italian Journey.* Translated by W. H. Auden and Elizabeth Mayer. London: Folio Society, 2010.

Kotkin, Joel. *The City: A Global History.* New York: The Modern Library, 2005.

Lewis, C. S. *Essay Collection and Other Short Pieces.* Edited by Lesley Walmsley. London: HarperCollins, 2000.

Steinbeck, John. *Travels with Charley in Search of America.* New York: Library of America, 2007.

Stilgoe, John. *Outside Lies Magic.* New York: Walker and Company, 1998.

Thoreau, Henry David. *Walden; or, Life in the Woods.* New York: Library of America, 1985.

Twain, Mark. *Innocents Abroad.* New York: Library of America, 1984.

———. *The Adventures of Huckleberry Finn.* Berkeley, CA: University of California Press, 1985.

第八章

Aronowitz, Stanley and Henry Giroux. *Postmodern Education: Politics, Culture, and Social Criticism.* Minneapolis, MN: University of Minnesota Press, 1991.

Bijan, Stephen. "You Won't Believe How Little Americans Read." *Time,* June 22, 2014.

Bloom, Allan, *The Closing of the American Mind: How Higher Education Has Failed Democracy and Impoverished the Souls of Today's Students.* New York: Simon & Schuster, 1987.

Bloom, Allan and Harry V. Jaffa Shakespeare's Politics. Chicago: University of Chicago Press, 1997.
Bureau of Labor Statistics. "American Time Use Survey—Summary." Washington, D.C.: U.S. Department of Labor, June 24, 2016. https://www.bls.gov/news.release/atus.nr0.htm
Burlingame. *Abraham Lincoln: A Life* (2 vol.). Baltimore: Johns Hopkins University Press, 2008.
Dusbiber, Dana. "Teacher: Why I don't want to assign Shakespeare anymore (even though he's in the Common Core)." *Washington Post,* June 13, 2015. https://www.washingtonpost.com/news/answer-sheet/wp/2015/06/13/teacher-why-i-dont-want-to-assign-shakespeare-any more-even-though-hes-in-the-common-core/
Eliot, Charles W. (editor). *Harvard Classics* (51 volumes). New York: P. F. Collier and Son, 1909.
Febvre, Lucien and Henri-Jean Martin. *The Coming of the Book: The Impact of Printing, 1450-1800* (3rd Ed.) New York: Verso, 2010.
Franklin, Benjamin. "Apology for Printers" (1731). Quoted in Pasley, Jeffrey L., "*The Tyranny of Printers": Newspaper Politics in the Early American Republic.* Charlottesville, VA: University Press of Virginia, 2001.
Fried, Johannes (Peter Lewis, translator). *The Middle Ages.* Cambridge, MA: Harvard-Belknap, 2015.
Füssel, Stephan. *Gutenberg and the Impact of Printing.* London: Routledge, 2005.
Garcia, Emily. "'The Cause of America Is in Great Measure the Cause of All Mankind': American Universalism and Exceptionalism in the Early Nation." In *American Exceptionalisms,* edited by Sylvia Söderlind and Jamey Carson. Albany: SUNY Press, 2011.
Gottlieb, Agnes H. and Henry Gottlieb. *1,000 Years, 1,000 People: Ranking the Men and Women Who Shaped the Millennium.* New York: Kodansha America, 1998
Hart, James D. *The Popular Book: A History of America's Literary Taste.* London: Oxford University Press, 1950.
Hirsch, E. D. *Cultural Literacy: What Every American Needs to Know.* Boston: Houghton Mifflin Co., 1987.
Hirsch, E. D., Joseph F. Kett, and James Trefil. *The Dictionary of Cultural Literacy: What Every American Needs to Know* (1st edition). Boston: Houghton Mifflin Co., 1988.
Jefferson, Thomas. *Writings.* New York: Library of America, 1984.
Kamarck, Elaine C., and Ashley Gabriele. "The News Today: 7 Trends in Old and New Media." Center for Effective Public Management, Brookings Institution, November 2015.

Kirsch, Adam. "The 'Five-foot Shelf' Reconsidered." *Harvard Magazine,* November–December 2001. http://harvardmagazine.com/2001/11/the-five-foot-shelf-reco.html.

Kovarik, Bill. *Revolutions in Communication: Media History from Gutenberg to the Digital Age.* New York: Bloomsbury Academic, 2015.

Lewis, C. S. *Mere Christianity.* San Francisco: HarperSanFrancisco, 2001.

MacCulloch, Diarmaid. *The Reformation: A History.* New York: Viking, 2004.

Mumford, Lewis. *Technics and Civilization.* Chicago: University of Chicago Press (reprint edition), 2010.

Postman, Neil. *Amusing Ourselves to Death: Public Discourse in the Age of Show Business* (20th Anniversary Edition). New York: Penguin Books, 2005.

Rutherfurd, Livingston. *John Peter Zenger: His Press, His Trial and a Bibliography of Zenger Imprints.* New York: Dodd, Mead & Company, 1904.

The Trial of John Peter Zenger. Federal Hall National Monument, National Park Service. https://www.nps.gov/feha/learn/historyculture/the-trial-of-john-peter-zenger.htm.

第九章

"Americans Know Surprisingly Little about Their Government, Survey Finds." The Annenberg Public Policy Center of the University of Pennsylvania, September 17, 2014. http://cdn.annenbergpublicpolicycenter.org/wp-content/uploads/Civics-survey-press-release-09-17-2014-for-PR-Newswire.pdf.

Basler, Roy P. (editor) *The Collected Works of Abraham Lincoln.* New Brunswick, NJ: Rutgers University Press, 1955.

Berns, Walter. *Making Patriots.* Chicago: University of Chicago Press, 2001.

Dickey, Jack. "The Revolution on America's Campuses." *Time,* May 31, 2016. http://time.com/4347099/college-campus-protests/.

Intercollegiate Studies Institute American Civic Literacy Program. "Our Fading Heritage." Wilmington, DE: Intercollegiate Studies Institute, 2008. https://www.americancivicliteracy.org/2008/summary_summary.html.

Jefferson, Thomas. *The Works of Thomas Jefferson.* Edited by Paul Leicester Ford. Vol. 11: *Correspondence and Papers, 1808–1816.* .New York: G. P. Putnam and Sons, 1905). http://oll.libertyfund.org/titles/807#Jefferson_0054-11_455.

Lincoln, Abraham. "Speech at Chicago, Illinois." July 10, 1858. http://quod.lib.umich.edu/l/lincoln/lincoln2/1:526?rgn=div1;singlegenre=All;sort=occur;subview=detail;type=simple;view=fulltext;q1=Let+us+discard+all+this+quibbling.

Lukianoff, Greg. *Unlearning Liberty: Campus Censorship and the End of American Debate.* New York: Encounter Books, 2012.

Mullin, Benjamin. "A Third of Americans Can't Name any First Amendment Rights." The Poynter Institute, June 24, 2014. http://www.poynter.org/2014/a-third-of-americans-cant-name-any-first-amendment-rights/256743/.

Newseum Institute/*USA Today.* "The 2016 State of the First Amendment." Washington, DC: Newseum Institute, June 2016. http://www.newseuminstitute.org/wp-content/uploads/2016/06/FAC_SOFA16_report.pdf.

"One in Three Americans Fail Immigrant Naturalization Civics Test." Xavier University News Release, April 27, 2012. http://www.xavier.edu/campusuite25/modules/news.cfm?seo_file=One-in-Three-Americans-Fail-Immigrant-Naturalization-Civics-Test&grp_id=319#.V4-292VgHdk.

Reagan, Ronald. "First Inaugural Address, Governor of California." January 5, 1967. https://www.reaganlibrary.archives.gov/archives/speeches/govspeech/01051967a.htm.

Tocqueville, Alexis de. *Democracy in America.* Edited and translated by Harvey Mansfield and Delba Winthrop. Chicago: University of Chicago Press, 2000,

后 记

Bennett, William. *The Book of Man.* Nashville: Thomas Nelson, 2011.

Philips, Douglas W., ed. *The Letters and Lessons of Theodore Roosevelt for His Sons.* San Antonio: The Vision Forum, Inc., 2001.

Roosevelt, Theodore. "The American Boy," May 1900. Quoted in Philips, *Letters and Lessons.*

———. Speech to Brotherhood of Locomotive Firemen, Chattanooga, Tennessee, September 8, 1902. Quoted in Bennett, *Book of Man.*

———. Letter to Bessie Van Vorst, October 18, 1902. Quoted in Roosevelt, *Letters and Speeches.*

———. Letter to Theodore Roosevelt Jr., August 25, 1903. Quoted in Philips, *Letters and Lessons.*

———. Speech to Topeka, Kansas YMCA, 1903. Quoted in Bennett, *Book of Man.*

———. Letter to James Wolcott Wadsworth Jr., January 3, 1906. Quoted in Roosevelt, *Letters and Speeches.*
———. *An Autobiography.* New York: The Library of America, 2004.
———. *Letters and Speeches.* New York: The Library of America, 2004.